U0547893

本书获长沙理工大学出版资助

担保企业集团内部控制机制及其模式研究

Research on Internal Control Mechanism and Mode of Guarantee Enterprise Group

李铁宁 著

图书在版编目(CIP)数据

担保企业集团内部控制机制及其模式研究/李铁宁著．—成都：西南财经大学出版社，2015.9
ISBN 978-7-5504-2098-4

Ⅰ.①担… Ⅱ.①李… Ⅲ.①担保—企业集团—企业内部管理—研究 Ⅳ.①F276.4

中国版本图书馆CIP数据核字(2015)第182314号

担保企业集团内部控制机制及其模式研究
DANBAO QIYE JITUAN NEIBU KONGZHI JIZHI JIQI MOSHI YANJIU
李铁宁 著

责任编辑：何春梅
助理编辑：傅倩宇
封面设计：张姗姗
责任印制：封俊川

出版发行	西南财经大学出版社(四川省成都市光华村街55号)
网　　址	http://www.bookcj.com
电子邮件	bookcj@foxmail.com
邮政编码	610074
电　　话	028-87353785　87352368
照　　排	四川胜翔数码印务设计有限公司
印　　刷	郫县犀浦印刷厂
成品尺寸	170mm×240mm
印　　张	11.75
字　　数	210千字
版　　次	2015年9月第1版
印　　次	2015年9月第1次印刷
书　　号	ISBN 978-7-5504-2098-4
定　　价	62.00元

前 言

2015年政府工作报告明确提出要支持中小（微）企业发展，如果不能很好解决其发展问题，将极大制约我国经济在形态更高级、分工更复杂、结构更合理新常态下的发展。然而，中小（微）企业在发展过程中遇到的最大困难是融资难。目前，世界各国为解决中小企业融资难所普遍采用的一种金融支持模式是信用担保方式。作为银企间的桥梁，信用担保通过金融放大作用，为中小企业融资发挥着不可替代的作用。担保行业是高风险行业，风险防控是担保企业的第一要务，而内部控制是风险控制的主要手段之一。

本书基于全面风险管理统一框架（ERM框架）的内部环境视角，深入研究并揭示了担保集团及下属子公司两个层面的内部控制机制。本书的研究不仅丰富了企业内部控制的理论体系，而且也拓展了集团内部控制理论在担保行业的应用领域。此外，研究目前在我国担保体系中数量占多数地位的商业性担保集团的内控问题，对完善具有中国本土特色的担保体系建设也具有重大的现实意义。

本书主要内容包括：第一部分，阐释了担保企业集团对于我国中小（微）企业融资的重要意义，担保集团的产生对于担保风险控制的重要作用；说明了本书的研究目标、研究内容、研究方法和解决的关键问题。第二部分，从担保信用风险非均匀性分布的特点出发，创新性地提出了通过担保集团组织模式进行担保风险控制的两大理论基础，即“基于业务规模的担保风险控制原理”和“业务规模与组织规模相匹配的担保风险控制原理”。第三部分，从全面风险管理下的内部控制总体框架（ERM框架）下的内部环境视角，研究了担保集团及其对下属子公司内部控制的机制。第四部分，从ERM框架中的内部环境视角对担保子公司的内部控制机制进行研究。第五部分，根据美国案例研究专家罗伯特·K.殷（Robert K. Yin）教授和斯坦福大学凯瑟琳·M.艾森哈特（Kathleen M. Eisenhardt）教授的有关案例研究的规范程序，通过嵌入式的单案例研究，证实了中科智集团及其下属子公司的内控机制规范研究部分的合理性；第六部分，以大样本的统计学实证研究证实了担保集团及子公司内控机制的数理分析结论有效性。第七部分，在以上规范研究、数理分析、案例研究和实证研究的基础上，针对担保集团存在的内控问题，相应地提出了当今我国担保企业集团内部控制的五种管理模式。

本书的研究重点和难点体现在：①本书运用大数定理和中心极限定理量化分析了担保企业为防控业务风险所需承保的基本业务量，进而提出了“基于业务规模的担保企业风险控制原理”和“业务规模和组织规模匹配的担保企业风险控制原理”，其中为防控担保风险所需承保的担保业务量的测算工作成为研究的重点之一。②运用经济学激励理论对担保集团及下属子公司两个层面所涉及的道德风险问题进行数理分析，从数理模型中各变量之间的数理逻辑关系揭示了防控道德风险的内部控制机制，其中数理推导及建模工作成为研究的重点之二、难点之一。③对上述道德风险内控机制的数理分析结论，通过实证研究予以检验，其中实证研究假设的提出，研究设计和实证结果分析成为研究的重点之三。④对上述担保集团内控机制的规范研究的理论观点和结论，通过案例研究予以检验，其中案例研究检验框架的构建、研究设计和案例分析成为本书研究的重点之四、难点之二。

本书的出版获长沙理工大学专著出版的资助，还受到湖南省2010年哲学社会科学成果评审委员会课题资助（课题编号：1011007A，结题时，该课题获优秀课题），在此表示谢意。此外，在撰写过程中，参阅了许多研究文献，主要的文献资料在本书的参考文献已经列出。在此谨向相关学术论文 、图书的作者和出版社致以谢意。特别感谢西南财经大学出版社对本书撰写与出版的关心，感谢中国中科智担保集团股份有限公司和湖南省担保协会及下属担保集团等60余家担保企业集团及其下属子公司对调研工作支持。

本书可供高等学校经济管理类，尤其是金融担保专业教师、研究生，以及担保企业实务界管理人员阅读参考。

由于笔者水平有限，本书难免存在疏漏之处，望读者予以谅解，并敬请批评指正。

作者

2015年6月

目 录

1 绪论

1.1 研究背景和研究意义及研究目标

1.1.1 研究背景

1.1.1.1 国内外宏观政策背景

我国最具创新活力的中小企业，其数量占全国企业总数的99.3%，最终产品和服务价值相当于国内生产总值的60%左右，提供了80%以上就业岗位和50%以上的税收[1]。中小企业已成为国家经济发展的重要推动力量，直接影响着我国经济发展态势。2015年政府工作报告明确提出要支持中小微企业发展。如果不能很好解决其发展问题，将极大制约我国经济在形态更高级、分工更复杂、结构更合理新常态下的发展。

然而，中小企业在发展过程中遇到了许多困难和问题，其中最大困难是融资难。目前，世界各国为解决中小企业融资难所普遍采用的一种金融支持模式是信用担保方式[2]。信用担保作为银企间的桥梁，通过金融放大作用，为中小企业融资发挥着不可替代的作用。党的十八大以来，国家高度重视融资性担保的发展，提出“促进金融资源优化配置，引导信用担保机构加大对中小企业的金融支持”。2009年4月，国务院还成立了以银监会牵头的“融资性担保业务监管部际联席会议”，专门负责研究制定促进融资担保业务发展的政策措施，指导地方人民政府对担保业务进行监管和风险处置。

为防范企业风险，国内外在国家政策法规层面也对企业内部控制给予了高度关注。具有代表性的事件是：1992年9月，美国虚假财务报告全国委员会的后援组织委员会（简称COSO委员会）成立和1995年11月加拿大注册会计师公会所属的控制基准委员会（简称COCO委员会）颁布了两份关于“内部控制”的权威文件。1992年，英国发布的《卡德伯利报告》，1998年发布的

《哈姆佩尔报告》，1999年发布的《特恩布尔报告》[3]。1998年，巴塞尔银行监管委员会出台了两个内控文件：《银行机构的内部控制制度框架》和《内控体系的评价框架》[4]。2004年9月，COSO委员会正式颁布了《全面风险管理统一框架》（简称ERM框架）。它意味着风险管理和内部控制的关系密不可分。为与国际标准接轨，国家财政部等六部委2008年6月发布了中国首部《企业内部控制基本规范》。银监会于2010年7月也颁布了《融资性担保公司内部控制指引》文件。

2007年7月，受中国中科智担保集团委托，课题组进行了“高风险担保行业集团化发展瓶颈突破与管理模式”的课题研究。本书选题正是在这个课题调研过程中，发现担保集团企业内部控制对于担保企业风险控制的重要作用和意义，从而展开后续深入研究。

1.1.1.2 担保集团内部控制现状分析

20世纪90年代，一家瑞典信用担保公司因贷款担保而导致破产，致使大多数国家停止了商业性担保业务，目前各国的中小企业信用担保公司大部分属于政策性信用担保机构，大都以执行国家的经济产业政策为目的，而不以单纯营利为目的[5]。国际上现已约有48%的国家建立了较为成熟和稳定的政策性中小企业融资信用担保体系，以解决中小企业融资难并扶持其发展。这些国家规定商业担保机构不能从事融资性政策担保业务，只能从事工程履约担保、商业合同担保、诉讼保全担保等风险性较小且可盈利的担保业务。目前，大多数学者的研究主要集中在政策性担保体系运行效果评价和改善方面（如，Nezu[6]，Salvatore & Ventura[7]）。由于国外各级政府（如日本）一般单独设立担保机构，很少采取集团形式管理。因此，本书无法通过直接借鉴发达国家担保机构内部控制来建立健全和完善我国担保集团内部控制。相比之下，银行业特别是国外发达国家银行业则有着成熟的内部控制做法和经验。

本部分将通过我国担保集团与国内外银行的内部控制比较分析，从中凸显我国担保企业集团存在的突出问题，从而引出第三、第四章对担保集团内部控制的研究。

（1）西方国家的社会信用体系健全完善。国外银行的职员如果发生职业道德问题，其个人的职业生涯在社会信用体系下必将付出高昂的个人成本代价，被迫退出金融行业。而我国国内的社会信用体系还十分不完善，我国银行业职员如果发生职业道德风险问题，社会信用体系对其职业生涯的影响则远不如西方国家。相当多的银行职员在银行干不下去了，则转到担保公司、保险公司、证券公司等其他金融机构，仍可以继续工作，信用缺失的个人损失成本太低。另外，在我国担保行业，由于现阶段各高校担保专业毕业生数量非常有限，专业的担保人才十分缺乏。因此，各担保企业和集团也不得不接纳这部分从银行被淘汰或开除出来的人员，这就成为了在担保的业务操作中道德风险的主要隐患。

（2）大多数商业银行是经过改制后成为股份制银行公司的，而且按照公司治理结构的要求已逐步完善其公司治理结构，其“三会”功能日趋完善，诸如民主集中制决策体制内部的相互制衡作用得以体现。虽然，不少银行的行长一般都兼任了同级的党委书记，但是在严格的民主集中制决策制度的规定下，通常仍然能够通过这一决策模式形成相互监督、相互制衡的机制和作用。我国中小银行的股份制公司，从形式上看，两权（所有权与经营权或控制权）是分离的，但因以下两点原因，其实质上两权结合得更紧密些：其一，我国银行普遍实行的是国家控股，银行高管人员、董事及监事的任命需要经过政府相关部门及监管当局的批准，董事会等机构权力更加突出，对银行日常事务的控制也就更加直接；其二，银行股份不可直接转让，股东基本上只能依靠分红来获取收益，股东对银行的经营管理就更加关心。而我国商业性担保集团开拓子公司一般都在异地设立，由于集团股东本身的业务素质和能力，及是否有时间和愿意参与子公司具体经营运作的影响，很难做到亲自对子公司经营管理的进行监督控制。而各地的担保子公司实行的“总经理一人负责制”，无论在业务开展还是在人事管理方面，都是总经理一人拥有绝对决策权，没有形成权力制衡机制。

（3）发达国家银行业的组织结构已基本实现集团化。对于风险控制，国外的很多大银行基本都采用“条线结构”模式（总行对下属分行和支行风险直接管理）。这种模式已经成为世界各国银行业的组织架构标准。对分行和支行的风险管理直接隶属总行控制管理，接受总行监控，能够较好地对风险进行控制。另外，国内外各银行都有较强的审计体系。如对招商银行的调查，其总行设立有审计部，并在各分行设立审计处，负责对分行及其下属分行支行的审计工作。并且在审计体系内实施过两种领导体制：一种是委派制，各省分行的审计机构是条线管理，由总行审计部直接委派和领导；一种是矩阵式，各省分行审计机构在行政上受省分行领导，在业务上受总行审计部领导。审计工作的力度较大，不仅由该体系对全行各级银行进行常规性的审计工作，而且通常每年由总行审计部组织全行审计系统进行多次大规模的联合审计，并采取不同省分行的审计人员交换进行异地审计工作。银行一般都设有法律合规部，其主要职责有两个方面：一方面是对签署的所有法律性文件进行法律合规方面的审核，保证法律行为的合法性、合规性，避免不必要的法律纠纷和风险损失。另一方面是对内部各部门颁发的所有文件进行规范化审核。一是对各部门之间文件之间内容的协调，避免各文件之间相互发生冲突，甚至做出相反的规定；二是对过期文件、已不适合新情况而该废弃的文件，或应修改的文件，对发文的部门予以及时提醒并进行处理。相比之下，我国担保集团下属子公司由于实行的是子公司自负盈亏的“块管理”模式（自主经营自负盈亏的自主管理模式），基本没有设立类似的法律合规部。集团母公司对下属子公司内部控制的力度不够。

（4）金融行业对职员的职业道德有很高要求。据对平安银行的调研了解到，在银行招聘员工时，如通过背景调查了解到其有赌博等不良嗜好，一般都不予录用。平时，银行还对全行各类人员采取职业道德风险防控的教育，落实各项防控措施。特别是对于直接接触钱币的人员的要求更高，比如，在招聘人员签约中就注明了在八小时工作之外都会受到一定的监督，各员工还要写清楚业余活动情况（特别不允许赌博、限制炒股等）和交友圈子情况。此外，银行还制定有内部人员异常情况汇报制度，各相关部门对内部人员的异常情况（例如，白天上班是否总是昏昏欲睡等异常情况）必须及时汇报。此外，对各级行长在一地的任职期限做出明确规定，以此来防控分行和支行行长与下属串谋。而我国担保集团对人员的道德风险的控制还很不到位。比较突出的问题有：担保集团必然会导致委托代理链增加，这样就会加大集团和各子公司之间委托代理风险，而担保集团母公司对子公司激励不足也容易导致子公司道德风险问题（如发生代偿风险后，由于集团与子公司分担损失比例不合理而挫伤子公司工作积极性）；担保企业业务人员在操作业务时对客户企业“吃拿卡要”，或与客户企业合谋骗取担保企业的担保而从中牟利；在人员招聘和配置工作中，担保企业总经理权力过大，滥用权力或以权谋私；在培训工作中，担保企业业务部的部门或资深业务经理因个人利益而不愿传授担保知识给新员工或有所保留等。

（5）我国商业银行仍然充分发挥了党委纪检与行政监察体系的作用。我国政府对国内银行的控制也比较多，至今仍然保留着非常时期用行政手段干预银行行为的权力，不少银行的行长一般都兼任同级别的党委书记。银行的内控体制和工作流程都是党组织领导下的行政监督控制。党政监控体系和党组织的纪律在内部控制中起到非常大的作用。相比之下，我国商业性担保企业集团由于发展历程不同，大多数都是民营私营性质，党组织及其严明的党的纪律很难在商业性担保集团落脚并发挥作用。

综上所述，企业组织通过集团组织使得风险的规避成为可能，在这种风险规避机制的运转过程中，内部控制发挥了重要功能。但是单体的担保企业通过组织调整行为（兼并和联合）而形成的担保集团，其组织结构与形式发生了根本性变化。这些变化也必然带来新的风险控制问题。诸如，担保集团由于委托代理链的加长而导致的集团股东在子公司层面缺位问题；担保集团对下属子公司如何把握好业务效率和风险控制平衡；担保子公司总经理在人员“聘训用”工作中权力过大问题；业务经理在操作业务时如何防控道德风险的问题，以及我国社会信用体系还很不完善，党政监督体制还很难在担保企业集团，尤其是民营性质的担保集团发挥应有监控作用。这都成为我国担保集团在内部控制中亟待解决的实际问题，需要进一步通过完善健全担保集团内部控制的方式加以解决。

1.1.2 研究意义

（1）我国于1999年提出的以政策性担保为“主体”的“一体两翼四层”担保体系设想，经过几年的实践运作，由于国家财政的限制以及政策性担保非营利性和狭隘的经营范围，商业性担保机构从机构数量和资本金数量，其规模都已超过政策性担保机构，这说明全国担保体系的主体已经发生了异位。因此，研究目前在我国担保体系中数量占多数地位的商业性担保集团的内控问题，对完善具有中国本土特色的担保集团建设具有重大的现实意义。

（2）尽管现有审计会计方面内部控制的研究已颇丰富和成熟完善。但是，已有的公司治理和内部控制理论却难以对担保集团内部控制的现实问题予以解释。本书从ERM框架中的内部环境视角揭示了担保集团及其下属子公司内部控制的机制，即基于全面风险管理统一框架（ERM框架）的内部环境视角，对担保集团母公司和子公司两个层面的内部控制机制进行深入研究。这不仅丰富了企业内部控制的理论体系，而且也拓展了内部控制理论在担保行业的应用领域。

（3）本书遵循美国案例研究专家罗伯特·K. 殷教授和斯坦福大学凯瑟琳·M. 艾森哈特教授有关案例研究的规范程序，根据案例研究对研究对象典型性和代表性的要求，以中国中科智担保集团为研究对象进行的案例研究，进一步验证了本书上述规范研究的担保集团内控机制部分的观点和结论的有效性和合理性。本书以中科智担保集团、湖南省中小企业担保、常德财鑫担保、衡阳担保、湖南联合担保、浏阳担保、深圳高新投担保集团，共计60余家担保集团及其子公司为研究样本进行了大样本实证研究，进一步证实了担保集团道德风险内控机制部分的结论。具体言之，以统计学研究方式的实证研究证实了在第三、第四章道德风险部分用数理分析推导的公式的结论，并阐释了研究结论在经济和管理方面的内涵。这对于我国担保集团内部控制的实务操作具有一定参考价值。

1.1.3 研究目标

担保行业是高风险行业，风险防控是担保企业的第一要务。而内部控制是风险控制的主要手段之一，它是从风险控制的方式和手段来说明风险控制的[8]。因此，本书基于全面风险管理统一框架（ERM 框架）的内部环境视角，深入研究并揭示担保集团及下属子公司两个层面的内部控制机制，并通过实证研究和案例研究进一步验证了上述理论分析的有效性和合理性。

1.2 文献综述

本书通过对国内外各种文献数据库进行检索，发现直接对担保企业的内部控制或者担保企业的集团内部控制研究并不多见，而现有国内外文献对于内部控制的研究较多是侧重于从会计审计角度进行的规范研究和实证研究。从经济学和管理学角度进行的研究更多体现在公司治理和内部控制之间的内在联系，并且以规范研究居多，数理分析和案例研究及实证研究偏少且深度不够。本书文献综述是侧重于从组织管理方面的集团（企业）内部控制，以及内部控制中公司治理和人员道德风险等方面研究文献的梳理和总结。

1.2.1 内部控制基本问题的研究

1.2.1.1 内部控制研究的主要内容

内部控制的研究内容分为三个层次：一是审计学视角的内部控制研究，主要关心业务循环和交易层面的内部控制[9]，二是从组织理论视角来研究内部控制，三是以交易成本经济学为基础和以委托代理理论（侧重从公司治理结构）为基础来研究内控[10]。

潘爱玲和吴有红（2005）[11]、张砚和杨雄胜（2007）[12]认为国外的内部控制概念大多由审计和经济监管组织所界定。而国内学者孔德兰（2009）认为财务控制并非企业内部控制的全部，在某些情形下甚至不是企业内部控制的绝对重点[13]。杨雄胜（2005）认为内部控制研究绝对不能局限于会计审计领域[14]。潘爱玲和吴有红（2005）[11]、杨雄胜（2005）认为内部控制更多地是站在审计和经济监督的立场考虑如何理解和评价现存的或正在运行着的内部控制制度，对内部控制本质揭示不够充分，而审计意义上的内部控制，实质上是管理控制中的“管理信息控制”那部分[14]。而刘启亮等学者（2012）研究发现，地方政府控制的公司内部控制质量相对较差，而内部控制质量则与中央政府控制的公司之间则没有明显差异[15]。此外，张砚和杨雄胜（2007）认为现有的内部控制都忽略了对人的行为的影响和控制[12]。随着公司治理研究的深入，学者开始从组织管理视角关注权力制衡的作用，这也涉及社会和个人的行为控制。

1.2.1.2 内部控制本质问题研究

刘明辉和张宜（2002）认为内部控制的本质在于取得低交易成本收益的同时弥补企业契约的不完备性[16]。谢志华（2009）认为内部控制产生的本源就是委托代理问题，信息不对称（包括逆向选择和道德风险）是内部控制要解决的核心问题，因此必须要通过监督的方式防止逆向选择和道德风险发生[17]。

1.2.1.3 内部控制要素的研究

Babk Jamshidi Navid 和 Hamed Philee（2010）[18]评论了内部控制的主要标准和准则，并描述了对各种公司而言相关的内部控制概念。他认为内部控制是一个受董事会管理和其他成员综合影响的过程。Jokipii、Lansiluoto 和 Eklund (2011)[19]基于 COSO 框架，通过使用可视化的聚类化研究对 741 家芬兰公司进行了实证研究。研究表明随着不同的内部控制结构被识别，形成 5 个不同的群簇，其中 3 个群簇与已有文献相抵触（高风险评估 VS 不完善的控制环境；先进的控制环境 VS 不完善的其他控制结构；先进的控制结构 VS 低风险的评估）。Browna 和 Limb（2012）[20]研究了在 SOX404（Sarbanes-Oxley 法案 404 条款：内部控制的管理评估）下内部控制实质性弱点是否会依赖于高管绩效薪水的收益。使用内部控制实质性弱点 391 家公司的年观察值和在 SOX404 下没有实质性弱点的 CEO（CFO）报告的 3 648 家公司的年观察值，当公司报道有内部控制实质性弱点，以及当报道的内部控制实质性弱点增加时，研究发现收益和高管的薪酬的联系在减弱。以及，在 SOX404 下的 ICMW（内部控制实质性工作材料）报告，除了对收益报告之外，还对高管的薪水提供了增值的信息。Wolfe, et al. (2009)[21]评估了信息技术或手工控制的潜在表示偏差。研究发现，对于“承认”而言，稽核员评估缺陷的重要性比“否认”情况更低；而对于手工控制的偏差而言，文章没有发现在“承认”和“否认”之中有何不同；文章提供了在审计判断中系统的偏差证据，指出对于围绕控制偏差管理劝说的努力的普遍性的合理性。Klamm 和 Watson（2009）[22]从信息技术和非信息技术的视角研究了与 COSO 五个要素有关的内部控制问题。研究结果表明，被误表述的账户数目与弱的 COSO 内容的数目（范围），以及弱的 COSO 内容（存在）正相关。研究提供证据表明“普遍的渗透”对弱的信息技术控制负面效应，特别是在控制环境、风险评估和监控方面。严明燕和张同健（2009）的研究表明，我国商业银行信息化技术创新对内部控制设计、实施和环境具有显著正向促进作用，而对内部控制扩展缺乏促进功能[23]。孙涛（2007）根据 COSO 报告和 ERM 框架的要求，构建了要素式动态控制的立体模式[24]。

1.2.2 担保企业的内部控制

胡爱荣等学者（2004）提出了担保业务内部会计控制制度设计和担保业务主要流程及其控制[25]。黄晖（2006）探讨了适合国情的信托投资公司内部控制的基本框架[26]。陈昌义（2009）以制度决定人，人决定工作质量，继而影响风险控制的思路，重新构造了担保业务流程各个环节[27]。刘姝含（2008）以 ERM 框架提出的风险管理八大要素为主线，分别从担保机构全面风险管理环境、目标、流程、监控、信息系统构建了我国信用担保机构风险管理整体框架[28]。刘琼晖（2011）以 COSO 报告的企业内部控制及全面风险管理框架理论为基础，根据担保业高风险特点，设计了环境、目标、评估和流程四个模块的全面风险管理体系[29]。

1.2.3 道德风险的研究

经济学的道德风险是指在委托代理关系中，代理人采取了委托人不希望的行为，并且道德风险行为产生于双方签订契约之后，代理人隐藏自己的信息或行动属于道德风险问题[108]。现有道德风险的研究主要包括如下几方面：

1.2.3.1 组织和成员行为与道德风险的研究

但蕾等学者（2004）利用最优风险分担原理解释了供应链零售商风险态度对道德风险问题形成的影响[30]。韩义民和黄玉启（2004）研究认为，如果委托人希望代理人偷懒，则委托人选择家族成员，反之则选择监督技术[31]。刘燕（2004）的研究说明了企业经理人道德风险行为的效用构成及其影响因素[32]。孙卫敏（2005）指出由于信息不对称等原因可能会产生代理人的道德风险与机会主义行为问题[33]。Demougin 和 Helm（2006）[34]介绍了在道德风险构架中的议价能力，在这个构架中各方都是风险中性的，代理人是被财政约束的。研究显示，如果议价能力的概念在如下三种结构中被分析，则相同的契约将出现：标准的委托代理模型、动态博弈模型和普遍的纳什博弈模型。然而，对于代理人的议价能力水平，少量地增加它会影响纳什博弈均衡性，但不会在其他两种模型中出现。Berkovitch，et al.（2007）[35]认为对于给定设置的项目，给每一个代理人基于项目子集的全部责任的"区分结构"通常比"功能结构"更加有效率。"功能结构"的项目被一组代理人所实施，团队中每一个人擅长一项工作。作者考察了在实施项目中暴露的无效率和预先在选择项目的无效率之间是如何交易的，该交易包含诸如规模大小、复杂性和工作重要的非对称性等因素。Berndt 和 Gupta（2008）[36]基于在集团贷款市场上的大样本的借款者，调查了从传统的银行模式到"起源分布"模型的银行信用的转变效果。这种转变的大部分原因是对组合贷款的二手市场的需求，这使得银行以一种不透明的方式贷款给投资方。研究结果显示，那些贷款并没有在二手市场出卖给借款者，但其业绩并不比同行差。Deck 和 Reyes（2008）[37]报道了一系列代价高昂的投资实验，这些实验来源于 Morris 和 Shin 的金融模型的催化反应。Sanghera 和 Satybaldieva（2009）[38]研究显示，情感因素能够激励个体敬业与其最终关注目标和承诺。他们研究还认为，没有道德情感和体制安全性，经济实践的关系将被扭曲。汤吉军（2009）借助于沉淀成本效应再次解释政府对大型国有企业软预算约束行为，从而扩展了动态承诺不一致等经济解释[39]。赵小仕（2009）认为雇主道德风险是造成劳动关系紧张主要诱因[40]。Anderson 和 Nyborg（2010）[41]介绍了两种隐蔽贷款损失的方法，并分析了它们是如何影响银行贷款利率的收入、存款的支付、流动性和道德风险。相对于经典理论的钻石理论（1984），道德风险可能被引起，即使银行的贷款风险是多样化的。Ihori 和 McGuire（2010）[42]认为当不能获得市场保险时，自我保险就提出"公平价格"话题，以及价格、替代最优方案、风险厌恶与显著不同于标准、传统的市场分析的自卑感之间的关系的话题。我们发现了在自我保护和自我保险均能获得、均被考虑时候，这两者之间有分配不当的趋势。Demiralp（2011）[43]研究了当公司不能够很好地观察员工的努力时，"自我选择"的决定因素和影响。

1.2.3.2 双道德风险问题和两阶段道德风险问题等数理研究

Grossman 和 Hart（1983）[44]的研究显示，如果代理人效用函数是 $U(I, a) = -e^{-k(1-a)}$，那么对于委托人不能观察代理人行为的损失，在代理人绝对的风险厌恶的绝对量的程度上是增加的。这个证明的前提条件是，这个可观察的产出的数量是等于 2。Chade 和 Serio（2002）[45]提供了可供替代的证明来说明限制条件可以被拓展到有关产出的任何有限数。张凤香和黄瑞华（2004）通过对博弈模型的纯策略均衡和混合策略均衡的分析，从理论上阐述了防范道德风险的思路[46]。胡艳和周娟（2004）研究认为，对企业孵化器的双方不遵守规则的行为均要给予严厉的惩罚，并给出惩罚值的界限[47]。Braido（2005）[48]研究了一种通常的均衡经济。均衡概念为道德风险经济而采用，并且它的存在是被证明了的。Rodriguez（2007）[49]认为少量非输出信息的边际价值在标准的道德风险委托—代理模型中通常是非正的，这表明了信息价值的非凹形的特性。然而，当代理人和委托人是风险中性的，它展示了在责任约束条件下，有少量的非输出信息为正的增值价值。Mylovanov 和 Schmitz（2008）[50]研究了两阶段道德风险问题，该问题具有风险中性、财富限制的代理人和三个可辨识的工作特征。研究显示，如果对于能够在一个阶段完成的工作存在能力限制，那么基于时间的工作分配就是重要的。Yousfi（2009）[51]考虑了企业方、融资合并方、银行三个代理人的双边道德风险模型。企业家和融资合并方（LBO）筹集资金来发展项目的生产效率，其努力是不可观察的。研究显示，银行的支付降低了项目的产出。当项目并没有很大风险情况下，企业家和 LBO 资金发挥最大作用，并获得相当的投资回报。当项目充满风险时，债务提供了强的激励给两位代理人，但是它仍然不足以引导他们提供最大的努力程度。Lina 和 Hu（2009）[52]采用了泰勒尔提出的委托人—监督人—代理人层级模型分析了最优双道德风险监控组织架构，研究检查了内在决定监控人的努力和揭示可能的监控者不实信息。这个内在的选择组织架构信息的准确度依赖于监控技术，以及监控者保留效用和代理人的生产技术。当不实的情况被揭露的可能性被考虑进去时，虽然委托人福利将被降低，研究发现他的被要求的监控努力水平可能被提高。Attar, et al.（2010）[53]提供了两个纯道德风险实例，设置了两个委托人和两个代理人。当一个代理人能够偏向非直接的沟通策划时，在一个简单（直接）机制中，一个强的鲁棒性平衡不能再被维持。当一个代理人提供一个非直接的机制时，能够在平衡中达到的盈利分析，但不能在一个简单机制的平衡收益中被达到。Jarque（2010）[54]研究了重复性道德风险问题，在这期间，主体的努力是持久稳固的，每一期的产出分布是滞后于过去努力的集合分布。Armstrong（2010）[55]规范两个补充的广义的委托代理模型为平衡约束的数学程序。该模型的一体化的特征被真实世界的合约环境所观测（即激励高效和有限责任的代理人，对数正态股票价格分布，和股票期权）。文章使用最先进的数值算法来解模型。研究结果发现，当财富效应出现时，许多标准的结果不再获得。为了在最优行动中的行动评估，当代理人在最优合同下的确定性价值变化时，发展了一个新激励测量手段。

1.2.3.3 联盟和团队与道德风险关系研究

肖艳玲和徐福缘（2003）提出了运用联盟伙伴的选择、利润分配机制和协议条款有效防范道德风险的对策[56]。Rayo（2007）[57]使用模型研究了团队道德风险问题。该模型中，通过利润共享并结合合同契约来提升努力水平。文章关注于这两种形式的激励如何相互作用的。按照努力可观察性和将来互相作用的重要性的程度，这个利润共享的最优可配置性的范围可以从分散的参与者到完全集中的单一参与者。当股份被充分集中时，也能通过管理所有相关合同方式接受相当多剩余索赔，因而服务被内在地选择作为主要因素。Anesi（2009）[58]提出用联盟形式，在道德风险不存在和出现的情景中特征化平衡游说结构。由此得出三个结论：平衡游说结构存在于模型的规范中；道德风险可能提高大团队的平衡游说规模；它也可能提高有着低成本的大团队的集体水平。孙宪丽等学者（2009）通过分布式道德风险模型中的上层模型的激励相容约束，可以消除盟员在风险管理中可能出现的机会主义行为[59]。赵伟（2009）分析了联盟伙伴道德风险行为的诱因、道德风险对企业联盟的消极影响，并概括了联盟道德风险行为的治理机制[60]。黄国华和周云（2009）建立了由两人组成的团队生产博弈模型，并求得团队成员努力投入的 Nash 均衡[61]。夏茂森（2011）的研究表明，道德风险可能不会对共享资源的合作治理存在负效，而一味追求降低道德风险，可能并不利于共享资源的合作治理[62]。

1.2.3.4 融资、薪酬与道德风险关系研究

Jewitt, et al.（2008）[63]以对 M 薪金①的高点和低点约束研究道德风险问题，做了最优合同，并显示出其存在性和唯一性。当对给定的努力最小化其成本时，委托人的利益将被 M 损害。Chhabra（2008）[64]对于高管薪酬的结构提出一个本质性的变化。这种变化的主要推动力涉及了超过期权生命期的期权支付的基础性内容。研究表明，实施这种变化就必然涉及道德风险问题的发生，保存这种期权价值给合作者和雇员，从而导致真正的管理结盟和产生了长期的股东利益。Sung（2009）[65]分析了管理层薪资水平。在经理人员可能采取高昂代价的行动来操纵公司业绩，并且阐述了经理这样做是否也是随机的，检查了操纵机会是如何影响最优的支付合同，建立了在必须和充分的条件。Stevens 和 Thevaranjan（2010）[66]检验了的道德敏感度及其在决定最优薪酬契约公司产

① 从对薪金的最大值和最小值约束来研究道德风险问题并显示出其存在和唯一性。

品生产率之间的关系。研究发现当道德敏感度假设为零时，它们之间的关系与以往认为是必须的激励道德解决办法形成对比。道德敏感度的贡献增加了对于在描绘、解决方法和教育学方面的委托代理理论的有用性。Guo 和 Burton (2010)[67]对 1975 年和 1989 年的工人收益和频率的灵活性进行了评估。并且也调查了这种灵活性是否也存在于 1990 年和 1999 年，当带有比较大的自付额的保险政策增加了雇员限制这种收益的动力，并且很多州限制了其收益标准。对这两个时期而言，作者发现收益弹性将显著低于 1.0，而弹性频率将维持在 0。研究也发现在 20 世纪 90 年代，收益的实质性降低是由于州的补偿性规则和行政紧迫性所致。朱顺泉（2012）求出了投资者愿意支付给创业投资家的创业基金利润的最优比例，以及创业投资家愿意注入的最优资本金额，以降低创业投资家的道德风险[68]。

1.2.3.5 信息与道德风险问题研究

李咏梅（2004）认为在监管部门官员败德行为的情况下，应考虑加强对官员的监督和激励，降低监管租金[69]。秦学志等学者（2004）研究表明，在 Mercurio 效用函数下，若订立长期合作合约，经营者有增大其道德风险程度的激励[70]。Jennifer L 和 Wang, et al.（2008）[71]的实证研究发现了信息不对称的证据，子样本估计描绘了本书中涉及的被保险的公司显著地受增加的免赔额的影响，这表示道德风险存在。按照 Prohit 回归结果，这个增加的免赔额使得政策制定者提出的声明较少在后面的政策年再次提出。实证结果支持了增加可免除条款可以帮助控制道德风险论断。Silvers（2012）[72]研究了在一个道德风险的委托代理模型中，一个关于委托人技术信号在合同提供之前被观察。研究显示，从在信号可被观察之前：代理人更愿意私有的无价值且共有信息，委托人有时候愿意无价值且私有和共有的信息，当委托人宁愿公开无价值的信息，她更愿意公开私有信息，而代理人将公共信息私有化。用私有信息的分隔任何的均衡状况下，存在一个公有信息合同，使得双方都严格地偏好。

1.2.4 集团内部控制研究

潘爱玲和吴有红（2005）认为企业集团中存在着比单个法人企业更严重的信息阻塞和信息不足现象[11]。潘爱玲和吴有红（2006）[73]、唐蓓和潘爱玲（2007）认为通过对价值链的分解可以寻找具有竞争优势的单元，确定母公司对子公司的控股比例[74]。司云聪和段正梁（2008）认为委托代理理论可以用来说明企业集团内部控制机制的必要性，运用交易成本分析可以证明企业集团内部控制的合理性[75]。孟焰和朱小芳（2004）认为法人治理系统、经常监管系统、控制与激励系统是企业集团内部控制系统鼎立三足[76]。梁素萍（2009）提出集团企业内控工作应当以风险管理为导向、业务流程管理为主线、内部控制为重点[77]。

1.2.5 国内外研究文献述评

（1）国际上现已约有48%的国家已建立了成熟的中小企业信用担保体系，且都有三个共同特征：一是确定融资性担保为政策性担保，由政府出资和承担一定的补偿责任；二是担保体系和机构大部分由政府出面管理；三是极少有从事中小企业融资性担保的商业性担保公司。因此，国际学术界就缺少这方面研究的现实推动力；相应地，国际上少有融资性商业担保机构（含担保企业和集团）方面的研究。

（2）现有文献对于内部控制研究，更多地是站在审计和会计监督的立场考虑如何理解和评价内部控制制度，而对内部控制本质的揭示不够充分[11]。现有的内部控制研究较少从内部环境视角对内部控制问题进行研究。而对于担保企业的内部控制问题的研究更是鲜有所见。另外，国外学术界在研究公司治理和内部控制的关系方面侧重于采取 Logit 回归统计技术进行实证研究，尤其以董事会及其审计委员会的特征、CEO 高管团队特征与内部控制之间相关性的实证研究居多。而对于监事会和股东特征与内部控制有效性关系的实证研究还不多见。国内学者则倾向于运用公司治理、内部控制和委托代理理论等理论来规范性研究两者之间的内在联系。

（3）人员的道德风险是担保企业内部控制中对担保风险控制的主要方面之一。现在对于道德风险的研究涉及如下几个方面：信息与道德风险研究，组织和成员行为的道德风险，双道德风险问题和两阶段道德风险问题的数理分析，联盟、团队中的道德风险问题，薪酬与道德风险的关系研究。国内外学者对道德风险问题的研究倾向于通过数理模型推导进行数理分析。而国内外对于担保企业这类高风险企业的人员道德风险问题的研究并不多见。

（4）目前融资性担保企业实践上，发达国家的担保机构以国家投资经营为主，商业性担保机构比重很少，国外商业性担保机构不从事政策性融资担保业务，国外几乎没有有关融资性商业担保机构（含企业和企业集团）方面研究。而我国除中科智担保集团有一定实践经验外，国内其他担保机构并没有关注这个领域，学术界研究重点也就没有放到这个领域。因此，在学术界和实业界对担保集团企业内部控制的研究和关注还很欠缺。

1.3 研究内容和研究方法及拟解决的关键问题

1.3.1 研究内容

1.3.1.1 担保企业集团风险控制原理

企业组织通过集团组织使得风险的规避成为可能，在这种风险规避机制的运转过程中，内部控制发挥了重要功能[73]。本书首先对担保行业的特点（高风险性、新兴行业），担保企业和担保产品的特点，以及担保行业对担保企业和集团的风险控制特殊性要求进行规范研究。通过对担保企业集团及行业长时间的观察了解与访谈，提出并阐释本书的重要理论基础之一：基于规模匹配的担保企业风险控制原理。

1.3.1.2 担保集团内部控制机制的理论研究

本书从全面风险管理统一框架（ERM 框架）的内部环境视角，即担保集团公司治理结构与组织结构、集团与子公司的权力和职责的分配（权力制衡）、人员管理（人力资源准则与政策）、道德风险等方面，结合我国担保集团在内部控制方面的实践，运用规范研究和经济学激励理论的数理分析的研究方法来揭示了担保集团内部控制机制。

1.3.1.3 担保子公司内部控制机制的理论研究

担保子公司内部控制机制的研究与担保集团内部控制机制的研究相似，在此不再赘述。

1.3.1.4 担保集团内部控制机制的实证与案例研究

案例研究方法与实验研究、问卷调查并列为主要的社会科学研究方法[78]。本书运用案例研究的方法，并结合以统计学研究方式的实证研究对上述的规范研究的结论和数理分析的推导结果进行检验，以验证其合理性和有效性。

1.3.1.5 提升担保集团内部控制水平的模式

以本书提出的担保集团内控机制理论为基础，针对目前担保集团存在的问题，提出了担保集团内部控制五种模式。

1.3.2 研究方法

1.3.2.1 规范研究

规范研究侧重于回答的是“应该是什么”的问题。通过对担保集团长期的观察调研，本书提出了担保风险所遵循的基于业务规模担保风险控制原理和业务规模与组织规模匹配的担保风险控制原理。另外，本书从 ERM 框架中的内部环境视角，对担保集团及其子公司两个层面的内部控制机制进行了规范性地分析，回答了为有效控制担保风险，担保集团在 ERM 框架中的内部环境方面应该进行怎样的内部控制机制设计。

1.3.2.2 数理分析

本书运用经济学的激励理论，对担保集团及子公司内部控制有关组织和人员道德风险的内控机制进行数理分析。从数理模型中变量之间的逻辑关系体现出担保企业内部不同主体的经济行为之间的激励约束机制，并对模型中所包含的变量的经济管理的含义予以解释。

1.3.2.3 实证研究

本书以 SPSS16.0 为研究工具，通过大样本统计学的实证研究来验证集团道德风险内部控制机制中的数理分析结论的有效性和合理性。

1.3.2.4 案例研究

案例研究具有建构理论、修正理论和验证理论的功能[79]。本书运用案例，对担保集团内部控制机制的规范研究部分进行检验或修正。

1.3.3 解决的关键问题

（1）本书运用大数定理和中心极限定理量化分析了担保企业为防控业务风险所需承保的基本业务量，进而提出了基于业务规模的担保企业风险控制原理和业务规模和组织规模匹配的担保企业风险控制原理，其中为防控担保风险所需承保的担保业务量的测算工作成为本书研究的难点之一。

（2）运用经济学激励理论对担保集团及下属子公司两个层面所涉及的道德风险问题进行数理分析，从数理模型中各变量之间的数理逻辑关系揭示了道德风险防控的内部控制机制，其中数理推导及建模工作成为本书研究的难点之二。

（3）对上述道德风险内控机制的数理分析结论，通过实证研究予以检验，其中实证研究理论假设的提出、研究设计和实证结果分析成为本书研究的难点之三。

（4）对上述规范研究的担保集团内控机制的分析观点和结论，通过案例研究予以检验，其中案例研究检验框架的构建、研究设计和案例分析成为本书研究的难点之四。

1.4 研究的主要创新点

（1）针对当前担保实务界和学术界对我国担保企业生存空间及其未来发展的争论，通过对担保企业集团长期的观察和调研，提出担保集团进行风险控制的理论基础，即“基于业务规模匹配的担保企业风险控制原理”“基于业务规模与组织规模相匹配的担保风险控制原理”。

（2）目前对于内部控制研究主要是以单个法人企业为研究对象，少有针对集团内部控制的研究；现有内部控制更多是侧重会计和审计的研究，而且缺乏经济学解释，很少将组织管理和人的行为等因素纳入分析框架，而国际全面风险管理统一框架中，对公司治理和人的管理是内部控制的重要内容。现有内部控制研究较少将组织管理和人的行为等因素纳入分析框架，而对于担保集团企业内部控制问题的研究无论在广度还是深度方面都显示出不足。本书将从ERM框架的内部环境视角（尤其是组织管理和人的行为），对担保集团内部控制的机制进行研究。这不仅拓展和深化了担保集团（企业）内部控制理论研究的广度和深度，而且对于我国担保集团（企业）实践也具有一定参考价值。

（3）在企业实务操作方面，发达国家担保机构以政策性担保为主，在学术上缺乏研究商业性担保通过组织调整行为组建集团方面的动力；我国商业性担保集团在实践中还没有形成规模，因而学术界也就没有过多关注担保集团内控问题。本书运用公司治理理论和经济学的激励理论对我国担保集团内部控制机制展开深入研究。这对于丰富公司治理理论和激励理论的应用领域，以及构建普遍适用于高风险行业中股东与经营者委托代理关系的创新制度，均具有重要学术理论意义。

（4）在研究方法方面，本书综合使用了规范研究、数理建模、案例研究和实证研究的研究方法。由于案例研究具有建构理论、修正和验证已有理论的功能，实证研究也具有验证理论的功能。本书将案例研究和实证研究进行有机搭配，从不同侧面和角度论证了担保集团内部控制机制的有效性和合理性。

2　内部控制的理论基础与担保集团内控原理

本章在分析担保行业和担保企业运作及担保产品特点的基础上，从信用风险概率分布非均匀性的特点为切入点，提出了担保集团进行风险控制的理论基础——基于业务规模的担保企业风险控制原理和基于业务规模和组织规模匹配的担保企业风险控制原理；介绍了内部控制理论发展的主要阶段，并阐述了本书理论基础——全面风险管理（ERM）的内部环境。

2.1　内部控制的历史演变与发展

内部控制产生的历史可以追溯到3600年前的美索不达亚文化时期，其第一阶段是内部牵制阶段，以“职务分离”和以业务控制特点的，并最初应用于审计领域[5]。第二阶段是内部控制制度阶段，在这阶段，审计理论与实务发展主导着内部控制的发展，这阶段的特点之一是业务控制与会计控制兼有[4]。这时内部控制拓展到了其他经营领域，内部控制就被分为管理控制和会计控制两块[83]。第三阶段是内部控制结构阶段，形成于20世纪80年代。这个阶段有两个明显的特点：其一，控制环境被纳入内部控制的范围，它是内部控制体系建立和运行的基础和保证[84]；其二，不再区分会计控制和管理控制，而统一以要素来表达[84]。第四阶段是内部控制整合框架阶段，产生于20世纪90年代。美国著名的内部控制研究机构“发起组织委员会”（COSO）提出具有里程碑意义的专题报告——《内部控制：整体框架》，并得到美国审计署的认可。该报告将内部控制从平面结构发展成为立体框架结构，提出了合规、财务报告和经营三大目标，内部环境、风险评估、控制活动、信息与沟通和监控五大要素，以及企业总体、部门和业务三个层面[4]。国际内部控制权威机构

COSO在2004年10月颁布的基于全面风险管理的整合框架内部控制体系是一个三维立体结构：其一是企业风险管理目标（包括战略目标、经营目标、报告目标和合理目标），其二是企业风险管理要素（包括内部环境、目标设定、事项识别、风险评估、风险应对、控制活动信息与监控），其三是企业风险管理各层级（包括整个企业主体、各职能部门、各业务单元及子公司）[85]。报告强调了“人”的重要性，明确了企业成员对内部控制的“责任”[4]。COSO从2001年开始对企业风险管理框架进行研究，于2004年9月公布了《企业风险管理：整体框架》（ERM）[4]，即全面风险管理框架。该框架是对《内部控制——整体框架》拓展，它增加了战略目标，增加了目标设定、事件识别和风险应对三个要素，增加了子公司等分支机构层面[4]。

在ERM框架中，重要的组成要素——内部环境是直接造成各企业内部控制形式和内容差异的根本原因[85]。COSO把内部控制环境陈述为：内部环境奠定了组织的基础，影响人们对风险的看法，是风险管理组成部分之一，并为风险结构提供约束和结构[83]。内部环境要素包含风险管理理念、风险容量、董事会、诚信和道德价值观、胜任能力的要求、组织结构、权力和职责的分配、人力资源准则八个要素[83]。

本书的研究基本思路是为防控担保集团风险，在担保集团母公司、担保集团子公司（包括职能部门和业务单位）两个层面，针对内部环境八大要素，对担保集团内部控制的机制进行的设计研究。

2.2 担保业和担保企业运作及担保产品的特点分析

担保业是世界公认的高风险行业，担保业的这种性质特征必然会对担保企业的经营有着特殊的要求。而且担保产品的特点也决定了担保企业运作必然遵循其自身运作的特殊规律。

（1）担保业的高风险性。信用担保业务风险控制类似于保险行业，也就是说，如果担保企业业务量足够大，根据大数原理，就可以用大部分的担保业务来成功弥补小部分的代偿①损失。王传东（2006）[80]也认为承保的风险单位越多，损失概率的偏差越小，反之则偏差越大。担保业高风险特点，要求担保

① 担保代偿是指由于银行的索赔而担保机构赔付的金额，即代偿的发生主要是在担保合同签订后，由于种种原因，客户企业不能按期如数归还银行的贷款，而根据担保合同应由担保公司进行代偿的金额。

企业承保的担保业务量服从“大数定律”。从担保企业实践经验看，担保企业每发生一笔风险代偿，需要以损失十笔以上的已盈利业务为代价弥补发生代偿的担保业务损失。因此，如果在担保运作流程中，由于某个环节风险防控处理不当，就很容易发生担保业务的风险，甚至导致担保企业的破产。

（2）担保风险分布的非均衡性。担保风险的分布在担保业务中并不是平均分布的。在担保业务的某个局域内发生风险的概率可能很高，而在另一业务局部区域内发生风险的概率可能很低。由于承保企业风险发生的概率有高低，在经营状况欠佳的企业容易发生风险代偿，而在经营比较好的企业发生风险的概率则很小。

（3）担保企业经营的区域性。担保业是从属于区域性经济发展的服务资源，不可在全国范围或异地之间进行调度，其区域性特征很明显。也就是说，担保企业在某个区域开展哪种类型的担保产品取决于其所在区域的经济发展水平情况。

（4）担保企业产品的单件性。由于担保企业提供的服务受到地域性限制，而每一笔担保产品业务的特点和要求也是不相同的，因此，要为每一项担保业务单独进行业务设计、管理，并配备专门的担保业务经理负责担保业务流程管理，而业务经理也要从担保业务的受理直到解保都要全程负责管理。

2.3 担保企业集团风险控制原理

2.3.1 信用风险违约概率分布

瑞士银行曾在1997年做过这样研究，结果表明信用违约率和损失率趋向于“更为厚实的尾部”[80]。国外很多研究也表明，信用风险的概率分布服从“尖峰肥尾”的不对称分布[81,82]。其信用风险分布状态如图2-1所示。

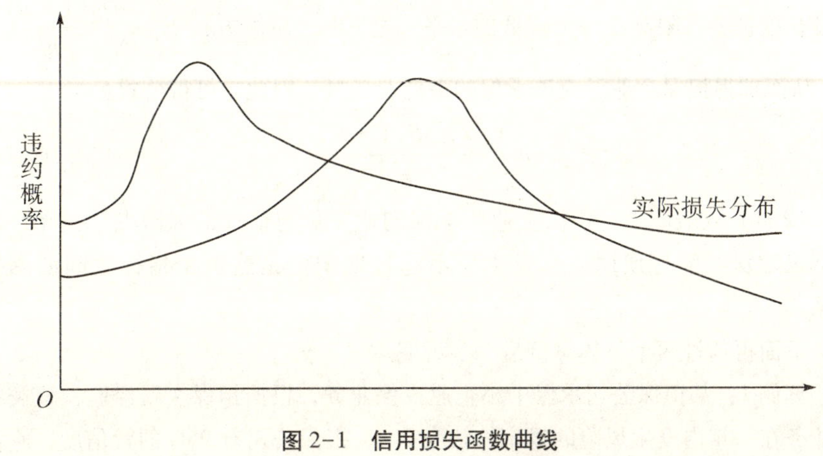

图2-1 信用损失函数曲线

2.3.2 基于业务规模的担保风险控制原理

大数定律描述了这样的统计规律：随着样本量的增加，不确定性因素出现的频率趋向于一稳定概率。国内外学者发现，具备一定业务量的担保风险的发生率服从“大数法则”，而且担保风险不是平均分布的。那么，为确保在局部业务领域出风险的概率低于预设比例，则势必在该局部业务领域要提高担保业务审核标准，而审核标准的提高又会导致该局部担保业务通过审核的效率降低。这样又会导致所承保的担保业务量达不到“大数定律”所要求的“大数”的规模条件，如此恶性循环，担保风险必然大为增加。所以，为确保担保风险的发生控制在我们预先设想的水平之下，承保的业务量必须达到某个“大数”。

下面通过数学公式推导来确定需要承保的最低业务量。

假设担保业务风险发生次数 X 服从二项分布，即要么发生风险，要么不发生风险，$X \sim B(n, p)$，即有 n 个承保业务，假设每项业务发生代偿的概率为 p，则 $X_i \sim B(n, p)$。

由大数定律和中心极限定理可知，当 n 很大时，平均代偿次数 $\bar{x} \sim N(p, \frac{p(1-p)}{n})$，从而得到平均代偿次数置信度为 1α 的置信区间 $[p - z_{1-\frac{\alpha}{2}}\sqrt{\frac{p(1-p)}{n}}, p + z_{1-\frac{\alpha}{2}}\sqrt{\frac{p(1-p)}{n}}]$，置信区间长度为 $2z_{1-\frac{\alpha}{2}}\sqrt{\frac{p(1-p)}{n}}$。当置信度为 1α=95%时，$z_{1-\frac{\alpha}{2}} = 1.96$，此时置信区间长度为：$3.92\sqrt{\frac{p(1-p)}{n}}$。当要求置信长度被要求限制在一个较低的水平 ε 之下时，可解方程 $2z_{1-\frac{\alpha}{2}}\sqrt{\frac{p(1-p)}{n}} = \varepsilon$，从而求得担保企业所应该承保的最低业务量。因此，可得公式：

$$n = \frac{4Z_{1-\frac{\alpha}{2}}^2 P(1-P)}{\varepsilon^2} \tag{2-1}$$

（2-1）式表明了，担保企业所承保的业务量与估计的风险发生概率，和实际风险发生率与预期风险发生率不超过期望值是这两个指标之间的函数关系。

下面再通过两个具体算例进一步说明。

算例 1：某担保公司承保中小企业投保业务，根据担保实践经验，该类担保业务在一年内发生风险的概率大致为 0.1，担保公司有 95%的置信度，它使得实际风险发生率与预期风险率之差不超过3%。那么，至少要承保多少担保业务才能达到这一要求？

由已知条件，$p=0.1$，置信度 $1\alpha=0.95$，查正态分布函数值表，得到 $Z_{1\alpha/2}=1.96$，实际风险发生率（发生的风险次数除以承保业务量）与预期风险率不超过3%，即 $\varepsilon/2=0.03$，则 $\varepsilon=0.06$，将上述数值代入（2-1）式，得到：

$$n=\frac{4Z_{1-\frac{\alpha}{2}}^{2}P(1-P)}{\varepsilon^{2}}=\frac{4\times1.96^{2}\times0.1\times0.9}{0.06^{2}}=384.16$$

取整数，得 $n=384$，该计算结果的担保经济含义为：至少要承保384笔担保业务，才能保证风险代偿的变动频次不超过 $384\times0.03\approx11$ 次。如果代偿发生的次数正常，则平均数将为 $0.1\times384\approx38$，标准差为 $\sqrt{384\times0.1\times0.9}\approx6$。

算例2：在上例基础上，如要求实际风险代偿率与预期风险代偿率不超过1%，即：

$\varepsilon/2=0.01$，$\varepsilon=0.02$，则：

$$n=\frac{4Z_{1-\frac{\alpha}{2}}^{2}P(1-P)}{\varepsilon^{2}}=\frac{4\times1.96^{2}\times0.1\times0.9}{0.02^{2}}=3457.44$$

该结果表明，在置信度0.95不变情况下，要精度由3%提高到1%，则承保业务量需要达到3458件。该计算结果的担保经济含义为：至少要承保3458笔担保业务，才能保证风险代偿的变动频次不超过 $3458\times0.01\approx34$ 次。如果代偿正常，则平均数将为 $0.1\times3458\approx346$，标准差为 $\sqrt{3458\times0.1\times0.9}\approx17.64$。

由以上分析的过程和结果，就可以把基于业务规模的担保企业风险控制的原理表述如下：由于担保企业所承保的担保业务的风险发生的概率是非均匀分布的，在局部承保业务的领域，其风险发生的概率可能会高于整体业务平均风险概率发生水平。那么，为了确保所承保的整体担保业务风险的发生低于担保企业期望的概率水平，就势必要提高局部承保业务领域的担保业务审核标准或条件，而这又将导致担保业务通过率的降低，使得承保的业务量达不到“大数定律”所要求的“大数”条件。因此，担保企业只有通过增加担保的业务数量规模，来满足“大数定律”的“大数”条件，才能有效控制局部担保业务可能发生的风险，但这必须以牺牲担保业务运作的效率为代价。

2.3.3 基于业务规模与组织规模匹配的担保风险控制原理

在单体担保企业组织规模为一定值的条件下，单体担保企业要控制担保发生的风险，尤其要控制在局部业务领域可能发生的高风险，就必须要按照担保业务局部区域的可能发生的且高于业务平均风险概率的标准来设定承保条件。这样，就会由于担保审核条件的提高而使得有一部分担保业务不能通过担保流程的审核，从而致使担保业务的通过审核率降低，导致担保业务运作效率的降低。

由于单体担保企业组织规模的限制，担保企业人员工作能力极限的制约，以及单体担保企业由于组织规模的扩大而带来的管理成本和协调工作量的成几何数的迅速上升等不利因素的影响，我国单体担保企业实际开展的业务规模是达不到“大数定理”所要求的“大数”的业务规模条件的。为此，单体担保企业组织规模限制就会严重制约担保业务规模的扩大，而成为其发展瓶颈。换句话说，单体担保企业开展业务的规模与其组织发展规模是相适应的，组织规模的大小决定了能够开展的业务规模大小。

既然单体担保企业的组织规模限制了其业务规模的增加，而单体担保企业有限的业务规模又不利于担保风险的控制，因此，就有必要采取一种新的组织形式来解决这个问题，而本书认为，担保企业集团化就是解决这一问题的有效手段之一。这与潘爱玲和吴有红（2006）提出企业集团具有防控风险的作用的观点是吻合的。在集团企业中，业务规模通过组织规模，即通过开设子公司数量的增加而得以增加，“大数定理”所要求的业务量在整个集团内部的所有子公司开展的全部业务量就得以满足。因此，从整个集团来看，所开展的业务量是满足“大数定理”所要求的业务量需求的。也就是说，集团内所有子公司开展的业务规模与集团这种组织模式的组织规模是相匹配和适应的。

综上所述，本书认为，单体担保企业进行风险控制是难以达到“大数定律”所要求的“大数”条件的。但是，如果担保行业中的企业能够组成担保集团，那么担保风险从整个集团角度来看就是服从“大数定律”的，单个担保企业局部业务的风险也可以通过集团内部其他担保企业业务的盈利就可以得到化解和弥补，在担保集团整体的内部形成风险化解和防范的规模经济效应，从而可以有效解决上述担保业务风险防控和业务开展效率之间的矛盾。

2.4 本章小结

本章在全面分析了担保行业高风险性、担保风险分布的非均衡性、担保企业运作的区域性、担保企业产品单件性的基础上，从担保信用风险非均匀性分布的特点出发阐释了担保集团的两大理论基础。其一，运用“大数定律”提出并阐释了基于业务规模的担保企业风险控制原理；其二，提出并阐释了业务规模与组织规模相匹配的担保企业风险控制原理。同时，担保集团内部控制的基本理论依据是企业风险管理整合框架的内部控制（ERMIF）。本书主要研究思路是为有效防控担保集团风险，在担保集团母公司、担保集团子公司（包括职能部门和业务单位）两大层面，对该框架中内部环境的八大要素研究担保集团内部控制的机制，并提出担保集团内部控制五种模式。

3 担保集团母公司及其对子公司内部控制机制研究

全面风险管理下的内部控制总体框架中要素之一“内部环境”是直接造成各企业内部控制形式和内容差异的根本原因[85]。它为其他要素提供工作规则和结构，是企业风险管理其他构成要素的基础[4]。因此，如果忽略对企业内部环境的研究，并致力于完善之，必将是舍本求末而不能实现预期效果的[83]。故内部环境在 ERM 框架中就显得格外重要。

鉴于现有文献研究对从会计审计方面研究内部控制的研究已经非常丰富，故本章对诸如如何确保资金和资产的安全性等传统意义上的内部控制问题不再做深入探讨。而将从 ERM 框架中的内部环境视角，研究担保集团母公司及母公司对子公司内部控制机制问题。也就是，从内部环境中的集团母公司的风险管理理念，董事会及权力制衡机制，组织结构与权责分配机制，人员管理机制（人力资源准则与政策），职业道德风险、责任心和胜任能力，以及各机制之间集成协同和循环作用的机理七个方面来研究担保集团母公司及其对下属子公司内部控制的机制问题。

3.1 相关概念界定和担保集团母公司风险管理理念

3.1.1 相关概念界定

从一般意义上讲，组织内部为合理保证组织目标实现而设计的控制机制和相应执行管理的总称就是内部控制[83]。根据我们 2008 年 5 月、2012 年 3 月及 2012 年 10 月对国内担保集团的调研，担保业内大多数人士认为担保集团很重要的目标之一就是对担保风险的防控，而担保风险主要来源于业务风险和人员风险。由此，本章对担保集团内部控制做出如下界定：担保集团的内部控制是指为确保担保集团的业务风险和人员风险处于可控或可接受的范围内，而采取的一切有利于担保风险防控的内部管理控制措施和手段。本章的担保集团内部控制机制则是指担保集团为防控母公司及子公司的担保风险，从内部控制的环境角度（尤其是组织管理与组织和人行为方面）阐释内部环境要素的内在作用的规律机理。本章的担保风险是指业务风险和人员风险。业务风险主要涉及担保业务本身存在的风险，而人员风险既包括在担保业务链上可能发生的人员操作风险，也包括在管理岗位和部门所发生的人员风险。这两方面均涉及人的职业道德风险，责任心不足的风险和素质能力差的人员风险。本章的担保集团风险控制是指担保集团各层面发生的组织管理风险和组织行为风险。

3.1.2 担保集团母公司风险管理理念

担保集团母公司风险管理理念是指担保集团对风险管理整体性和根本性的观念，并凭借它来指导整个担保集团的经营运作。它是担保集团内部控制根本性的指导原则，并通过担保集团母公司对子公司内部控制具体活动体现出来。它是担保集团内部控制机制源泉所在，因此风险管理理念必须灌输并扎根于担保集团每位成员头脑中。

3.1.2.1 全局性的风险控制的理念

担保集团母公司必须具有对担保风险全局性控制的理念，尤其体现在对业务经营管理、人事管理和资金使用管理等方面的风险防控。不能因为担保集团母公司和子公司都是独立的法人机构，而只局限于关注母公司自身的风险控制。

3.1.2.2 风险控制和业务效率提高相平衡的理念

担保企业实践经验表明，为了有效控制风险，就会在业务操作的流程和要求上附加各种额外的风险防范的措施和要求，这样就会影响业务效率①的提高；反之，为了提高业务或管理效率，又会删去一些看似不必要的业务流程或降低一些要求，这样又可能导致担保风险增大。因此，“风控原则”与“效率原则”两个目标之间往往难以兼顾。本章认为担保集团母公司对担保风险的控制要以业务效率的提高为根本出发点和落脚点，单纯一味地强调担保业务风险控制，最终会导致业务效率低下，反过来仍会加大担保风险。

---

① 业务效率是指在担保业务流程上，业务人员操作业务的效率和各级评审人员审核业务的效率。

3.1.2.3　适度风险偏好与容忍度的理念

风险容量包括风险偏好和风险容忍度两方面。担保集团母公司的风险偏好是指其愿意接受风险的程度。担保集团母公司的风险容忍度是指其对风险可接受的程度或可容忍的程度。集团母公司对待风险的态度既不能过于冒险，也不能过于保守。也就是说，既不能为了业务效率的提高而在操作业务时过于冒险，也不能为了单纯控制担保风险而在业务操作时过于保守，而应采取适度的风险偏好和容忍度。

3.1.2.4　紧密结合担保行业实际的理念

担保业是世界公认的高风险行业，而上述担保产品特点也决定了担保企业运作必然遵循其自身运作的特殊规律。因此，要结合担保行业和企业的特点，采取符合担保企业实际情况的有效措施来控制风险。

3.1.2.5　激励与约束相匹配的理念

为了有效防控担保集团下属各子公司的道德风险，担保集团既要给予子公司必要的激励，也要采取措施约束其不良行为。本章所研究的激励与约束机制是侧重于运用经济手段给予子公司及其下属员工经济方面的奖励和惩罚。

3.2　担保集团母公司董事会与权力制衡机制

在这部分，主要探讨集团层面董事会及权力分配机制，集团董事会对子公司公司治理的内部控制放在子公司治理结构与权力制衡部分探讨。董事会是企业内部控制环境中的一个非常关键的部分，在具有层级性的内部控制中，它属于最高级施控主体[3]。而担保集团母公司的董事会受集团股东和股东大会的委托参与担保集团的经营计划、财务方案和企业重组等重大决策，同时履行制定集团管理制度和高级管理人员的任用与解聘等重大的管理职能。根据我国担保集团实践情况，在担保集团母公司层面，公司治理存在的最大问题是董事会权力被少数大股东所控制，重大政策制定也受到大股东左右，而且董事会工作缺乏监督机制。因此，有必要设置针对性的岗位和部门对董事会内部董事的（尤其是少数大股东）权力加以约束。

集团董事会内部控制机制如图 3-1 所示。

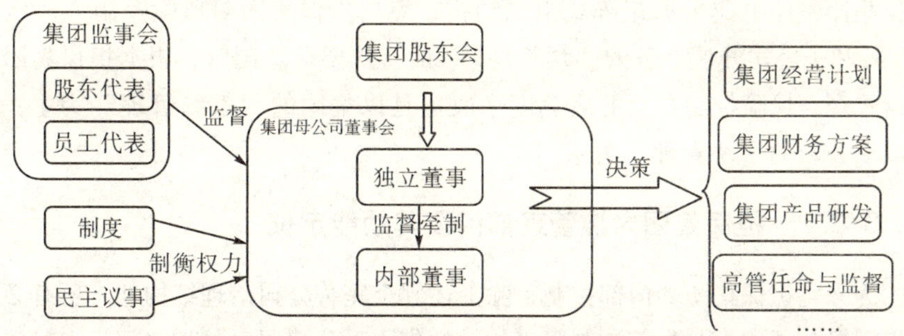

图 3-1 集团董事会的内部控制机制示意图

为使企业内部控制环境有效，董事会应具有大部分独立的外部董事[73]。为防止担保集团母公司的董事被集团的大股东及高管层所控制，从而损害集团和中小股东的利益，担保集团母公司的独立董事至少应达到《中华人民共和国公司法》规定的董事会成员 1/3 的比例。另外，在独立董事行使决策和监督管理职能时，应强调其决策方面的职能，并同时把握好其监督职能的度，防止与监事会的监督职能相混淆而导致职责重叠。此外，为促使集团董事勤勉工作，应在对集团层面的董事进行激励的同时，加强对他们的约束，而对由于渎职而造成担保集团损失的，则要追究其责任，并通过担保集团监事会加强对他们的工作监督。此外还可以通过“制度”和“民主议事”方式来对内部董事的权力加以制衡；通过集团监事会来对内部董事行为加以监督。

3.3 担保集团母公司组织结构与母子公司权责分配机制

在这部分将要研究为控制担保风险，在担保集团母公司层面需要设置哪些部门，以及这些部门是如何对下属子公司就权责分配问题进行内部控制的。

3.3.1 担保集团母公司组织结构

一般的企业集团对子公司的管理方式是全权授权子公司处理一切经营管理事务。而担保业是高风险行业，虽然担保子公司也是独立的法人企业，但是，如果担保集团母公司把风险控制权力也完全授权子公司，则很有可能出现担保业务风险失控的情况。因此，必须强化集团母公司对子公司的风险控制。故而担保集团整体上应采取矩阵式组织结构，突出担保集团对风险控制“条线管理”[①] 和子公司开展业务的“块管理”[②] 的特殊要求。同时，根据担保集团在经营管理与风险控制方面的成熟度来决定是以集团的“条线管理”为主，还是以子公司的“块管理”为主。

3.3.2 担保集团内控管理部门及其功能定位

为强化担保集团的内部控制，除上述健全完善公司治理结构外，还有必要在集团母公司成立与内部控制紧密相关的集团母公司层面的相关部门来对整个集团的风险进行全面掌控，它体现了集团对子公司直接的“条线管理”的特殊风险控制要求。这些部门至少应包括如下几个：

3.3.2.1 经营管理中心及其功能定位

经营管理中心对集团母公司及各子公司的经营管理工作进行指导、督促和评价。同时应加强对子公司市场部门的营销工作进行指导、督促和评价。

3.3.2.2 风险控制中心及其功能定位

风险控制中心是增强各子公司风控体系组织建设能力，指导各子公司进行业务风控工作，不断研究风险管理工作模式的改进与完善，并形成相应制度；对超过各子公司授权额度内的业务项目进行最终评审，并承担与权利相匹配的责任。

3.3.2.3 审计管理（稽核）中心及其功能定位

建立健全各项管理、业务、人事等方面的审计与稽核制度和方法；发挥集团审计部门对母公司各管理中心及下属子公司业务和人员的审计。

3.3.2.4 财务管理中心及其功能定位

通过资金核算，资金筹集与投资，确保集团对资金安全与调度使用。

3.3.2.5 综合管理中心及其功能定位

一方面，在功能上发挥人力资源管理的基本功能。比如，集团母公司人员的聘训用、考核和奖酬，以及劳动关系的管理等；另一方面，应对各子公司的总经理（包括副总、总经理助理）、部门经理（包括部门副经理）、一般员工，分别建立对各层面分级管理的人力资源管理制度，并对集团有关日常事务的进行管理。此外，作为综合性管理部门，还应协调集团各部门之间的工作，以及

---

① “条线管理”是指担保集团在诸如风险控制等重要方面有权直接对子公司的风险控制进行管理模式。

② “块管理”是在担保经营过程中诸如具体业务等方面以子公司自主管理为主，集团拥有监督和指导的管理模式。

统计、发布相关的公告信息的事务性功能。

3.3.3 担保集团与子公司的权责分配机制

企业内部控制环境建设的另一项重要任务就是权力和责任的安排，即通常所说的权责分配[83]。在担保实践运作中，存在的突出问题是：集团母公司和子公司之间业务管理、子公司各级人员的遴选、资金调度管理三项最重要工作的权责分配没有理顺。具体表现在，集团母公司对子公司担保业务风险审核要么过严而降低了担保业务开展的效率，要么降低担保业务审核要求而担保代偿却增加了，甚至到了“一抓就死，一放就乱”的程度。另外，集团母公司过多地干预子公司担保业务操作层面的经营，或者对于担保市场的开拓完全推给子公司自己负责。担保集团母公司对子公司高管采取集团“空降兵”方式任命，导致子公司高管不熟悉当地情况，且难以与子公司融合的尴尬局面。并且，集团整体调度资金还不能完全落实，还存在不少阻力。

3.3.3.1 担保业务管理权限的权责分配

业务运作方面主要涉及业务操作、业务风险控制体系及市场营销，从而，涉及集团两大管理职能部门：经营管理中心和风控管理中心，以及子公司的三个部门：业务部、风控部和市场营销部。

（1）业务经营和业务风险控制的权责分配。

正如第二章所论述的，担保业务风险整体上应服从“大数定律”，担保业务效率降低，意味着没有达到“大数定律”所要求的担保业务的数量规模，这样反过来还会导致担保风险的陡增。因此，集团与子公司在业务经营和风险控制要把握好权责分配的度。根据担保行业高风险性特点，担保集团的风险控制中心对子公司风险控制部就应采取“条线管理”模式，即担保集团母公司有权直接对下属各子公司与风险控制有关的部门实施审查和监控。另一方面，在业务具体操作上，则应以各子公司“块管理”为主，充分调动自主经营的积极性，即业务操作的权力全部授权给各子公司，集团不应过多干涉，在授权额度范围内的业务，子公司有权决定是否予以承保；而超过一定额度的担保业务则要上报集团风险控制中心进一步审查。

（2）市场营销管理的权责分配。

从目前担保企业和银行的工作关系看，银行还处于绝对的主动地位，担保企业在业务来源方面还有求于银行。集团母公司如果把对银行的营销工作完全推给子公司处理，容易导致由于子公司与银行总行的工作不对等，而难于打破银行授信的艰难局面。因此，应分配好在集团和子公司对银行授信方面的权责。

集团经营管理中心市场营销管理的权责应体现的是对银行总行的争取授信的营销工作，及对营销模式的规划与指导。具体表现在，集团母公司要有专人负责对银行总行的业务关系的维持和联络，对集团内主要担保产品品牌的营销工作以及通过组织新产品的研发并引导新产品市场的拓展工作。而担保子公司市场营销方面的权责表现在对省级（直辖或计划单列市）银行的合同签约与担保业务授信工作上。要开展好从总经理、部门经理到员工三个层面对银行的分行和支行及储蓄所争取授信和签约的工作。

3.3.3.2　子公司各级人员遴选的权责分配

（1）子公司总经理的遴选

总经理作为经营班子的核心领导成员，其能力不仅仅体现在业务能力上，更重要的是体现在对经营班子的领导能力和对整个公司各项管理工作的领导能力上。目前，担保企业总经理的来源一般有四种：一种是从银行相关岗位的人员直接选聘过来做总经理，也有从相关行业（如证券行业）直接选聘过来做总经理；第二种是从银行有关岗位选聘过来作为总经理储备人才，在集团风控中心工作一段时间后，再委派到总经理岗位上；第三种是在集团某些岗位上工作一段时间后，再委派到总经理岗位上；第四种是在子公司有关部门经理或副总经理岗位上经过几年锻炼后升任为总经理。

本书认为，在上述四种总经理选聘模式中，应采用第四种方式，即经过在子公司至少有1~2年或更多年的锻炼和考验的遴选模式，选聘时不仅对拟聘人选的业务能力和管理能力进行考察，还需对其对于担保业作为风险性行业的企业文化的认知和职业道德水平进行考察，只有符合这些条件才可能成为总经理的候选人选。由集团加以任命，集团对其进行“条线管理”，实施监督。

（2）中层干部及以下人员的遴选

对于部门经理及以下人员的“聘训用”，应该在子公司总经理的领导下，按照民主集中制的原则，由各子公司内部独立自主地决策进行。子公司要成立监督审查机构，对综合部的初试和用人部门的复试流程是否正确进行审核，对执行结果进行评价和奖惩，同时也要强化集团综合管理中心对子公司中层干部任免的监督权。

3.3.3.3　资金调度管理的权责分配

集团公司拥有全面调度和管理资金的权力，并在基本管理制度中体现，集团对资金的集权程度既要能满足各子公司对资金的需要，又要能提高资金的使用效率。但是，由于银监会规定“子公司是独立的法人单位，子公司的资本金不可以调入集团”。所以，可以采取类似于银行的做法，总行对下属的分行和支行的资金有调配权。故可以考虑采用分公司的办法调整，而分公司不是法律上的一级法人单位，可规避此法律规定。集团对调整后的各分公司在被授权的资金的使用范围、方式及其使用成本，尤其是分公司的业务资金使用、定额资金额度、营销费用使用的范围、确定额度等方面具有调度权、监督权和控制权。

担保集团矩阵式组织结构及其权责分配内控机制如图 3-2。

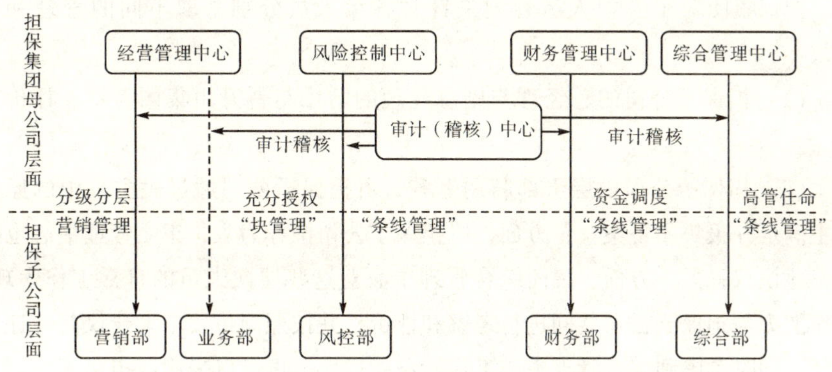

图 3-2　担保集团组织结构与权责分配内部控制机制示意图

由图 3-2 可以看出，担保集团权责分配的内部控制机制，一方面通过担保集团母公司的五大管理中心对子公司的纵向的“条线管理”和子公司“块管理”来实现，另一方面通过集团母公司的审计（稽核）中心对其他四个管理中心横向审计稽核来实现。

3.4　担保集团母公司对子公司人员管理机制

在这部分将主要探讨集团母公司对子公司人员分级管理和母子公司就培训内容及经费分担责任。国际 COSO 委员会 ERM 框架下内部环境要素中，第四个子要素是人力资源准则和政策。在担保集团人力资源管理各项职能中，与人员风险防控联系最密切职能是招聘、使用和培训工作，它主要涉及对各子公司的高管任命、配置和培养工作。本书认为用“人员管理机制”作为本节标题更符合担保集团对人员风险控制特殊要求。担保集团在人员管理方面存在的两方面典型问题：担保集团母公司对子公司高管的任命采取“空降兵”的方式，或者将子公司的人事任命权完全下放给子公司而不予督导；忽视对子公司高管和业务骨干的培养，以及不能理顺集团和子公司培训内容和经费分担的责任。如此下去，则容易造成子公司高管人员对子公司情况不熟悉而不能打开局面的困境，而培训不到位则导致高管人才储备力量不足，甚至出现高管人员道德风险问题。

3.4.1 用人分级管理权及督导机制

担保集团对子公司人员管理是针对各级人员分别采取不同的管理和督导权。

（1）担保子公司的总经理与副总经理的聘用与晋升由集团考察、评价并任命。

（2）担保子公司中层干部聘用晋升，由担保子公司通过民主集中的原则自主确定并报集团备案。一方面，以担保子公司推荐为主，集团管理中心也有推荐建议权；另一方面，集团综合管理中心对这些层次人员的日常工作表现、工作能力与担保子公司共同进行考察和评价，并按照岗位要求来建议其升迁与续任。同时考虑到综合管理中心工作量可能过大，也可以采用以担保子公司为主、集团综合管理中心为辅的模式。

（3）担保子公司一般员工的聘用、晋（职）级以子公司考察、评价为主，集团综合管理中心以督导为主。集团综合管理中心行使督导权必须将必要的监督与指导紧密地结合起来，既对担保子公司在用人上的执行制度情况进行必要的监督，发现问题予以及时地纠正、纠偏，同时也对担保子公司在这方面的工作方式方法进行指导。

3.4.2 担保集团的培训机制

培训工作对于担保集团风险控制的重要意义在于，如果不加强子公司高管人员的培养，一旦子公司层面高管人员流失，则容易导致子公司担保工作停顿。如果不能理顺集团和子公司培训经费分担关系，则容易加重子公司经济负担，影响子公司效益，挫伤子公司经营管理的积极性。首先，有关高层管理人员经营管理培训。组织专门讲师对各子公司部门经理及以上人员如何经营管理企业进行系统地培训。对公司所处的宏观环境、产业环境的分析也可以在集团培训上进行。其次，分系列的部门经理培训。业务系列、风控系列、人力资源系列、市场营销系列和财务审计系列的部门经理组织专题培训，切实增加中层管理者知识，提高业务素质和能力。最后，制度培训。它也是部门经理及以上人员的培训重点。集团将新颁布的制度向各子公司部门经理以上人员进行解释，并将基层意见搜集并反馈到制度制定的集团的有关部门。

综上所述，应由集团综合管理中心统一、全面制定的全集团及各担保子公司的人员管理原则及相应制度，根据分级管理原则明确规定各级（集团与各担保子公司）人员管理的相应权限以及具体规则，并及时考核。同时强化对违反有关人员管理制度的惩罚及其相应惩罚权限行使规则。图 3-3 描绘了担保集团人员管理的内控机制。

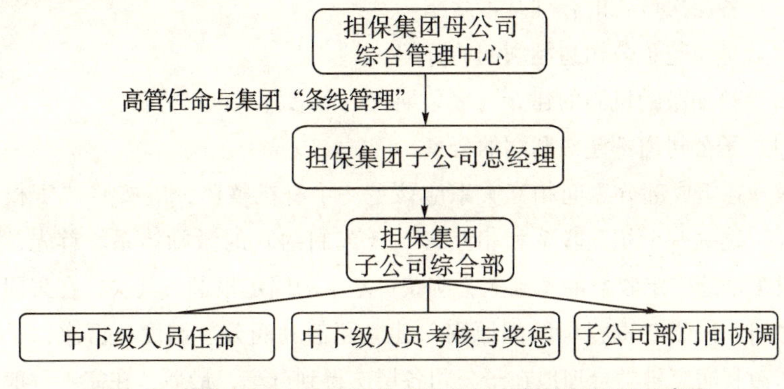

图 3-3　担保集团人员管理的分层分级内部控制机制示意图

3.5　担保集团母公司对子公司道德风险防控机制

国内学者谢志华（2007）指出风险控制的目标不是针对物和事，而是针对人，风险控制不能只是控制人的恶、还应包括激发人的善[8]。本章所研究的子公司道德风险不仅仅局限于伦理道德范畴的职业道德风险，还包括子公司本身素质和能力的欠缺所导致的风险（具体分析详见 4.1 节的解释）。因此，本节侧重于从担保集团各子公司胜任能力和诚信与职业道德风险角度，通过担保集团和子公司之间委托代理关系，将担保集团视为整体，将集团内各担保子公司视为同质性个体成员，构建基于团队道德风险模型的激励约束机制的数理模型。基于经济学的激励理论，从经济学视角揭示集团母公司如何防控子公司的道德风险的内部控制机制问题。

3.5.1 担保集团母公司对子公司的激励与约束

担保集团对子公司的激励与约束体现在两个方面。一方面，担保集团对子公司的激励是指由于集团与子公司之间存在经济利益的互利关系（比如，子公司利用集团的品牌开拓业务，子公司有向集团上交利润的义务），则集团应给予子公司的各类奖酬。而集团对于子公司的约束是指集团主要以经济手段对子公司的有过错行为和无过错行为加以惩罚与制约。

3.5.1.1 集团母公司对子公司的激励

（1）各层次员工的合理基本薪酬。

（2）集团与子公司超额利润的分配。

（3）长期激励机制的建立（股票期权，本书暂不作出分析）。

（4）子公司内部超额利润的分享。

激励各组成部分之间相互关系应该是一个有机整体，应按照“责权利匹配原则”建立一个相互联系和相互影响（或制约）的激励体系。首先，员工在为股东创造一定收益的基础上，应获得基本的固定报酬；其次，在集团和子公司之间，按照“责权利匹配原则”建立超额利润分享制度；再次，子公司获得超额利润应科学合理地在子公司各层次得到分享；最后，在完善一般激励制度基础上，进一步完善长期激励制度。

3.5.1.2 集团母公司对子公司的约束

担保集团对子公司的约束主要体现在子公司发生代偿事件的处理上。代偿亏损涉及集团与子公司按一定比例分担的问题，也涉及在组织与个人责任人之间按照一定比例进行分担的问题。担保代偿的承担应按照“责权利匹配原则”，按照与超额利润分享同样比例的原则来分摊。导致代偿有两种主要表现：

（1）“有过错责任风险责任”分担制度。

这里指的“责任”是指“有过错责任”，主要指职业道德风险问题和责任心的欠缺所导致的损失。

（2）“无过错责任风险损失责任”分担制度。

无过错责任导致风险损失，主要是指由于子公司及业务人员素质和业务能力（胜任力不足）不足导致的损失。本质上反映出业务链上有关子公司对业务项目的风险认知水平和防控水平与能力有限，并且意味着风险损失确实已发生，因此，必须在集团与子公司之间分配承担损失的责任，也需根据业务链上确定的具有决策权的责任人承担相应的损失责任。

3.5.2 基于团队道德风险模型的担保子公司激励约束机制

3.5.2.1 团队道德风险模型的基本设置

本章把担保集团母公司和子公司之间的关系模型化为委托代理关系。合同中规定，集团母公司提供一定投资及品牌，即集团内部所有子公司开展业务皆以母公司同一品牌开展担保业务，子公司在知道集团母公司提供奖惩规则后，可接受或拒绝这个合同。假定子公司接受了这个合同并付出努力。

[假设 1] 担保集团由一个母公司和若干子公司组成。

由于双方是处于信息不对称状态，努力付出程度是子公司可以控制的，母公司观察不到，根据 Holmstrom B 和 Milgrom P（1987）[87]的研究，努力成本增加速度是随努力程度的增加而递增。努力成本函数为：

$$C_i(e_i)=\frac{1}{2}\rho e_i^2 \quad （其中\ \rho\ 为努力成本影响因子） \tag{3-1}$$

为简化计算，本书假设各担保子公司均是努力的，即 $\rho=1$。

因此，（3-1）式简化为：

$$C_i(e_i)=\frac{1}{2}e_i^2 \tag{3-1a}$$

[假设 2] 由于集团内各子公司的有可能在某些方面进行协作，因此，团队生产有内部各成员之间的协力在起作用[88]。本书借鉴了柯布—道格拉斯生产函数的形式来表示集团的总担保收入产出，即 $S=Ae_1^{r_1}e_2^{r_2}\cdots e_n^{r_n}+\varepsilon$，其中 A 表示集团总生产能力影响因子，$e_1$，$e_2$，…，$e_n$ 分别表示集团下各子公司的努力水平，r_1，r_2，…，r_n 分别表示各子公司的生产能力系数，且为常数。ε 是期望值，为 0，方差为 σ^2 的随机变量，表示影响集团担保收入不可控的意外因素。

[假设 3] 担保集团母公司根据子公司付出努力支付薪酬，目前国内外对报酬大多数采用线性形式[89]。委托人（担保集团母公司）对代理人 i（担保子公司 i）的报酬可表述成下式：

$$R_i=\alpha_i+\beta_i e_i \tag{3-2}$$

（3-2）式中，R_i 表示担保子公司获得的薪酬，α_i 为子公司的固定薪酬，β_i 为超额的担保业务奖金率，e_i 为努力程度。

[假设 4] 假设担保集团是风险中性的，出于对担保风险防控考虑，假设担保子公司是风险厌恶。根据 Hsu. IChiech（2006）[90]研究结论，风险成本为 $F=\theta_i Var(s)/2=\theta_i\beta^2\sigma^2/2$，$\theta_i$ 为担保子公司的风险规避度（$\theta_i>0$）。

3.5.2.2 模型的构建与求解

经济学的激励理论一个重要思想是道德风险问题产生的源于委托方和代理方潜在的利益冲突，即为实现委托人的目标会损害代理人的利益。如果采取一定机制使得委托方和代理方双方利益一致，则能大大减小代理人发生道德风险的可能。也就是说，在满足代理人激励相容约束（其努力所得效用不低于偷懒时效用）和参与约束（其接受合约所得效用要大于其保留效用）条件下，使得委托人效用达到最大化。基于这一思想，担保集团母公司的期望效用等于期望收入，公式如下：

$$Ev[S - \sum_{i=1}^{n} R_i(e_i) - (1-\kappa)w_i] = E[Ae_1^{r_1}e_2^{r_2}\cdots e_n^{r_n} + \varepsilon) - \sum_{i=1}^{n}(\alpha_i + \beta_i e_i) - \sum_{i=1}^{n}(1-\kappa)w_i] \quad (3-3)$$

其中，$\kappa(0 < \kappa < 1)$ 表示担保子公司代偿损失分摊比例，集团母公司代偿损失分摊比例就为 $1-\kappa$。w_i 表示担保子公司年度内发生的代偿损失额，它是与担保子公司努力程度 e_i 有关的函数。担保子公司是风险厌恶的，其确定性等价收入为：

$$\max_{e_i} U(R_i, e_i) = ER_i - \frac{\theta_i}{2}VarR_i - C_i(e_i) - E(\kappa w_i) = \alpha_i + \beta_i e_i - \frac{\theta_i}{2}\beta_i^{\ 2}\sigma^2 - \frac{1}{2}e_i^2 - \kappa w_i \quad (i = 1, 2, \cdots, n) \quad (3-4)$$

集团母公司将选择合同的参数(α_i, β_i)，以便在子公司激励相容和个体理性约束条件下最大化其利润。假定保留效用是不随时间变化的，而对于担保子公司而言，其所获得的净期望效用必定要大于保留期望效用 u_0，否则子公司不愿意加入担保集团，而宁愿自己单独开展业务。所以担保子公司 i 的参与约束为：

$$IR: R_i - \frac{\theta_i}{2}\beta_i^{\ 2}\sigma^2 - C_i(e_i) - \kappa w_i \geqslant u_0 \quad (3-5)$$

本书采用 Mirrlees（1976）[91] 和 Holmstrom（1979）提出一阶条件方法[92]，将（3-5）式取等号。

$$\alpha_i + \beta_i e_i - \frac{\theta_i}{2}\beta_i^{\ 2}\sigma^2 - \frac{1}{2}e_i^2 - \kappa w_i = u_0 \quad (3-6)$$

对 e_i 求偏导，$\beta_i - e_i - \kappa w'_i = 0$

可得激励相容约束 IC 为：

$$e_i = \beta_i - \kappa w'_i \tag{3-7}$$

为简化计算，本书对 $S = Ae_1^{r_1}e_2^{r_2}\cdots e_n^{r_n} + \varepsilon$ 两边取自然对数。

$\ln S = \ln(Ae_1^{r_1}e_2^{r_2}\cdots e_n^{r_n} + \varepsilon) = \ln A + r_1\ln e_1 + r_2\ln e_2 + \cdots + r_n\ln e_n$，代入（3-3）式。

因此，在信息不对称条件下，求解下面最优化问题：

$$\underset{\alpha_i,\beta_i}{Max}[(\ln A + r_1\ln e_1 + r_2\ln e_2 + \cdots + r_n\ln e_n) - \sum_{i=1}^{n}(\alpha_i + \beta_i e_i) - \sum_{i=1}^{n}(1-\kappa)w_i] \tag{3-8}$$

$$\text{s. t}\, IR\text{：}R_i - \frac{\theta_i}{2}\beta_i^{\ 2}\sigma^2 - \frac{1}{2}e_i^2 - \kappa w_i = u_0 \tag{3-9}$$

$$IC\text{：}e_i = \beta_i - \kappa w'_i\quad (i = 1,\ 2,\ 3,\ \cdots,\ n) \tag{3-10}$$

$$\underset{\alpha_i,\beta_i}{Max}[\ln A + \sum_{i=1}^{n} r_i\ln(\beta_i - \kappa w'_i) - \sum_{i=1}^{n}(\frac{\theta_i}{2}\beta_i^{\ 2}\sigma^2 + \frac{1}{2}(\beta_i - \kappa w'_i)_i^2 + \kappa w_i) - \sum_{i=1}^{n}(1-\kappa)w_i] \tag{3-11}$$

将（3-11）式对 β_i 求偏导，并令其等于零。

$$\sum_{i=1}^{n}\frac{r_i}{\beta_i - \kappa w'_i} - \sum_{i=1}^{n}(\theta_i\beta_i\sigma^2 + (\beta_i - \kappa w'_i)] = 0 \tag{3-12}$$

将（3-12）式去掉求和符号并展开得到下式：

$$[\frac{r_1}{\beta_1 - \kappa w'_1} - \theta_1\beta_1\sigma^2 - (\beta_1 - \kappa w'_1)] + [\frac{r_2}{\beta_2 - \kappa w'_2} - \theta_2\beta_2\sigma^2 - (\beta_2 - \kappa w'_2)] + \cdots + [\frac{r_i}{\beta_i - \kappa w'_i} - \theta_i\beta_i\sigma^2 - (\beta_i - \kappa w'_i)] = 0$$

要使上式等于零，只需上式每个中括号为零，为简化并突出重点分析，不妨任取其中的 β_i 项做讨论，经整理后得到下式：

$$(\theta_i\sigma^2 + 1)\beta_i^2 - \kappa w'_i(2 + \theta_i\sigma^2)\beta_i - (\kappa^2 w'^2_i + r_i) = 0 \tag{3-13}$$

解（3-13）式的一元二次方程，β_i 解如下：

$$\beta_{i(1,2)} = \frac{\kappa w'_i(2 + \theta_i\sigma^2) \pm \sqrt{\theta_i^2\sigma^4\kappa^2 w'^2_i + 4\theta_i\sigma^2 r_i + 4r_i}}{2(\theta_i\sigma^2 + 1)} \tag{3 - 14}$$

当 $\theta_i\sigma^2\kappa w'_i + 4\theta_i\sigma^2 r_i + 4r_i > 0$ 时，（3-13）式有两个不同实根解：

$$\beta_{i(1)} = \frac{\kappa w'_i(2 + \theta_i\sigma^2) + \sqrt{\theta_i^2\sigma^4\kappa^2 w'^2_i + 4\theta_i\sigma^2 r_i + 4r_i}}{2(\theta_i\sigma^2 + 1)}$$

$$\beta_{i(2)} = \frac{\kappa w'_i(2+\theta_i\sigma^2) - \sqrt{\theta_i^2\sigma^4\kappa^2 w'^2_i + 4\theta_i\sigma^2 r_i + 4r_i}}{2(\theta_i\sigma^2+1)}$$

当 $\theta_i\sigma^2\kappa w'_i + 4\theta_i\sigma^2 r_i + 4r_i = 0$ 时，(3-13) 式有两个相同的实根解：

$$\beta_{i(1,} = \beta_{i(2)} = \frac{\kappa w'_i(2+\theta_i\sigma^2)}{2(\theta_i\sigma^2+1)} = \frac{\kappa w'_i}{2(\theta_i\sigma^2+1)} + \frac{\kappa w'_i}{2}$$

但根据本书所涉及的实际背景，及公式中各参数取值决定了 $\theta_i\sigma^2\kappa w'_i + 4\theta_i\sigma^2 r_i + 4r_i$ 不可能为零。因此，本书对 $\theta_i\sigma^2\kappa w'_i + 4\theta_i\sigma^2 r_i + 4r_i = 0$ 的情况不予讨论。

而当 $\theta_i\sigma^2\kappa w'_i + 4\theta_i\sigma^2 r_i + 4r_i < 0$ 时，(3-13) 式没有实根解，根据本书现实背景，对这种情况也不深入研究。

3.5.2.3 模型中各影响因素对激励强度影响趋势分析

为更清楚地揭示出各影响因素对超额激励因子 β_i 的影响程度，本书把以上得到的 β_i 分别对其中的影响因素进行变量：各子公司之间的代偿分摊比例 $\kappa(0<\kappa<1)$，担保业务风险稳定性 σ^2，各担保子公司风险厌恶系数 $\theta_i(\theta_i>0)$，各担保公司的生产能力系数 r_i（开展担保业务的能力）求偏导数（r_i 为正常数）。而考虑到 β_i 对 w'_i 的偏导数不具备担保的现实意义，不须对其进行数理分析。

(1) 在 $\beta_{i(1)} = \frac{\kappa w'_i(2+\theta_i\sigma^2) + \sqrt{\theta_i^2\sigma^4\kappa^2 w'^2_i + 4\theta_i\sigma^2 r_i + 4r_i}}{2(\theta_i\sigma^2+1)}$ 条件下

① $$\frac{\partial\beta_{i(1)}}{\partial\kappa} = \frac{w'_i}{2(\theta_i\sigma^2+1)} + \frac{w'_i}{2} + \frac{2\kappa\theta_i w'_i\sigma^2}{4(\theta_i\sigma^2+1)\sqrt{\theta_i^2\sigma^4\kappa^2 w'^2_i + 4\theta_i r_i\sigma^2 + 4r_i}}$$

$w'_i(e_i)$ 表示担保子公司代偿额与其努力水平变化的情况，一般而言，如排除其他因素的影响，担保子公司的努力增加会使得代偿额发生率降低，所以有 $w'_i<0$。由各参数的设置可知，上式其他变量均大于零。因此，必有 $\frac{\partial\beta_{i(1)}}{\partial\kappa}<0$。它表明，当集团对子公司采取高的激励制度时，随着担保子公司分摊代偿的比例 κ 增加，集团对担保子公司 i 激励强度 β_i 是递减的。

② $$\frac{\partial\beta_{i(1)}}{\partial\theta_i} = \frac{\theta_i^2\kappa^2 w'^2_i\sigma^4(\theta_i\sigma^2+2) - \kappa w'_i\sigma^2\sqrt{\theta_i^2\sigma^4\kappa^2 w'^2_i + 4\theta_i\sigma^2 r_i + 4r_i}}{2(1+\theta_i\sigma^2)^2\sqrt{\theta_i^2\sigma^4\kappa^2 w'^2_i + 4\theta_i\sigma^2 r_i + 4r_i}}$$

由上面分析可知 $w'_i<0$，易知 $\frac{\partial\beta_{i(1)}}{\partial\theta_i}>0$。它表明，当集团对子公司采取高激励制度时，随着担保子公司风险厌恶度 θ_i 的增加，集团对担保子公司 i 激

励强度 β_i 也应增加。

③ $$\frac{\partial\beta_{i(1)}}{\partial r_i}=\frac{1}{\sqrt{\theta_i^2\sigma^4\kappa^2w'^2_i+4\theta_i\sigma^2r_i+4r_i}}>0$$

该式表明，当 $\beta_{i(1)}=\frac{\kappa w'_i(2+\theta_i\sigma^2)+\sqrt{\theta_i^2\sigma^4\kappa^2w'^2_i+4\theta_i\sigma^2r_i+4r_i}}{2(\theta_i\sigma^2+1)}$ 时，随担保子公司开展担保业务的能力 r_i 增强，集团对担保子公司 i 激励强度 β_i 也增加。

④ $$\frac{\partial\beta_{i(1)}}{\partial\sigma^2}=-\frac{\theta_i\kappa w'_i}{(\theta_i\sigma^2+1)^2}+\frac{\theta_i^2\sigma^2\kappa^2w'^2_i}{(\theta_i\sigma^2+1)^2\sqrt{\theta_i^2\sigma^4\kappa^2w'^2_i+4\theta_i\sigma^2r_i+4r_i}}>0$$

该式表明，当集团对子公司采取高的激励制度时，随担保子公司担保业务风险不稳定性 σ^2 增大，集团对担保子公司 i 激励强度 β_i 也增加。

（2）在 $\beta_{i(2)}=\frac{\kappa w'_i(2+\theta_i\sigma^2)-\sqrt{\theta_i^2\sigma^4\kappa^2w'^2_i+4\theta_i\sigma^2r_i+4r_i}}{2(\theta_i\sigma^2+1)}$ 条件下

① $$\frac{\partial\beta_{i(2)}}{\partial\kappa}=\frac{w'_i}{2(\theta_i\sigma^2+1)}+\frac{w'_i}{2}-\frac{2\kappa\theta_i^2\sigma^4w'^2_i}{4(\theta_i\sigma^2+1)\sqrt{\theta_i^2\sigma^4\kappa^2w'^2_i+4\theta_i\sigma^2r_i+4r_i}}$$

由上面的分析可知 $w'_i<0$。同时由其他各参数的设置可知，上式其他变量均大于零。因此，必有 $\frac{\partial\beta_{i(2)}}{\partial\kappa}<0$。该式表明，当集团对子公司采取低的激励制度时，随着担保子公司分摊代偿的比例 κ 增加，集团对担保子公司 i 激励强度 β_i 是递增的。

② $$\frac{\partial\beta_{i(2)}}{\partial\theta_i}=\frac{\sigma^2[2t-2r_i-\kappa w_i(\theta\kappa\sigma^2+3\sqrt{t}+2\theta\sigma^2\sqrt{t})]}{4\sqrt{t}(\theta\sigma^2+1)}$$

其中 $t=2\theta^2\sigma^4\kappa^2w_i^2+4\theta_i\sigma^2r_i+4r_i>0$，分子中的 $2t-2r_i=4\theta^2\sigma^4\kappa^2w_i^2+8\theta_i\sigma^2r_i+2r_i>0$。又由于 $w'_i<0$，另据其他参数的设置，可知 $\kappa w_i(\theta\kappa\sigma^2+3\sqrt{t}+2\theta\sigma^2\sqrt{t})<0$，所以必有 $\frac{\partial\beta_{i(2)}}{\partial\theta_i}<0$。该式表明，当集团对子公司采取低的激励制度时，随着担保子公司风险厌恶度 θ_i 的增加，集团对担保子公司 i 激励强度 β_i 在减少。

③ $$\frac{\partial\beta_{i(2)}}{\partial r_i}=\frac{-1}{\sqrt{\theta_i^2\sigma^4\kappa^2w'^2_i+4\theta_i\sigma^2r_i+4r_i}}<0$$

上式表明，当 $\beta_{i(2)}=\frac{\kappa w'_i(2+\theta_i\sigma^2)-\sqrt{\theta_i^2\sigma^4\kappa^2w'^2_i+4\theta_i\sigma^2r_i+4r_i}}{2(\theta_i\sigma^2+1)}$ 时，随着

担保子公司生产能力 r_i（开展担保业务的能力）的提高，集团担保母公司对其的激励强度 $\beta_{i(2)}$ 反而在下降。

$$④\ \frac{\partial \beta_{i(1)}}{\partial \sigma^2} = -\frac{\theta_i \kappa w'_i(\sqrt{\theta_i^2 \sigma^4 \kappa^2 w'^2_i + 4\theta_i \sigma^2 r_i + 4r_i} - 2\theta_i \sigma^2 \kappa w'_i)}{(\theta_i \sigma^2 + 1)^2 \sqrt{\theta_i^2 \sigma^4 \kappa^2 w'^2_i + 4\theta_i \sigma^2 r_i + 4r_i}} > 0$$

上式表明，当集团对子公司采取低的激励制度时，随担保子公司担保业务风险不稳定性 σ^2 增大，集团对担保子公司 i 激励强度 β_i 也增加。

研究结果表明如下担保集团对子公司防范道德风险的激励约束机制：①随担保子公司分摊代偿比例增加，担保集团对子公司的激励强度应减小。②随担保子公司风险规避度的增加，担保集团对子公司的激励强度应增加。③薪酬制度对于子公司业务能力与担保集团对子公司的激励强度之间的关系具有正向调节作用，在高激励薪酬制度下，随着担保子公司业务能力的增加，担保集团对子公司的激励强度应增加；在低激励薪酬制度下，随着担保子公司业务能力增强，母公司应减少对子公司的激励强度。④随着担保业务风险变动剧烈程度增加，集团对子公司的激励强度也应增加。

3.6 担保集团内部控制的集成协同作用机制及循环作用机理

本章以上各节是从内部控制 ERM 框架中的内部环境视角出发，单独研究每个要素的作用机制。下面将从内部环境的整体出发，对担保集团内部控制机制的综合作用机制做进一步的研究。也就是说，综合考虑担保集团在 REM 框架内的内部环境中董事会权力制衡机制、组织结构和权责分配机制、对子公司人员管理机制和道德风险防控机制等方面，并深入研究它们之间相互作用的机理问题。

从图 3-4 可以看出，首先，担保业务开展和业务风险控制以及子公司道德风险的防控成为集团母公司对子公司内部控制的主线。其次，担保集团五大风险管理理念作为作用机制的源泉，渗透在集团内部及其对下属子公司内部控制之中。其中“业务效率与风险控制平衡理念”更多地体现在集团经营管理中心和风控中心对下属子公司业务部和风控部的业务和风控兼顾的关系中。再次，集团审计管理中心在集团母公司层面对财务中心、经营管理中心、风控中心和综合管理中心的担保业务的相关人员进行审计稽核，又成为制衡这四个部门的约束力量。而集团五大内部控制管理中心根据工作重要性程度和工作性质对子公司相应部门分别采取“条线管理”或“块管理”的内控管理模式，体现了对权力的制衡和监督。最后，集团综合管理中心对子公司高中层干部道德风险的监控是通过集团母公司对子公司“条线管理”实现的。其中对总经理、业务部负责人和风险控制部负责人道德风险的监控成为重点内容，在监控过程中要灌输对其激励与约束相匹配的理念。

内部环境中这五大机制相互作用的内在机理如图 3-4 所示。

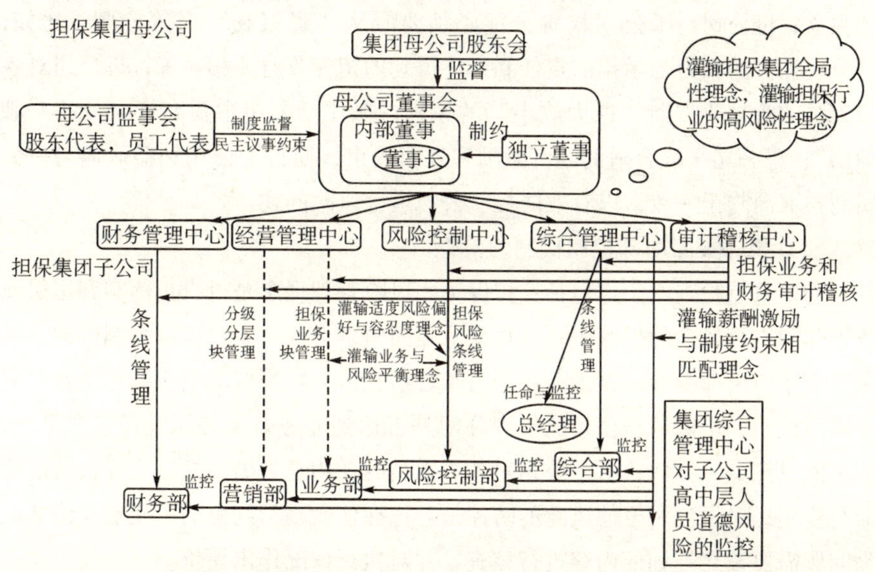

图 3-4　担保集团母公司及其对子公司内部控制的综合集成作用机制图

本章借鉴了“PDCA 循环”思想，由质量管理学可知，“PDCA 循环”也简称戴明环，其基本思想是对产品质量管理进行计划、执行、检查、调整。“PDCA”每执行一个循环，质量管理水平又上一个台阶，在新的水平上再开始新的“PDCA”，如此反复循环，不断把产品质量提高到新的水平。针对担保集团内部控制的实际，“PDCA 循环”可以表现为如下四个方面：

（1）担保集团内部控制机制的规划

担保集团母公司对自身及下属子公司进行内部控制，需要事先做好规划工作。具体包括：根据担保行业和担保集团实际，向各层面哪些人员灌输怎样的风险管理理念；采取何种方式方法制约内部董事权力过大的问题；为防控担保业务风险和人员风险，应采取怎样的组织结构；母公司与子公司在权力和责任方面应如何分配；母公司对于各层面的人员管理如何进行，母公司如何有效防控子公司道德风险问题，以及如何对子公司进行激励约束。诸如此类问题需要在内控机制的规划中予以周密筹划。

（2）担保集团内部控制机制的执行

依照上述集团的内部控制规划，具体实施和落实内部控制机制，以达到担保集团整体控制担保风险的目的。这里需要密切注意的工作包括：要结合具体担保工作向各层面人员灌输风险管理理念，为每个部门和岗位制定制度和操作规范以杜绝潜在的担保风险和人员风险；对内部董事监督的独立董事的身份必须独立；母公司与子公司权责分配必须要服从“责权利”对等原则，比如，母公司拥有的权力与承担的责任和最终得到的担保收益要相对等；母公司对各级人员的管理要贯彻“抓大放小”的原则，抓住子公司主要高管人员的“聘训用”；母公司采取合适的经济激励和处罚约束，使得子公司利益取向与母公司利益取向趋于一致，以有效防控子公司道德风险问题。

（3）担保集团内部控制机制的检查

需要重点检查的工作包括：担保集团风险管理理念是否真正落实到担保业务操作和人员风险的控制中；是否采取集团监事会和民主议事以及制度的方式来制衡集团内部董事的权力；集团与子公司整体上所采取的组织结构是否有利于风险控制；担保母子公司的权责分配是否达到业务效率和风险控制的平衡，而不能只侧重一方面；对子公司对各级人员的任用是否做到抓住主要人员的任命与使用；对子公司道德风险的防控是否把握住激励与约束的平衡点。诸如此类问题需要按照规划的内容进行核查，并对执行情况作出评价。

（4）担保集团内部控制机制的调整

在上述三步的基础上，对以上执行和检查出现的偏差进行必要的调整，典型的事例如：为平衡业务开展和风险控制关系，经营管理中心需要根据实际情况调整对子公司业务部提交的担保项目审核的严格程度。另外，根据担保集团在经营管理与风险控制方面的成熟度来调整是以集团的“条线管理”为主，还是以子公司的“块管理”为主。再比如，为激励下属子公司，母公司有必要对子公司发生的代偿损失后分摊损失的比例予以调整等。

经过一个“PDCA 循环”就促使担保集团内部控制水平上了一个台阶，再经过一个“PDCA 循环”又使得担保集团内部控制水平再上一个台阶。如此循环，从而不断提高担保集团内控水平和效果。循环作用机理如图 3-5 所示。

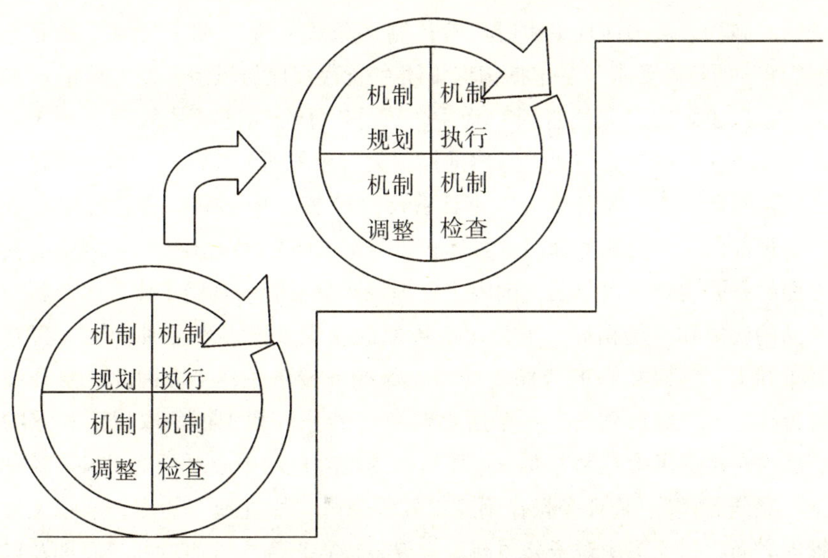

图 3-5　担保集团内部控制机制的循环作用机理

3.7　本章小结

本章从全面风险管理下的内部控制总体框架（ERM 框架）下的内部环境视角，研究了担保集团及其对下属子公司内部控制的机制。本章主要研究观点及结论如下：

（1）担保集团风险管理理念

为防控担保集团的担保风险，集团母公司各层面人员应该具备全局性的风险控制理念、风险控制和业务效率提高相平衡理念、适度风险偏好与容忍度理念、紧密结合担保行业实际理念、激励与约束相匹配理念。

（2）担保集团董事会与权力制衡机制

为防止担保集团母公司的董事被集团的大股东及高管层所控制，为限制和牵制内部董事的道德风险行为出现，担保集团母公司的独立董事应在董事会成员中占有一定比例。应强调独立董事在董事会的决策方面职能，在监督职能方面，防止与监事会监督职能相混淆。同时，还应加强“制度”和“民主议事”方式来对董事会的内部董事的权力加以制衡。

（3）担保集团组织结构与权责分配机制

为有效防控担保风险，并结合担保业的高风险特点，担保集团应采取矩阵式的组织结构，突出体现集团对风险控制“条线管理”和子公司开展业务的“块管理”的特殊要求。并根据担保集团在经营管理与风险控制方面的成熟度来决定是以集团的“条线管理”为主，还是以子公司的“块管理”为主。具体言之，应在集团母公司成立与内部控制紧密相关的相关部门，即经营管理中心、风险控制中心、财务中心、审计管理（稽核）中心和综合管理中心五个主要管理部门。五大职能部门的具体权责分配如下：①集团经营管理中心在营销方面的权限表现在对集团范围内主要担保产品品牌的营销工作，以及新的担保产品的研发和市场拓展。子公司市场部的权限主要表现在对省级（直辖或计划单列市）各级银行的合同签约与担保业务授信工作上。因此，要开展好从总经理、部门经理到员工三个层面对银行的分行和支行争取授信和签约工作。②在对担保风险控制方面，担保集团的风险控制中心对子公司风险控制部属于“条线管理”，而业务操作则应以各子公司“块管理”为主。③在人力资源管理方面，担保集团对子公司高管应以条线管理为主，而对部门经理及以下人员可采取子公司自行管理为主。④在资金调度管理方面，集团财务中心拥有全面调度资金权力，以提高资金使用效率。⑤审计管理（稽核）中心有权对集团各管理中心和子公司有关人事、业务进行审计稽核。

（4）人员管理（人力资源准则和政策）

担保集团对子公司各级人员采取分级管理和督导模式。明确规定各级（担保集团与各子公司）人力资源管理的相应权限以及具体规则，并及时考核。

（5）子公司胜任能力，责任心及职业道德风险

本章运用经济学的激励理论的团队道德风险模型，对担保集团对于子公司内部控制的激励约束机制做进一步数理分析。研究结果表明：①薪酬制度对于担保集团子公司业务能力与担保集团对子公司的激励强度之间的关系具有正向调节作用。②随着担保子公司分摊代偿比例的增加，集团对于子公司激励强度应减小。③随着担保业务风险变动剧烈程度和风险规避度增加，集团对子公司激励强度应增加。

（6）担保集团母公司及其对子公司内部控制机制的综合集成循环作用机理

担保集团母公司通过向各层各级人员灌输风险管理理念，从源头上把控担保风险。集团董事会通过独立董事制约内部董事权力，并通过五大管理中心对下属子公司业务开展、风险控制、人员风险、财务风险等主要经营管理活动进行“条线管理”或“块管理”。从担保集团内控机制整体看，通过机制规划、机制执行、机制检查和机制调整四个阶段的循环不断提升担保子公司内部控制水平和效果。

4 担保集团子公司内部控制机制研究

本章将延续第三章的研究，结合担保子公司的实践经验，并在参考和借鉴现有文献研究的基础上，对担保子公司在 ERM 框架中的内部环境要素所规定的子要素（事项）内在运作机制进行研究。具体言之，为防范担保子公司担保风险，本章将从担保子公司的风险管理理念、治理结构与权力制衡、组织结构与权责分配、人员管理（人力资源准则与政策）、人员的胜任能力、责任心和职业道德风险六个方面对担保子公司的内部控制机制进行规范研究。在此基础上，本章还从各机制间集成协同和循环作用机理方面规范研究了担保子公司内部控制的机制问题。针对担保子公司现存的突出的若干道德风险问题，运用经济学激励理论中的道德风险模型，通过数理分析的方式揭示担保"业务链"上业务人员道德风险和"聘训用"工作中总经理和部门经理道德风险的内控机制。

4.1 相关概念界定和担保集团子公司风险管理理念

4.1.1 担保企业人员风险与道德风险概念的界定

由 3.1 节内容的论述可知，担保风险主要包括业务风险和人员风险。担保集团子公司有可能出现的三种人员风险包括：

（1）因人员的职业道德问题所导致的人员风险

这是担保子公司特别需要警惕的一类人员风险。现阶段，由于金融市场从业人员职业约束不健全，市场没有建立完善的从业不良记录的档案库，因而有不少具有不良职业道德的银行职员离开银行后充斥到担保行业。这类人员一有可乘之机就以权谋私，往往容易导致担保企业重大代偿损失。这类人员影响最大，性质最恶劣。

（2）因人员责任心不强所导致的风险

该类风险主要是因为工作人员的责任心不够所致，即使那些具备一定素质和工作能力的人员也可能因为责任心不强导致担保风险出现。例如，前期尽职调查不到位、收集资料不到位、分析研究不深入透彻而造成风险隐患，从而导致担保风险的产生。

（3）因人员素质和工作能力（胜任能力）不足所导致的人员风险

人员的素质和业务工作能力差，如经过培训后仍无法胜任或适应担保工作，就会对担保业务风险不具备基本的判断能力，表现为无法识别业务风险并及时采取防控措施。这类风险往往是由于人力资源管理工作没有做到位，如招聘、培训和人员配置不当造成的，从而导致招聘进来的业务人员不能胜任业务岗位的工作。

需要加以说明的是，本书的职业道德问题是主观上明知行为所造成的后果，仍然要有意为之，任不良后果的发生和发展所导致的工作失误。责任心问题是由于主观上对工作不重视和忽略所导致的工作失误。职业道德风险和责任心问题均发生在委托代理契约签订之后，而且其过程难以被委托人观察和控制，因此，本书认为这两种行为属于典型的经济学的道德风险问题。而人员素质能力不足风险问题，其素质和能力的形成虽然可发生在双方契约（劳动合同）之前，但是由于素质能力低下（胜任力不足）所表现出来的行为和结果在大多数情况下是发生在双方契约签订之后，具体表现为人员由于素质能力不足导致决策判断的失误而给担保企业带来代偿损失，而且这种决策过程是工作人员根据具体工作情况作出的思维判断过程，难以被委托人观察和控制。因此，本书认为由于人员素质能力不足所导致的人员风险问题可以视为经济学道德风险中的一种特殊的表现形式。

此外，如果根据担保人员风险的性质不同，还可以把担保人员风险分为：有过错责任风险和无过错责任风险。前者指明知错误的操作会给担保企业带来风险，仍然有意识并有目的地为之。而后者指由于个人业务素质和能力不足，在无意识的状态下导致担保企业的风险。

最后，本章对担保子公司内部控制的内涵做出如下界定：为确保担保风险处于可控的范围内或可接受的范围内，担保子公司层面采取的一切有利于担保风险控制的内部管理控制措施和手段。相应地，本章的担保子公司内部控制机制是指担保子公司为防控担保风险，从内部控制的环境视角（尤其是组织管理和人的行为）来研究内部控制的内部环境要素的作用机理。具体言之，第一，根据担保子公司的性质特点，对ERM框架中内部环境规定要素的内部控制作用机理进行规范研究；第二，在此定性研究的基础上，针对担保子公司现存的突出的人员道德风险问题（即业务链上业务人员的道德风险和“聘训用”工作中总经理和部门经理的道德风险），运用经济学激励理论对担保子公司人员的道德风险进行数理分析，从人员风险防控的角度进一步揭示担保子公司的内部控制机制。本章的担保子公司风险控制是指对担保子公司的组织管理风险和人员行为风险的防控。

4.1.2　担保集团子公司风险管理理念

在担保集团整体风险管理理念的指导下，担保子公司风险管理理念是指担保子公司对子公司风险管理的根本性的认识及对风险控制的基本原则，并凭借它来指导子公司的经营管理活动。担保风险控制的理念要灌输到每位员工的头脑中，成为子公司内部控制根本性的指导思想，并且成为担保子公司内部控制机制的源泉。

4.1.2.1　风险控制的理念

担保集团对下属子公司有年度业绩考核，而且子公司业务经理出于对经济利益的考虑，容易疏于对项目的担保风险把控。有时候即使知道项目有潜在风险，但为了自己经济利益，也将这样的项目推荐给子公司上会审核。因此，各担保子公司更应该加强对各级人员风险控制理念的灌输与引导。

4.1.2.2　风险控制和业务效率提高相平衡的理念

担保子公司对担保业务进行风险控制的同时，也要尽力促使业务效率的提高。如果过分偏向风险控制，则必然会降低业务效率，导致承保的担保业务量不足。由本书的担保企业风险控制原理可知，业务规模量达不到“大数定理”所要求的控制风险的业务规模，反过来会加大所承保的担保项目的风险。因此，担保子公司更要强调控制风险和促进业务效率同步发展的理念。

4.1.2.3　责任中心及“责权利”相匹配的理念

（1）责任理念。如何确定各层次的责任中心，应根据各子公司担保业务的规律来确定。各子公司是独立的法人主体，并具备内部责任制中“利润中心”的各项条件，因此各子公司应以“利润中心”作为责任中心。

（2）权力、利益分享与责任中心三者相匹配。根据管理学原理可知，各子公司拥有多大的权力应该与其所承担的责任相对应[93]。同时，责任中心所享受的利益也应该与其所承担的代偿损失的责任相匹配。

(3)“责权利”服从“风险控制”。当集团多级层面对担保项目进行评审时，子公司自身产生“责权利”的矛盾时，要服从担保“风险控制”的首要原则。只有将“责权利”匹配原理真正落实到内部控制管理中去，才能较好地解决人员道德风险问题。

4.1.2.4 激励与约束相匹配的理念

为有效防控担保子公司各级人员的道德风险，也应建立对各级人员的激励与约束机制，也就是既要建立健全对各级人员的激励机制，也要建立健全约束其的约束机制。

4.1.2.5 风险偏好和风险容忍度的理念

风险容量包括风险偏好和风险容忍度两方面。担保子公司的风险偏好是指其愿意接受风险的程度，担保子公司的风险容忍度是指其对风险可接受的程度或可容忍的程度。担保子公司各级人员对待风险的态度既不能过于冒险，也不能过于保守；既不能为了业务效率的提高而降低对担保风险控制的标准，也不能为了控制担保风险而降低业务效率。

4.1.2.6 紧密结合担保行业实际的理念

与担保集团一样，担保子公司经营管理同样要符合担保业高风险性及其特殊运作规律，要紧密结合担保行业的实际情况。

4.2 担保子公司治理结构与权力制衡机制

传统意义的公司治理是指通过一套包括正式或非正式的、内部或外部制度或机制来协调公司与所有利益相关者之间的利益关系，以保证公司决策的科学化，从而最终维护公司各方面的利益的一种制度安排[94]。本章所说的公司治理结构是指由股东大会、董事会、监事会和经理层构成内部权力机构权力分配及制衡机制[86]。

国内学者王普松（2004）认为公司治理是内部控制的起点，内部控制是实现公司治理的目标保证[95]。在 ERM 框架下的内部环境只涉及企业董事会。而本书是以担保集团为研究对象，提出担保集团的一些问题，诸如集团股东难以在子公司层面董事会到位所引发的子公司道德风险等特殊性，导致了集团母公司治理结构的特殊性必然会对子公司治理结构产生影响。因此，本章在担保子公司层面拓展了 ERM 框架的内部环境中仅对董事会研究，而从治理结构角度较全面地研究了担保子公司的内部公司治理及内部高管层权力制衡问题。

4.2.1 治理结构及高管机构权力制衡

担保集团对子公司的内部控制构成了一条自上而下的委托代理链，该链条越长越容易发生人员的道德风险问题。而担保子公司一般都在异地开设，很容易出现集团股东在子公司高管层面缺位或难以到位的情况。这样，一方面很容易引发子公司高管层背离集团股东的人员道德风险问题，另一方面，对于重要的决策集团股东不能到位参与，也会削弱集团对子公司重要决策的管控。

为了有效控制担保风险，担保子公司的董事会和股东会应包括两个层次的权力制衡：第一个层次是高层决策机构（“三会”与总经理）本身之间中的制衡及相关制度的建立；第二个层次是总经理的经营决策行为的制衡及制度的建立。

4.2.1.1 股东与股东会

根据公司治理理论，子公司也是独立法人（这也是银行对担保企业的要求），也有其自身的股东会。担保集团股东以对子公司的控股权为基础，以控股身份加入子公司的股东会来施加对其的管控以及参与对子公司决策。因此，担保集团与子公司之间是典型的委托代理关系。相对于其他类型集团企业，如果担保集团股东在子公司的管理层面可以到位，则能够有效降低子公司高管的道德风险行为。但是如果集团股东在子公司的管理层面缺位或难以到位，为防控子公司道德风险，可责令担保子公司从当地吸收股东，并规定当地股东在子公司股东中必须达到一定比例，从而规避子公司股东会被少数控股股东所掌控。

4.2.1.2 董事会

董事会是企业内部控制环境中的一个非常关键的部分[3]。集团董事会可采取向子公司董事会委派执行董事，或在子公司中设立非执行董事和独立董事，以此来制约子公司的董事会和经理人的权力。执行董事如果从事一定层面上的内部经营管理，就要注意监督职责与经营运作职责间的界限，并注意与负责经营管理的总经理之间的工作矛盾。如果采取担保子公司独立董事的方式，独立董事应达到一定比例，才能对子公司董事会的重大战略经营决策具有独立的影响力。此外，为促使担保子公司独立董事为企业尽职尽责，在对董事会成员施以激励的同时，更要加强对其的监督和约束。反之，如果集团董事难以在子公司管理层面到位，也应招募吸纳当地股东加盟子公司，并通过参与董事会的方式防范子公司被少数董事控制的局面。

4.2.1.3 监事会

监事会或监事要履行好其职权，就必须有相应履行职权的工作方式，才便于其监督职责的落实。因此，必须明确监事参与子公司有关经营管理决策工作过程、履行决策的工作过程等方面的权力，从而在这些过程中行使监督职权。各子公司的监事会或监事，一般通过各种方式介入到公司管理层面的各种事前的决策会、事中的检查与监督，事后的工作总结与检查等。其次，担保企业的监事会主要应该由控股股东、董事和总经理和财务负责人以外的与企业有利益关系的人士组成，其主要原因在于，董事会和股东会有可能被控股股东所控制，如果监事会还采用控股股东，对董事会就起不到监督作用。另外，监事会的监督应侧重于对董事会和经理的监督，而担保企业的审计部门是侧重于对财务工作和业务风险案的稽核工作。

4.2.1.4 高层管理者

公司治理制度的核心内容之一就是对高层管理者的激励和约束[94]。在担保企业的实际经营过程中，普遍存在的一个问题，就是子公司的总经理权力过大，滥用权力或以权谋私等道德风险问题。因此，要采取必要措施限制总经理的败德行为。首先，可以从股东来源入手，即子公司在当地招募股东时，尽可能使股东来源分散化而使之难以串谋，更主要的是便于对子公司高管的监控。其次，从委托代理关系上看，总经理是主要代理人，其行为应该受到其他高管的监督，在人事配置和岗位牵制的设置上，可以采取上述集团派驻执行董事的方式，也可以通过监事会方式。最后，通过完善担保子公司高层决策模式来加强对高管的监控，即成立有关委员会来达到对总经理不良行为的牵制和制约，并制定对重大决策流程制度规定和会议制度规定。

4.2.2 高管机构权力制衡方式

担保子公司通常有两种高管权力制衡的方式：一是通过相应的制度，尤其是岗位职责来明确各层次级别的人员相应权限及其权力的制约，并通过流程方式来体现各自在某一事项中的决策权限；二是通过“民主议事”会议讨论研究并做出决策的方式进行制衡，尤其对总经理权力的制衡。

通过“制度方式”制衡。担保子公司可以对各经营性事务进行管理，包括人力资源管理、财务管理、市场营销等。程序化的处理流程一般都有制度规定，从制度内部的相关规定来体现出对人员权力制衡关系。

通过“民主议事方式”制衡。例如，对于子公司中长期规划、经营管理年度思路和工作计划的研究确定或调整修订，都应由子公司高层组成的经营管理团队成员进行民主决议后才能实施；而对于以上重大事务应通过民主决议，而没有经过这一程序的，集团母公司有监督、检查和责令重议的义务，甚至否定决议的权力。所有以上措施所形成的权力牵制机制，最大限度地保证了担保子公司重大事务的正确决策。

担保集团子公司治理结构的内部控制机制如图 4-1 所示。

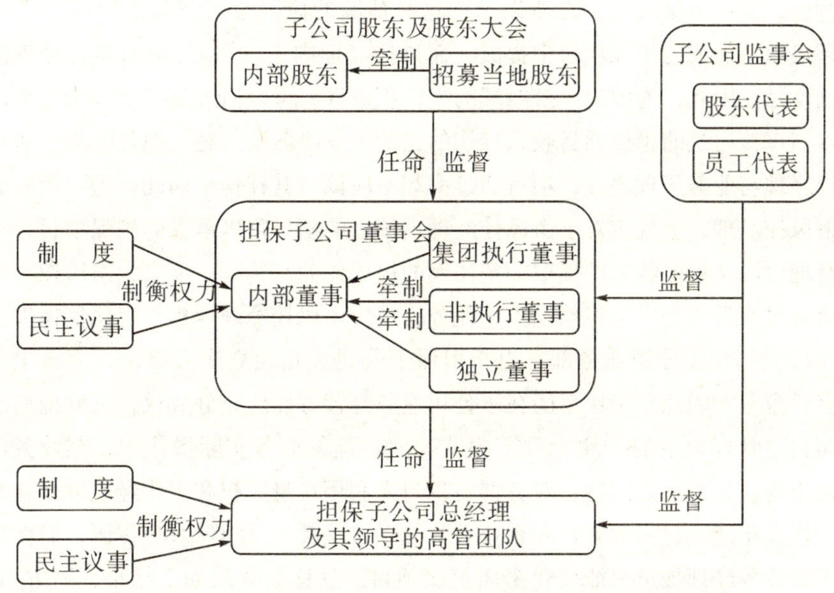

图 4-1 担保子公司治理结构的内部控制机制示意图

4.3 担保子公司组织结构与权责分配机制

担保集团在整体上是采取矩阵式的组织结构。为有效控制担保风险，在这种矩阵制的大框架下，担保子公司有必要设置专门的部门和岗位来加强对担保风险的控制。因此，应该设置担保子公司经营管理团队、人力资源管理委员会、风险控制部、担保业务部、区域评审官以及综合部。

（1）担保子公司经营管理团队。子公司的经营管理工作涉及业务操作、风险控制、市场营销、财务管理等很多方面。而总经理的个人能力和精力都是有限的，而且各部门负责人往往只从本部门考虑问题。因此，为了发挥子公司集体的智慧和能力，有必要成立在总经理领导下的经营管理团队。团队成员一般都由各部门负责人和资深专家组成，按照“民主集中制”的原则决策子公司层面重大经营管理事项。

（2）担保子公司风控部。设立风险控制部的用意在于，风险控制经理对业务人员操作的担保业务进行审核，从而起到牵制和制约业务经理发生道德风险的作用。为加强担保集团母公司对子公司担保风险的控制，应对担保子公司风控实行“条线管理”。但是风控经理容易出现的问题是：要么对业务经理审核过严，要么审核过松。之所以出现这种情况的原因是薪酬制度规定“业务经理可以从做成的担保项目中提成，而风控经理则不行”，造成对风控经理的激励不足。因此，为解决风控经理的工作积极性，可以通过适当加大风控部的绩效与审核通过的担保项目收入挂钩的比例来解决激励问题。但是，为了防范风控经理与业务经理串谋，项目通过率却不应该与其挂钩。因此，为了激励和约束风控经理，应规定对于由风控经理审核过的项目得以承保的担保项目，风控经理可以从担保收入中提取一定比例的提成作为其奖励；反之，由风控经理审核通过而最终却发生代偿损失的业务，也应由风控经理承担一定比例损失。

（3）担保子公司业务部。由于担保子公司也是独立法人单位，应自主经营自负盈亏。因此，担保集团在子公司业务经营方面应充分放权，采取担保子公司自主管理为主的“块管理”模式。而在担保业务实际操作中，在业务部往往出现这样的突出问题：业务部门负责人利用自身职权和工作经验以及在公司工作多年建立起来的客户和企业人脉关系，垄断优质担保客户资源，而使得中下级业务经理被迫只能接受劣质担保项目。这样会导致如下结果：一方面，由于中下级业务经理本身业务水平不足，加之接受劣质担保项目，极容易发生担保风险代偿。另一方面，由于业务部门负责人专注于自己本身的担保项目，而对于部门内部工作协调和业务开拓以及新人的培养就会无暇顾及。因此，有必要设计一定的组织约束机制来解决这些问题。本书设计了一种业务部设置方式——小部门制①，且部门负责人不允许操作业务（除非担保额太大且太复杂的担保项目），部门负责人的奖励来源于部门内各位业务经理的担保项目的提成，而担保子公司对部门经理的考核也是以该业务部年度业绩来评价部门负责人的工作业绩。在这种部门设置下，每个业务部只有6~8人，部门负责人不得从事业务操作，其工作重点在于协调部门内各业务经理之间工作关系，侧重于指导新的业务经理的操作。这种设置的最大优点在于部门负责人建立的业务平台，使业务部门整体绩效最大化，同时业务部负责人可以有充分时间和精力从事工作协调和业务拓展。

（4）区域评审官。担保子公司一般都在异地设置，为加强对担保子公司担保业务风险的控制，可以在子公司设立类似“区域评审官”的岗位，该岗

① 小部门制：在担保企业将公司的业务经理按照5~8人为单位划分的业务部门。

位直接受集团风险控制中心领导，并直接对集团风控中心负责和汇报工作。该岗位的设置可以视为集团对子公司“条线管理”的一种具体形式。在日常业务审核过程中，区域评审官对于担保业务有审核权和一票否决权。这样，就使得区域评审官能够尽可能排除子公司和高管层和有关部门的干扰，站在独立立场对担保项目可行性发表看法，并对项目是否通过做出客观地决断。当然，这对区域评审官自身的素质能力、工作经验以及对项目的判断力提出了较高的要求。

（5）人力资源管理委员会。在担保子公司的实际招聘过程中，往往会出现总经理的意见在招聘中起最终的决定作用，这样总经理的权力就会“前置”，从而使得综合部初试环节和用人部门负责人在面试环节的工作付之东流。即使综合部的面试和用人部门负责人的复试提供出关于该应聘员工的真实信息给总经理，也有可能由于总经理和集团的人事招聘权力过分集中，而导致综合部和用人部门不能真正起到把关的作用。因此，在制度层面有必要在总经理决策之后，通过“人力资源委员会”的集体把关来降低人员的招聘录用的风险。此外，担保子公司经理管理团队侧重于子公司的计划与方案的制订、执行、检查与监督，以及对具体的经营事项进行决策，范围涉及经营的各个方面。人力资源委员会的功能定位为子公司人力资源管理的最高权力机构，按照民主集中制原则进行议事与决策。其职责是依据集团与子公司有关人力资源管理的各项制度与规则，按照分级管理的权限对子公司人力资源管理的“聘训用”工作进行决策，对执行进行督导，根据不同层次人员的具体情况，提出不同招聘和培养使用方案。

担保子公司组织结构及权责分配内部控制机制如图 4-2 所示。

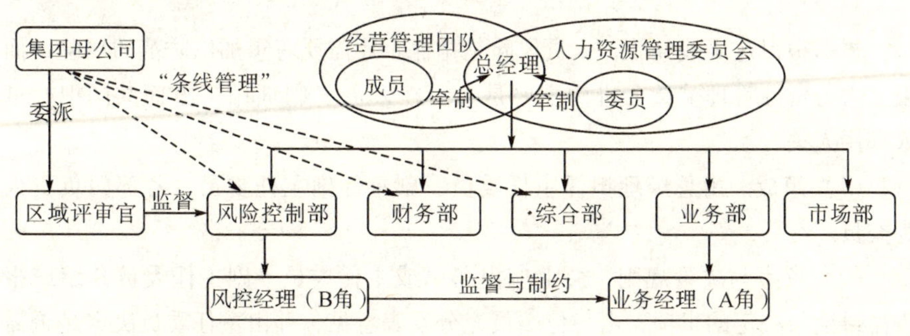

图 4-2　担保子公司组织结构与权责分配内部控制机制示意图

4.4 担保子公司人员管理机制

国际COSO委员会ERM框架下内部环境要素中第四个子要素是人力资源准则和政策。针对担保子公司实际情况，最容易出现人员风险的环节是招聘、使用和培训工作，招聘录用或使用了不合适的人员将会给担保企业带来担保风险，而培训工作不到位也会使得业务人员业务能力达不到岗位要求而引发担保风险。因此本书认为用“人员管理机制”作为本节的标题表述更符合担保企业对风险控制的特殊要求。

4.4.1 人员管理自主权及义务

担保子公司在集团统一规范的人员管理制度的指导下，拥有对人员管理的自主权并履行相应的义务。具体表现在如下三个方面：

（1）根据集团有关人员管理制度的授权原则及其相应制度的规定，正确行使其人员管理的自主权，包括集团上级制度规定的人员管理制度制定权，以及对中下层人员的聘请、使用、晋升及处罚权。

（2）正确确定担保子公司内部各级负责人在人员管理方面的权限。正确确定总经理、综合部和用人部门在人员管理方面的权限和行使权力的方式。

（3）贯彻落实集团有关人员管理制度，并接受综合管理中心的指导与监督；对超越自身权限的人员管理事项必须及时向集团汇报和申报。

4.4.2 人力资源管理委员会

根据担保业实践经验，人员风险是担保企业需要着重加以防范的风险。而设立人力资源管理委员会机构主要是为了在人员“聘训用”方面共同把好进人和用人关。

（1）组成。由总经理担任主任委员，副总任副主任委员，各部门负责人为委员。

（2）议事与决策规则。会上应由秘书或主任委员、副主任委员介绍或报告需讨论与决定的事项，由各位委员充分发表意见，并由主任委员决定是否需进行民主集中制表决进行决策，进行表决决策时，按照少数服从多数的原则讨论事项的通过与否。一般委员按照一人一票计算票数，主任委员可以2~3票计算票数。在委员会中，总经理既没有一票否决权，也没有一票同意权。

担保子公司人员管理内部控制机制如图 4-3 所示。

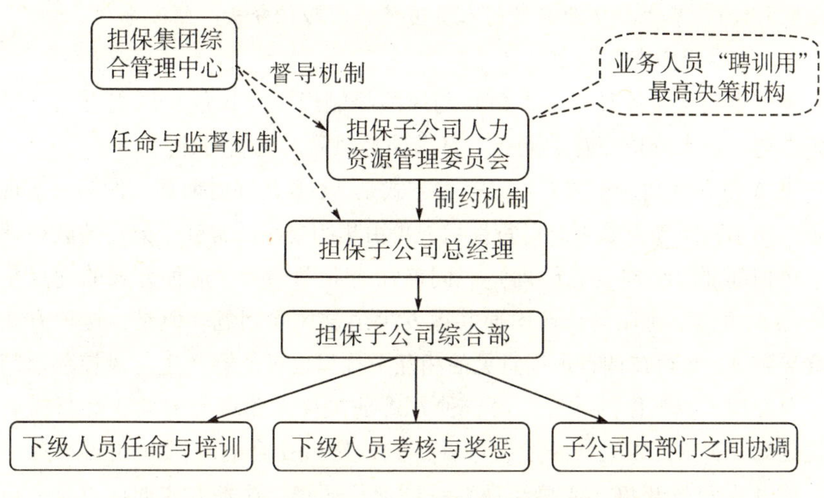

图 4-3　担保子公司人员管理内部控制机制示意图

4.5　担保子公司人员道德风险防控机制

风险控制是担保企业第一要务，尤其在当前银行对中小企业贷款规模放宽的情况下，银行对项目的审查和风险控制都有放松的趋势，这就对担保机构的风险控制提出了更高的要求。业务风险是业务本身所隐含的风险，这个风险是客观存在的。相对而言，人员风险的控制则要复杂得多，主要包括人员职业道德风险、责任心不足引发的风险和由于人员素质能力低下导致的人员风险。

4.5.1　基于担保业务链的人员道德风险防控机制分析

根据担保企业实际操作经验，在担保业务的十一个流程环节中，容易导致人员道德风险的主要环节有：尽职调查、子公司评议会、集团的评审会、担保业务中期（办理反担保和办理银行放款手续）、保后监管。

根据管理学中“‘责权利’对等原理”，担保流程中的各方所承担的责任应该与其拥有的权力以及享受的利益相匹配。也就是说，操作担保业务的相关人员对于担保业务风险的分担应该与其最终得到的利益相匹配，也应该与其拥有的担保业务管理权力大小相适应。另外，在担保业务链上具有决策权的人，在项目审核通过且发生代偿损失的情况下，都应承担相应的风险损失责任。这也符合"'责权利'匹配原理"和"风险控制与业务效率"的风控理念。

4.5.1.1 基于担保业务链的人员道德风险防控分析

(1)"尽职调查"环节

本书主要从业务经理(A角)与风险控制经理(B角)调查方式、尽职调查参与人员来分析"尽职调查"环节防控风险的机制问题。

① A角和B角调查方式。第一种方式是A、B角同时前往，做第一次现场调查，初步判断项目是否有可行性后，再由集团委派的常驻子公司的区域评审官、风控部部门经理(总经理)一同前往企业做调查。这种方式的优点是可以防范A角单独前往与企业串通共谋发生道德风险问题。但是，这种方式可能会导致A、B角在调查现场意见的相互干扰，也可能会产生与风控部部门经理、总经理本职工作的冲突。第二种方式是在对A角调查的禁止性行为有所规定之后，A角可以先与企业接触并调查，然后在合适时候B角再单独做调查，或者A角与B角(或总经理)一同前往调查。这种方式的优点是，可以确保B角调查的独立性和客观性，缺点是A角先期调查有可能产生道德风险问题。

②尽职调查参与者。项目调查除A和B角必须参与外，参与者应根据项目涉及的担保额度大小、项目重要性和复杂性来决定参与者。本书在引入"无过错风险损失责任承担制度"规定下，对此的判断标准是：在担保业务链上，在不影响到其本职工作的前提下，需要让担保承担风险损失责任的人员都尽量参与调查，甚至包括子公司在当地吸纳的股东。而且，风控责任人为了业务风控的需要，更是为了自身所承担的风险损失责任，也都会自觉自愿到现场考察，对风险的防控尽职尽责。

对于担保子公司的总经理而言，在调查工作不影响其本职工作的前提下，总经理应尽量参加尽职调查，而对于担保金额大的项目和新担保产品，更应该亲自到场调查，以确保对担保风险的防控。

③ B角的激励与约束机制

在担保业务中，如果B角出具"同意操作"的意见，并且该业务被后续评审通过，当该项担保业务被承保并顺利解保，则B角可以分享一定比例的担保收入。但是，该项担保业务发生了代偿风险损失，如排除业务链上其他责任人需要承担的风险责任损失外，B角也应该承担与上述担保收入同比例的代偿损失。而如果B角出具"否定操作"的意见，则无论该项目成功还是失败，B角都既不分享收益，也不需分担风险损失。只有这样，才能达到激励与约束B角的目的。

"尽职调查"环节内部控制机制如图 4-4 所示。

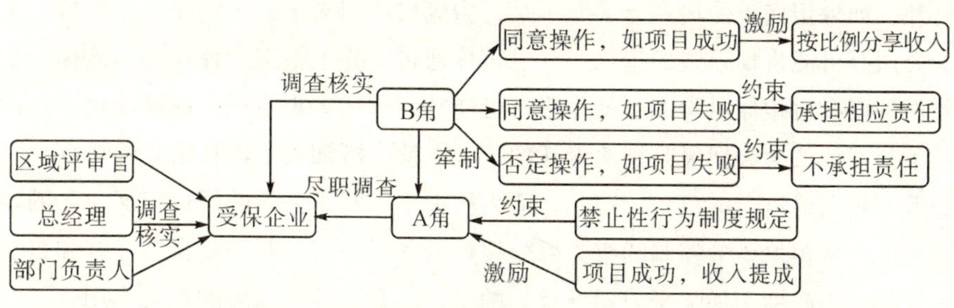

图 4-4 "尽职调查"环节内部控制机制示意图

(2)"子公司评议会"环节

担保子公司的评议会是指担保项目在业务经理和风险控制经理等有关人员初步审定通过后，需要在子公司层面对担保项目进行再次审查，以评估承保可行性的会议。要加强评议会的担保风险控制，主要因素或环节还在于评议会评委的构成、评议会召开时间次数与表决的制度化、集团授权子公司操作担保业务的额度大小、对评委的激励、评议会的效果评估等。

①评议会评委的构成。评议会评委的人员构成是影响项目审查质量的主要因素，评委应来源于风控系列和业务系列的人员，在特殊项目中可增加财务人员和市场营销人员。评议会委员一般要包括子公司总经理、风控部负责人、业务部负责人、资深业务经理以及财务部负责人等中层以上人员。由子公司高中层干部组成的评委共同对项目进行多角度、多层面的审查。每次参会人数原则上不能少于五人。

②评议会召开的次数和时间与表决。从把控担保风险的角度，担保子公司应根据业务量的大小决定召开时间和次数是采取定期化，还是不定期化，并应给予制度化。如果业务量比较大，评议会召开的次数和时间应该多些，适合采取定期召开评议会的方式，比如，制度规定评议会每周三、周五分别进行两次。表决机制上，半数以上评委投赞成票才算通过。导致评议会不能及时召开主要原因有：业务经理和风控经理分别出具的调查报告提交不及时，评议会委员是否都能与会，以及评委们对 A、B 角报告事先是否花时间细读等。评议会要求受理该业务业务经理和风险控制经理必须参会。

③集团授权子公司操作担保业务的额度大小。为防控担保风险，对高于集团授权额度的担保业务，除子公司评议会通过外，必须提交集团评审会再次审查。如果担保子公司上年度业绩不佳，集团就会减少授权额度。因此，特别是对于业绩不佳的担保子公司，由于授权的担保额度小，为了扭转经营业绩，评

议会很可能会降低审查标准，把认为有可能通过的项目尽量提交集团评审会。另外，如果担保子公司业务来源不足，为应付集团对子公司年度业绩考核，则子公司有可能将稍差些的担保业务也审核通过，并上报集团评审会。这样，子公司评议会对担保风险的制衡作用有可能从评委的主观意识上就被淡化了。而且子公司评议会会把风险把关责任的重心上移，既加大了项目出险的概率，也加重了集团评审会的负担。因此，适当扩大集团对子公司的授权担保业务的审核额度，将担保风险控制的权力部分授权给各子公司，并辅以自主经营和自负盈亏等措施有助于加强子公司评委们的责任心和对业务风险的把关作用。

④对评委的激励与约束。根据管理学“责权利”相匹配的原理，子公司的评议会是属于担保业务链上在子公司层面很重要的一个风险环节。评委中应根据其投票表决的权重分享业务成功的收益，也应该根据这一比例承担审核通过而实际发生风险代偿的损失。目前，从担保企业的实际情况看，评议会的评委对项目进行审查大多数是尽义务，对评委的工作基本没有激励措施。这导致了评委对项目评审积极性不高，很多评委甚至借故不参加评议会，这对风险把控是十分不利的。

⑤评议会的效果评估。子公司评议会和集团评审会的项目通过率是否基本一致以及评议书的质量，是判别担保子公司评议会质量和评委水平的一个重要指标。例如，如果子公司评议会通过率偏高，而集团评审会通过率偏低，集团对评议书的质量打分不高，则可以判断子公司评议会对风险把控不利，或评议会评委的素质和能力有问题。

“子公司评议会”环节内部控制机制如图 4-5 所示。

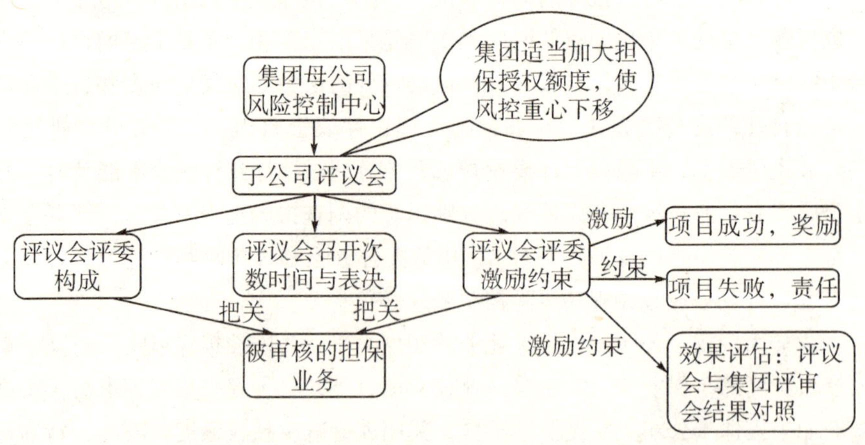

图 4-5 “子公司评议会”环节内部控制机制示意图

(3)“集团评审会”环节

评审委员会是集团层面承担担保业务审批的专职机构，主要审批各子公司超过授权额度之外的大担保额的业务。集团评审会存在的主要问题是：如对集团评委的考核与所审核的担保业务或与年度所评审子公司全部担保业务挂钩，则可能存在串谋，即存在潜在的道德风险；如对集团评委考核完全不挂钩，则可能存在评委对评审项目不尽责，要么过松，要么过严。如何达到既控制风险又要发展业务，需要通过一定的机制进行调节。集团评审会的风险控制方面主要影响因素有：评委的组成人员，评审的时间和次数和评审表决，评委的激励与约束，集团风控中心与子公司对项目风控的平衡。

①集团评委的组成。集团评审会由专人负责此项工作，评审会的评委必须经考试和面试才能取得评委资格，而且应从具有丰富担保工作经验的资深专家中选拔。子公司的区域评审官（集团委派对业务进行监督的人员）自然成为评委之一。另外，根据集团工作复杂性情况，评委分专职评委和兼职评委。

②评审会召开的时间和次数与表决。集团评审会也应对评审会召开的时间和次数予以规定，每周定期召开若干次评审会。每次评审会至少应有 5 位评委参会，半数以上表决通过才予通过。如果担保额在 1 000 万元以上的项目，评审会负责人必须参加评审。评审会召开的时间次数与表决的制度化从一定程度上防控担保业务的风险。申报该项目的业务经理和风险控制经理以及该子公司的区域评审官必须参会。

③评委的激励与约束。对集团评委的激励的力度大小对于评委工作的积极性和评审项目的独立性及客观性有很大影响。对评委激励力度过大，甚至将子公司该业务的通过率与评委的激励过多挂钩，则容易导致评委放松审查标准，对项目把控不严；而对评委完全没有激励，则调动不了评委的积极性，容易导致评委对项目评审没有责任感，轻易发表意见和表决，同样不利于风险控制。因此，应对评委激励的程度予以进一步量化分析。此外，为了对评委的行为有所约束，可考虑由子公司给评委评分，以此评价其工作业绩，促使评委们恪尽职守。

④集团风险控制中心与子公司对担保业务项目风险控制权的平衡。集团风控中心对子公司的项目风险应予以全面监控。集团风控中心与子公司就项目风险控制在客观上是存在矛盾和冲突的。集团风控中心对于项目的风险控制的集权程度对于这种矛盾和冲突的调节起到很大的调节作用，其集权程度越高，越容易加剧这种矛盾冲突。

“集团评审会”环节内部控制机制如图 4-6 所示。

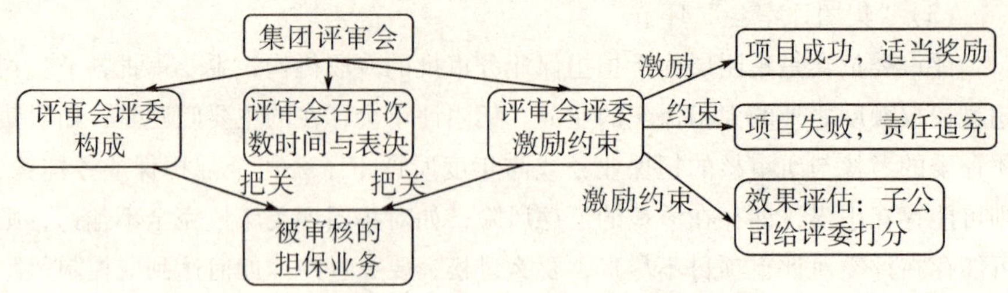

图 4-6 “集团评审会”环节内部控制机制示意图

(4)“担保业务中期”环节

担保业务中期的工作主要落实反担保措施，包括出具担保承诺函、签署协议及合同，并促使银行办理放款等工作。在该环节中引发风险的主要因素是反担保评估师和法务专员配备与担保业务量的匹配问题。子公司一般都配备有反担保评估师和法务专员，但由于进行项目后续操作的人员有限，所以担保企业就不得不指派 B 角也参与担保中期工作，也就是说 B 角也从事法务专员工作，而 B 角是参与担保项目前期调查工作的主要人员之一，这样不利于担保风险的控制。此外，反担保评估师和法务专员在这个环节，一般只存在可能发生“有过错风险损失责任”，而一般不会发生对项目意见不同或调查不到位而发表“是否操作”的意见。

“担保业务中期”环节内部控制机制如图 4-7 所示。

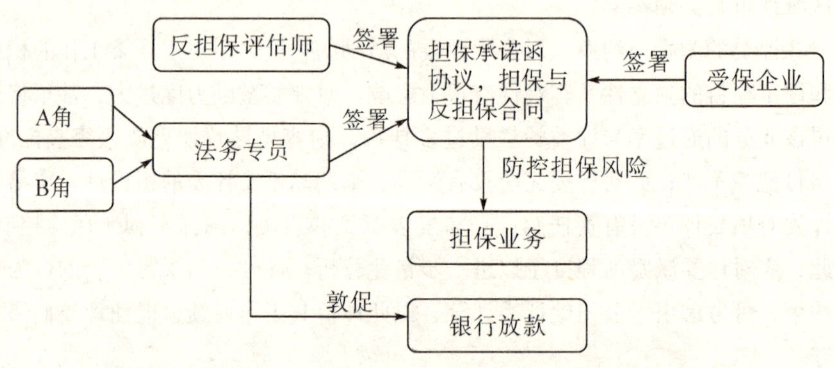

图 4-7 “担保业务中期”环节内部控制机制示意图

(5)“保后监管”环节

保后监管是指从办理完反担保手续和银行放款后，直到顺利解保的这个过程的监督管理工作。这个阶段导致风险发生的主要情况有：容易出现对后续工作的放松，人手不足，保后监管主要责任人职责不清而导致的担保风险的发生。这是因为在保后监管阶段，受保企业的经营状况有可能恶化，如责任人对此不敏感而没有及时采取措施，就会产生担保风险。因此A角或B角及保后监管经理必须承担“无过错风险损失责任”才有利于加强在这一环节责任人的责任心。

在这一阶段，有三种控制担保风险的方式：第一种，专职保后监管经理（D角）主要负责，业务经理（A角）协助其工作。这种方式的优点在于可以防范因A角前期可能存在的人员道德风险问题。此外，业务经理A角协助D角可以更好地维护客户关系，使得业务可以顺利解保。其缺点是如果业务量比较大，一位保后监管经理的时间和精力不能应对若干项目的后续工作，这往往容易导致由于对企业后续的监管不严，以至于企业经营状况恶化也不能及时处理而导致担保风险的发生。第二种，由风险控制部另外委派风险控制经理为主操作后续监管工作，业务经理（A角）协助其工作。这种方式优点是由于风险控制经理的更换，减少了原来A角和B角的串通而产生的道德风险问题。缺点是风险控制经理由于要顾及项目审查的风险控制工作，又要监管后续的保后监管工作，时间和精力的不足也容易导致疏忽而造成风险。第三种，仍由业务经理具体负责保后监管工作，由风险管理部派人负责组织、监督、审核。这种方式的优点是，由于业务经理熟悉业务全过程，有利于及时察觉企业经营恶化的端倪，而且有利于维护受保企业的客户关系。缺点是风险管理部仅从业务经理的监管报告上来判断客户企业后期经营状况，不能保证其资料的真实和客观性。在整个保后监管工作中，应由该子公司的集团委派的区域评审官负责监督和检查。

“保后监管”环节内部控制机制如图4-8所示。

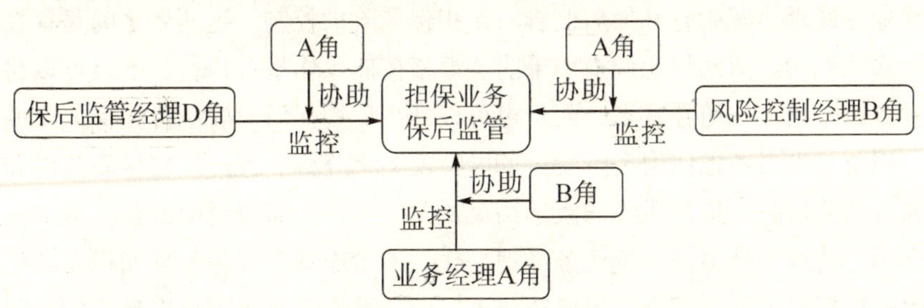

图4-8 “保后监管”环节内部控制机制示意图

4.5.1.2 基于两阶段道德风险模型的业务人员道德风险防控机制的数理分析

在上述业务流程中，从道德风险的性质和对担保企业所造成的危害性程度来看，担保子公司的业务经理所涉及的是担保流程中最有可能发生道德风险的环节，“担保项目尽职调查”和“担保项目的保后监管”。

在担保业务经理的尽职调查阶段，根据对担保风险损失的性质不同，可以将风险责任分为“有过错风险责任”和“无过错风险责任”。在尽职调查阶段，业务经理受到利益的驱使，有可能违背担保企业（委托人）的意愿做出败德行为。比如，业务经理有可能利用职务之便，向客户企业“吃拿卡要”，而客户企业出于要达到担保企业承保的目的而向业务经理行贿。这样，业务经理和客户企业就有可能串谋起来共同蒙骗担保企业，把一些存在风险隐患的担保业务极力推荐给担保企业。担保业务经理的素质能力不足就属于“无过错风险责任”。具体言之，由于业务经理自身业务素质和工作能力不足，在进行尽职调查时，不能敏感地察觉客户企业担保业务中潜在的风险，从而导致的业务风险。

在保后监管期间，业务经理通过与客户企业洽谈，确定现场保后监管具体时间，然后开展保后监管调查，收集和核查相关资料。之后，风控经理审核并将调查报告交审核。在这个流程环节中，业务经理仍然可能发生上述所提的三类人员风险。第一，业务经理有可能与受保企业串谋隐瞒其经营状况在后期的恶化事实，从而造成担保项目无力偿还银行贷款，导致后期业务损失；第二，业务经理在同一时期内有可能同时操作若干个项目，由于时间精力的限制以及责任心不强，业务经理容易对处于保后的担保项目放松监管。第三，由于业务经理本身的素质能力有限，对项目后期经营状况监管判断出现偏差而导致后期业务损失。

（1）两阶段道德风险模型的基本设置

业务经理尽职调查和保后监管对于担保风险的控制，这两者之间是存在内在因果联系的。前期尽职调查如果能够严格按照操作规章执行，不仅可以将担保业务风险消灭在萌芽状态，而且也可以减少后期保后监管阶段担保风险的隐患。因此，本书考虑使用多阶段道德风险模型来分析业务经理在尽职调查和保后监管两阶段防控道德风险的激励约束机制。另外，需要说明的是，本书仅考虑在两个阶段完全由同一位业务经理操作，不考虑现有业务经理如果在第一阶段没有按照要求进行调查，担保企业可以用另外的业务经理予以替换的情况。

国外学者 Stevens 和 Thevaranjan（2010）认为道德敏感度等同于 Brandt（1979）所说的个人的“道德准则”或“良知”[66]。因此，它就包含着对各种行动的内在的厌恶感（如撒谎或打破合约），并包括因为感到懊悔和歉疚的心情。本书认为道德敏感度可以被完全理性化，并假设由于成长、社会化和训练的不同，道德敏感度是因人的不同而有差异的。基于以上分析，在本书的模型中，代理人的职业道德敏感度的变化范围能够从零到无穷大。当 m=0 时，代理人是机会利己主义的，由于违反协议的一致性，根本不承受任何无效用。当 $m \to \infty$时，代理人为违反协议而承受增加的无效用，最终将完全愿意承担责任。我们限制职业道德敏感度于低范围［0，1］，并假设在担保企业和业务经理签订合同时，在合同中对职业道德风险有明确规定，比如：业务经理不得利用职务之便谋取个人好处等。

本书认为业务经理在两阶段中均有可能存在道德风险问题，让我们假设担保企业（委托人）与业务经理（代理人）签订的合同包括如下两个阶段（期）：尽职调查和保后监管，则下式成立：

$$D_1(p) = \begin{cases} d + e_1 + \varepsilon(p \leqslant p_0) \\ 0(p > p_0) \end{cases}$$

$$D_2(p) = \begin{cases} d + \lambda e_1 + e_2 + \varepsilon(p \leqslant p_0) \\ 0(p > p_0) \end{cases}$$

这里 D_1（p）和 D_2（p）是担保企业在第一、第二阶段与业务经理签订的合同，合同规定了对业务经理的要求。p 为担保价格，p_0为保留担保价格，e_1 和 e_2分别表示第一、第二阶段业务经理约束道德风险所额外付出的努力。随机变量 ε 是担保风险，服从正态分布，均值为0，方差为 σ^2，d 是合同对业务经理的基本要求。担保业务经理在第一阶段致力于改进职业道德的努力能够增加本阶段和后阶段的改进道德风险的需求，本书把 λ 作为第一阶段努力对第二阶段影响的控制因子，简称为“外部效应”，用 λ 表示，且 $0 \leqslant \lambda \leqslant 1$。

担保企业在两个阶段为业务经理提供了线性激励收益（$\alpha_1+\beta_1 R_1$，$\alpha_2+\beta_2 R_2$），该线性形式 $\omega=\alpha+\beta R$ 被 Holmstrom 和 Milgrom（1987）证明是具有较强的鲁棒性。其中 α 是担保企业支付给业务经理的固定薪酬；β 是业务经理提取的奖金提取比率，它决定了担保企业激励的强度；R 为担保企业向客户企业收取的期望的担保费用。如果业务经理受理的担保项目通过尽职调查，并经担保企业评议会审核通过，则业务经理在第二阶段的保后监管中仍需对客户企业的经营状况进行监控，直至顺利解保。此时，业务经理可以得到第二阶段的激励解保收益 $\alpha_2+\beta_2 R_2$。如果受理的担保项目没有通过调查和审核，担保业务将终止，业务经理也就得不到第二阶段的解保奖。假设第一阶段尽职调查和评审项目的通过率为 δ（$0<\delta<1$），δ 也可以表示为担保绩效目标的通过难度大小。绩效目标难度越大，项目通过审核的可能性越低。

担保企业所得到的效用为：$GU = P_0(d + e + \varepsilon) - \omega$。业务经理根据合同从担保企业收到转移支付，但是为防范在尽职调查中的道德风险，所付出的额外努力抵销了业务经理效用。我们把这种个人付出的额外努力成本表示为$(1-m)\frac{e^2}{2}$。如上文所述，$0\leqslant m\leqslant 1$，当$m\to 1$时，表示业务经理具有高的职业道德水准，当$m\to 0$时，表示业务经理的职业道德水准低。假设业务经理是风险规避的，支付的风险成本可表示成$r\frac{Var(\omega)}{2}$，这里的r代表风险规避度。

业务经理的效用是无效用的净值和风险成本之差，再减去道德风险导致的效用损失，$BU=\omega-(1-m)\frac{e^2}{2}-r\frac{Var(\omega)}{2}$。

(2) 模型的构建与求解

本书研究的目的是担保企业如何选择α_1、α_2、β_1和β_2，以最大化上述期望的最终效用。基于以上设置，本书可以得出担保企业和业务经理共同得到的最终效用函数如下：

$$E(w)=E(GU+BU)=[P_0(d+e)-\omega]+[\omega-(1-m)\frac{e^2}{2}-r\frac{Var(\omega)}{2}]$$

$$=P_0(d+e)-(1-m)\frac{e^2}{2}-r\frac{Var(\omega)}{2}$$

$$\max_{e_1,e_2}p_0(d+e_1)-(1-m)\frac{e_1^2}{2}-r\frac{\beta_1^2p_0^2\sigma^2}{2}+\delta[p_0(d+\lambda e_1+e_2)-(1-m)\frac{e_2^2}{2}-r\frac{\beta_2^2p_0^2\sigma^2}{2}] \tag{4-1}$$

s.t. 参与约束条件 *IR*：

$$E(BU)=\alpha_1+\beta_1p_0(d+e_1)-(1-m)\frac{e_1^2}{2}-r\frac{\beta_1^2p_0^2\sigma^2}{2}+\delta[\alpha_2+\beta_2p_0(d+\lambda e_1+e_2)-(1-m)\frac{e_2^2}{2}-r\frac{\beta_2^2p_0^2\sigma^2}{2}]\geqslant 0 \tag{4-2}$$

激励相容条件 *IC*：

$$\max_{e_1,e_2}\alpha_1+\beta_1p_0(d+e_1)-(1-m)\frac{e_1^2}{2}-r\frac{\beta_1^2p_0^2\sigma^2}{2}+\delta[\alpha_2+\beta_2p_0(d+\lambda e_1+e_2)-(1-m)\frac{e_2^2}{2}-r\frac{\beta_2^2p_0^2\sigma^2}{2}] \tag{4-3}$$

从激励相容约束，我们得到一阶条件，即用（4-3）式分别对e_1、e_2求偏导数，并令其等于零，有：$\beta_1p_0=(1-m)e_1-\delta\lambda\beta_2p_0$，$\beta_2p_0=(1-m)e_2$。

通过代入激励相容条件到（4-1）式，最大化期望的两阶段动态业务效益函数如下：

$$\max_{e_1,\ e_2} p_0(d+e_1)-\frac{e_1^2}{2}-r\frac{(1-m)^2(e_1-\delta\lambda e_2)^2\sigma^2}{2}+\delta[p_0(d+\lambda e_1+e_2)-\frac{e_1^2}{2}(1-m)-\frac{(1-m)^2e_2^2r\sigma^2}{2}] \tag{4-4}$$

我们为使 e_1、e_2最大化，得到一阶条件如下，

对于 e_1，$$\frac{\partial z}{\partial e_1}=p_0-(1-m)e_1-\frac{r^2}{2}\sigma^2(1-m)^2(2e_1-2\delta\lambda e_2)+\delta p_0\lambda \tag{4-5}$$

对于 e_2，$$\frac{\partial z}{\partial e_2}=\frac{r^2}{2}\sigma^2(1-m)^2(2\delta\lambda e_1-2\delta^2\lambda^2e_2)+\delta[p_0-(1-m)e_2-r\sigma^2(1-m)^2e_2] \tag{4-6}$$

解（4-5）式和（4-6）式的联立式，得到：

$$e_1=\frac{(1-m)r\sigma^2(1+\delta\lambda^2+\delta\lambda+\delta^2\lambda^3)+1}{(1-m)\{[r\sigma^2(1-m)+1]^2(1-m)r\sigma^2\lambda^2\delta\}}p_0$$

$$e_2=\frac{[r\sigma^2(1-m)+1](\lambda+1+\delta\lambda^2)-\lambda}{(1-m)\{[r\sigma^2(1-m)+1]^2+(1-m)^2r\sigma^2\lambda^2\delta\}}p_0$$

$$\beta_1=\frac{1+(1-m)r\sigma^2-\delta\lambda-\delta^2\lambda^3}{[r\sigma^2(1-m)+1]^2+(1-m)^2r\sigma^2\lambda^2\delta}$$

$$\beta_2=\frac{[r\sigma^2(1-m)+1](\lambda+1+\delta\lambda^2)-\lambda}{[r\sigma^2(1-m)+1]^2+(1-m)^2r\sigma^2\lambda^2\delta}$$

①“集团评审会”环节内部控制机制①两阶段的激励强度与道德敏感度关系的数理分析

下面我们就着手分析两阶段业务经理提取的业务奖金率 β_1 和解保奖率 β_2（担保企业激励的强度）随道德敏感度变化而变化的程度，分别用 β_1 和 β_2 对 m 求偏导。

$$\frac{\partial\beta_1}{\partial m}=\frac{-r\sigma^2\{[(1-m)r\sigma^2+1]^2+(1-m)^2r\delta\sigma^2\lambda^2\}+[1+(1-m)r\sigma^2-\delta\lambda-\delta^2\lambda^3]\{-2r\sigma^2[r\sigma^2(1-m)+1]-2(1-m)r\sigma^2\lambda^2\delta\}}{\{[r\sigma^2(1-m)+1]^2+r\delta\sigma^2\lambda^2(1-m)^2\}^2} \tag{4-7}$$

由上述参数设置的取值范围可知，若（4-7）式分子中的 $1+(1-m)r\sigma^2-\delta\lambda-\delta^2\lambda^3>0$，则必有 $\frac{\partial\beta_1}{\partial m}<0$，它表示在担保业务的第一阶段。当 $0\leqslant m$

$< \frac{1 + r\sigma^2 + \delta\lambda + \delta^2\lambda^3}{r\sigma^2} \leqslant 1$ 时，激励强度是随着道德敏感度的增加而减弱的。

$$\frac{\partial\beta_2}{\partial m}=\frac{-r\sigma^2[\lambda+1+\delta\lambda^2]\{[r\sigma^2(1-m)+1]^2+r\delta\sigma^2\lambda^2(1-m)\}-\{[r\sigma^2(1-m)+1](\lambda+1+\delta\lambda^2)-\lambda\}\{-2r\sigma^2[r\sigma^2(1-m)+1]-2(1-m)r\sigma^2\lambda^2\delta\}}{\{[r\sigma^2(1-m)+1]^2+r\delta\sigma^2\lambda^2(1-m)\}^2}$$

（4-8）

若（4-8）式分子中 $[r\sigma^2(1-m)+1](\lambda+1+\delta\lambda^2)-\lambda<0$，则必有 $\frac{\partial\beta_2}{\partial m} < 0$，它表示在担保业务的第二阶段。当 $0 \leqslant \frac{r\sigma\lambda+(\delta\lambda^2+1)(r\sigma^2-1)}{r\sigma(\lambda+1+\delta\lambda^2)} < m \leqslant 1$ 时，激励强度是随道德敏感度的增加而减弱的。由以上分析，得出命题1。

［命题1］在第一和第二阶段，在一定道德敏感度取值范围内，随着道德敏感度的增加，激励强度应是递减的；在其他道德敏感度数值范围，随着道德敏感度的增加，激励强度的变化并不能确定。

该命题表明随着担保企业业务经理的道德敏感度的提高，会自觉约束其有损于担保企业的败德行为的发生，因此对其的激励强度随之减轻，或者不必要对其实施高强度激励。但是，道德敏感度要满足上述的取值范围，在限定范围内，随着道德敏感度的增加，激励强度在减弱。

②两阶段的激励强度与项目通过率和外部效应关系的数理分析

下面，我们来考察合同的激励强度是如何响应绩效目标的变化的。我们估计的激励强度随有关项目通过审核概率变化而变化的情况如下：

$$\frac{\partial\beta_1}{\partial\delta}=-\frac{(\lambda+2\delta\lambda^3)[(1-m)r\sigma^2+1]^2+(1-m)r\sigma^2\delta^2\lambda^5+[(1-m)r\sigma^2+1](1-m)r\sigma^2\lambda^2}{\{[r\sigma^2(1-m)+1]^2+r\delta\sigma^2\lambda^2(1-m)^2\}^2}<0$$

（4-9）

$$\frac{\partial\beta_2}{\partial\delta}=\frac{\lambda^2[r\sigma^2(1-m)+1][r^2\sigma^4(1-m)^2+r\sigma^2(1-\lambda)(1-m)+1]+r\sigma^2\lambda^3(1-m)}{\{[r\sigma^2(1-m)+1]^2+r\delta\sigma^2\lambda^2(1-m)\}^2}>0$$

（4-10）

（4-9）式、（4-10）式表明，在担保业务第一阶段尽职调查，由于 $\frac{\partial\beta_1}{\partial\delta} < 0$，那么随着第一阶段审核通过率 δ 增加，绩效目标难度在降低，激励强度 β_1 在减少；而在担保业务第二阶段的保后监管，$\frac{\partial\beta_2}{\partial\delta} > 0$，表明随第一阶段和第二阶段审核通过率 δ 增加，即顺利解保的项目在增加，因此在第二阶段的保后监管激励强度 β_2（解保奖）在增加。由此，我们得出命题2。

［命题 2］在担保业务第一阶段，随着审核通过率的增加，激励强度应减小；而在担保第二阶段，随着两阶段审核通过率的增加，激励强度应增大。

我们同时检查了合同激励强度随着跨时期的外部效应价值的程度的变化而变化。因为更大的跨时期的外部效应使得第二期效益更高，与第一期担保质量改进有关的努力相比更为有价值。当跨阶段的外部效应变强，在两个阶段的激励强度也变强。这在第二期的激励强度确实如此。

$$\frac{\partial\beta_2}{\partial\lambda}=\frac{[r\sigma^2(1-m)+1]^3(1+2\delta\lambda)-r\sigma^2\lambda\delta[r\sigma^2(1-m)+1](1-m)(2+\lambda)-[r\sigma^2(1-m)+1]^2+r\delta\sigma^2\lambda^2(1-m)}{\{[r\sigma^2(1-m)+1]^2+r\delta\sigma^2\lambda^2(1-m)\}^2}>0 \tag{4-11}$$

当（4－11）式中 λ＝0 时，上式分子为 $[r\sigma^2(1-m)+1]^3-[r\sigma^2(1-m)+1]^2\geqslant 0$。对分子中的 λ 求偏导，结果为 $2r\delta\sigma^2[(1-m)+1][r^2\sigma^4(1-m)^2+1+r\sigma^2(1-\lambda)(1-m)]+2r\lambda\delta\sigma^2(1-m)\geqslant 0$，

因此，$\frac{\partial\beta_2}{\partial\lambda}>0$。

然而，因为跨时期外部效应因素的变化，在第一期的激励强度的变化是在减小的。

$$\frac{\partial\beta_1}{\partial\lambda}=\frac{-(\delta+3\delta^2\lambda^2)[r\sigma^2(1-m)+1]^2+r\lambda\delta\sigma^2(1-m)[\delta\lambda-\delta^2\lambda^3-2(1-m)r\sigma^2-2]}{\{[r\sigma^2(1-m)+1]^2+r\delta\sigma^2\lambda^2(1-m)\}^2}<0 \tag{4-12}$$

由(4-12)式可以看出,分子前部分 $-(\delta+3\delta^2\lambda^2)[r\sigma^2(1-m)+1]^2<0$，分子后半部分 $r\lambda\delta\sigma^2(1-m)[\delta\lambda-\delta^2\lambda^3-2(1-m)r\sigma^2-2]$ 方括号中，$-\delta^2\lambda^3-2(1-m)r\sigma^2<0$，而由上文得知 $0<\delta,\lambda<1$，必有 $\delta\lambda-2<0$。因此，$r\lambda\delta\sigma^2(1-m)[\delta\lambda-\delta^2\lambda^3-2(1-m)r\sigma^2-2]<0$。故,分子小于零,所以就有 $\frac{\partial\beta_1}{\partial\lambda}<0$。这表明绩效激励强度 β_1 是随外部效应 λ 值的增加而递减,即业务经理在第一阶段的越努力对后阶段影响的程度越大,则第一阶段激励的强度可以适当调低。当 λ→∞ 时，$\lim_{\lambda\to\infty}\frac{\partial\beta_1}{\partial\lambda}=-\frac{\delta}{r\sigma^2(1-m)}$。因此,可得命题 3。

［命题 3］在第一阶段随着跨阶段的外部效应的增加而激励强度应减少,在第二阶段则相反。

③两阶段的激励强度与风险及风险态度关系的数理分析

我们需调查最优合同的激励强度是如何反应于经营者风险态度和风险要求变化。

$$\frac{\partial\beta_1}{\partial r}=\frac{\sigma^2(1-m)(\delta\lambda+\delta^2\lambda^3-1)[2r\sigma^2(1-m)+2+\delta\lambda^2]+(1-m)\sigma^2[1-(1-m)^2r^2\sigma^4]}{\{[r\sigma^2(1-m)+1]^2+r\delta\sigma^2\lambda^2(1-m)\}^2} \tag{4-13}$$

当 $\delta\lambda+\delta^2\lambda^3>\frac{[(1-m)r\sigma^2+1]^2+\delta\lambda^2}{2[(1-m)r\sigma^2+1]+\delta\lambda^2}$ 时，$\frac{\partial\beta_1}{\partial r}>0$；反之，$\frac{\partial\beta_1}{\partial r}<0$。(4-13）式表明，在第一阶段，当满足不等式前面的条件时，则随着业务经理风险规避度（风险厌恶程度）的增加，对其的激励强度 β 也在增加；反之，激励强度 β 在减少。

$$\frac{\partial\beta_2}{\partial r}=\frac{\sigma^2(1-m)(\lambda-1-\delta\lambda^2)[r\sigma^2(1-m)+1]-r\sigma^4[(1-m)r\sigma^2+1](1-m)^2-\delta\sigma^2\lambda^2(1-m)(1+\delta\lambda^2)}{\{[r\sigma^2(1-m)+1]^2+r\delta\sigma^2\lambda^2(1-m)\}^2} \tag{4-14}$$

由于 $(\lambda-1-\delta\lambda^2)<0$，有 $\frac{\partial\beta_2}{\partial r}<0$。（4-14）式表明，在第二阶段，随着业务经理风险规避度（风险厌恶程度）的增加，对其激励强度 β_2 在减少。

$$\frac{\partial\beta_1}{\partial\sigma^2}=\frac{r(1-m)(\delta\lambda+\delta^2\lambda^3-1)[2r\sigma^2(1-m)+2+\delta\lambda^2]+(1-m)r[1-r^2\sigma^4(1-m)^2]}{\{[r\sigma^2(1-m)+1]^2+r\delta\sigma^2\lambda^2(1-m)\}^2} \tag{4-15}$$

当 $\delta\lambda+\delta^2\lambda^3>\frac{[(1-m)r\sigma^2+1]^2+\delta\lambda^2}{2[(1-m)r\sigma^2+1]+\delta\lambda^2}$ 时，$\frac{\partial\beta_1}{\partial\sigma^2}>0$；反之，$\frac{\partial\beta_1}{\partial\sigma^2}<0$

（4-15）式表明，在第一阶段，当满足不等式前面的条件时，随着风险发生不稳定性的增加，对其的激励强度 β 也在增加；反之，对其激励强度 β 在减少。

$$\frac{\partial\beta_2}{\partial\sigma^2}=\frac{r(1-m)(\lambda-1-\delta\lambda^2)[r\sigma^2(1-m)+1]-r^2\sigma^2[r\sigma^2(1-m)+1](1-m)^2-r\delta\lambda^2(1-m)(1+\delta\lambda^2)}{\{[r\sigma^2(1-m)+1]^2+r\delta\sigma^2\lambda^2(1-m)\}^2}<0 \tag{4-16}$$

（4-16）式表明，在第二阶段，随着风险发生不稳定性的增加，对其激励强度应递减。由以上数理分析，可得命题 4。

［命题 4］在第一阶段，随着风险规避度和风险的增加，激励强度的变化是不确定的。而在第二阶段，随着风险和规避风险的增加，激励强度应是递减的。

本章通过对担保企业业务流程中关键的两个阶段的业务经理道德风险的数理分析，研究结果表明：①对于道德敏感因素，在尽职调查和保后监管阶段，道德敏感度在一定数值范围内时，则随着道德敏感度的增加，对业务经理的激励强度应递减；而在其范围之外，对业务经理的激励强度的变化是不确定的。②对于担保业务审核率影响因素，在尽职调查阶段，随着审核通过率的增加，对业务经理的激励强度应减小；而在保后监管阶段，对其的激励强度应增大。③对于外部效应影响因素，在尽职调查阶段，随着跨阶段的外部效应的增加而导致的最优激励强度应减少；而在保后监管阶段，则反之。④对于风险规避和担保风险影响因素，在尽职调查阶段，随着风险规避度和担保风险的增加，最优激励强度的变化是不确定的；而在保后监管阶段，最优激励强度是随之增加而递减的。

4.5.2 “聘训用”工作中人员道德风险的防控机制分析

本部分将主要从担保企业人员招聘、培训以及配置三个方面来研究在这三个工作过程中有哪些不合适，甚至是错误的做法，在此基础上，通过一定机制来杜绝这些问题，从而达到防控人员道德风险的问题。

4.5.2.1 担保企业招聘中存在的主要问题及人员道德风险防控的数理分析

当前，各担保公司招聘工作虽然有比较明确的招聘录用人员的制度和流程，但执行起来往往没有按照招聘制度落实到位。担保业是高风险性行业，在用人方面对于职业道德风险有高于一般行业的要求。

（1）担保企业招聘中存在的主要问题

①总经理的权力过大

在担保企业实际招聘过程中，因为总经理的意见在招聘中起最终决定作用，总经理的权力就会有“前置”的现象出现，这样就使得人力资源部初试环节和用人部门负责人在面试环节的工作效能不能得到有效的发挥，即使综合部的面试和用人部门负责人的复试提供关于该应聘员工的真实信息给总经理，也有可能由于总经理和集团的人事招聘权力过分集中，而导致人力资源部和用人部门的工作付之东流，不能真正起到把关作用。因此，在制度层面有必要在总经理决策之后，通过一定机制来规范招聘工作。

②招聘制度执行力不够

公司对招聘的执行有明确的制度规定，但是由于总经理的个人权力过大，导致不按照制度来执行。这种情况长期存在下去，就会使得人力资源部和用人部门负责人懈怠于自己的责任，放松对招聘人员的把关作用，转而更多揣摩和关注总经理态度和意见，最终结果必然导致招聘各个环节“责任与权力”失衡。进而导致招聘制度执行力不够，从而导致招聘人员存在人员道德风险问题。

(2) 担保子公司内部控制中人员“招聘”的风险防控机制的数理分析

基于以上分析，招聘制度的执行力不够其实也是由于总经理在招聘决策中的权力过大所造成的。总经理的滥用权力问题是在委托人集团母公司综合中心和代理人总经理签订契约后发生的行为，而且不易被委托人所观察或察觉，因此属于典型的经济学的道德风险问题。

①总经理人员防控道德风险机制的数理模型

传统的解决道德风险问题的办法主要是基于绩效可测量的经济激励，它代价高昂且会导致无法挽回的损失。这种激励被企业界以为过于复杂，并与现实中的合同不符（Bain，1990）[96]。此外，委托—代理模型被批判为没有考虑到狭隘的私利性，并忽略了非经济因素，例如伦理道德和公平性等因素（Arrow，1985）[97]。在本书总经理招聘业务人员的问题中，总经理三种风险行为难以被委托人观察和控制，而且其绩效也难以度量。而且总经理的产出 X 只有到所招聘的业务经理表现出工作业绩时才可以被观察，才能验证之前的招聘决策的效果，因此，该类问题不适合用传统的经济激励方法解决。笔者受到 Stevens 和 Thevaranjan（2010）[66]的研究启发，在传统的道德风险模型中加入“道德敏感度”因子，同时考虑到总经理的人员道德风险具体情况，即除道德风险外，还包括总经理自身素质能力不足和责任心不足导致的人员道德风险。因此，在本书的数理分析中，也把后两个影响因素考虑进模型中，这使得总经理的人员道德风险问题与现实情况更趋于一致。

基于道德意识、素质能力、责任感三因素的单一信息的委托代理契约时序流程如图 4-9 所示。结合图 4-9 中各变量的具体含义以及担保企业总经理人员道德风险的三因素（道德敏感、素质能力、责任感），本章定义总经理由于职业道德原因导致的行为偏离招聘制度规定的而付出的努力的偏差程度为 $\frac{s_1^2}{2}-\frac{a_1^2}{2}$，该偏差值在范围 $(0,\frac{s_1^2}{2})$ 内变化，当总经理的道德行为完全按照公司制度规定，即 $a_1=s_1$，该偏差度的值为“零”；而当总经理的行为完全背离招聘制度来进行招聘，即 $a_1=0$，该偏差度的值为 $\frac{s_1^2}{2}$。这样，对招聘制度标准 s_1 的违反的程度 δ 就可以表示为：

$$\delta=1-\frac{a_1^2}{s_1^2} \tag{4-17}$$

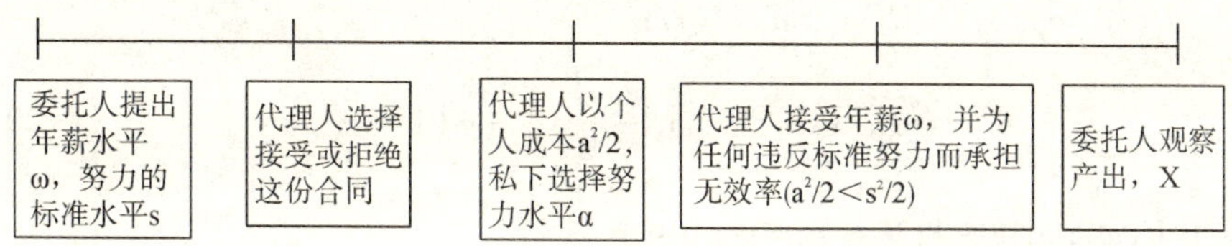

图 4-9　无法实施绩效测量的委托代理契约时序

在（4-17）式中，总经理的道德敏感度 m 可以从“0”到“无限大”。在 $m=0$ 处，总经理是机会利己主义者，违背达成协议合同的约定而根本不承担任何无效率。当 $m\to\infty$时，总经理将为违反协议合同承担增加的无效率，最终将不会逃避责任。假设大多数代理人能够完全逃避他们对委托人的责任和义务（$a=0\to\delta=1$），当这种行为能够为增加代理人净收益而充分发展其效率时，本书把道德敏感度限制在［0，1］的低范围内，即（$0\leqslant m\leqslant 1$）。这使得代理人需要在道德无效率和净收益效率之间权衡利弊。同理，本书把总经理自身的素质能力与素质能力的标准要求的差距表示成：

$$\varepsilon = 1 - \frac{a_2^2}{s_2^2} \tag{4-18}$$

把素质能力系数 p 限制在（0，1）低范围内，即（$0\leqslant p\leqslant 1$）。$p=0$，表示总经理的素质能力完全不能胜任人员选拔的要求，不具备人员甄选的能力；$p=1$，表示总经理的素质能力完全可以胜任人员选拔的要求。同理，本书把总经理责任感与责任感标准的要求的差距程度表示成：

$$\zeta = 1 - \frac{a_3^2}{s_3^2} \tag{4-19}$$

把责任感系数 q 限制在［0，1］低范围内。$q=0$，表示总经理完全没有责任感；$q=1$，表示总经理责任感最强，完全不会因为工作责任心问题导致工作失误。

本书假设担保企业为中性，担保总经理为风险规避的，根据 Arrow Pratt 绝对风险规避的效用函数，把代理人的效用函数表示成 $u(y)=-e^{-ry}$，这里 r 表示总经理的风险规避度，且 $r>0$，y 是集团支付给总经理的工资。本章基于代理人效用模型，并借鉴了 Stevens 和 Thevaranjan（2010）[66] 的代理人效用模型。同时把道德敏感、素质能力和责任感三因素加入进效用模型。为减少重复计算的运算量，本书仅以道德敏感度为例进行具体数理分析，其他两种仅给出结果。

$$U(\omega, a_1, s_1) = U(\omega_1, a_1) - m\delta$$

$$= 1 - \exp[-r(\omega_1 - \frac{a_1^2}{2})] - m(1 - \frac{a_1^2}{s_1^2}) \tag{4-20}$$

这里 $\bar{U}(\omega_1, \alpha_1) = 1; 0 \leqslant m \leqslant 1; 0 \leqslant \delta \leqslant 1;$

总经理的效用函数形式反映了本书的假设，即道德敏感、素质能力和责任感的无效率 $m\delta$、$p\varepsilon$、$q\zeta$ 都是独立于代理人对净收益的偏好和对风险的规避。通过增加代理人的道德敏感度 m 就会使得代理人在招聘工作中更为关注他对担保企业的道德义务；通过增加代理人素质能力系数 p 会使得代理人更为关注自身素质能力提高；通过增加代理人责任感系数 q 就会使得代理人更为关注增强工作责任心。另外，通过增加总经理的年薪 ω 间接减少了他的努力无效率。

因而，在本书的模型中，委托人的问题是为激励代理人付出努力而设定的年薪和努力标准，它将在两个约束条件下最大化其期望效，可以被描述成下式：

$$\max: ta_1 - \omega_1 \tag{4-21}$$

其中 t 为委托人担保企业获得收益的单价，本书用年平均承保的担保项目数的“担保收入”表示；a 为代理人总经理支付的努力，本书用年承保的担保项目的单数间接表示；$t \cdot a$ 为委托人获得的效用，ω 为担保企业支付给总经理的年薪，它一般包含固定年薪（基本月薪，补贴和年终双薪）、半年奖励年薪和年终奖励年薪三部分。$t \cdot a\omega$ 的差值表示委托人获得的净效用。代理人参与约束和激励相容条件可表述如下：

$$s.t \quad 1 - \exp[-r(\omega_1 - \frac{a_1^2}{2})] - m(1 - \frac{a_1^2}{s_1^2}) \geqslant 0 \qquad IR \tag{4-22}$$

$$a_1 \in \operatorname{argmax}\left[1 - \exp[-r(\omega_1 - \frac{a_1^2}{2})]\right] - m(1 - \frac{a_1^2}{s_1^2}) \qquad IC \tag{4-23}$$

个体参与约束（IR）确保代理人总经理将接受这个委托人提供的合同，它使得总经理将按照招聘制度规定付出努力的效用至少不低于不按招聘制度所得到的效用（本书假设为零）。激励相容效用（IC）确保总经理在选择自身的努力水平 a 时使得他的效用最大化，而且总经理的利益目标与集团利益目标趋于一致。在最优条件下，模型 IC 条件（4-23）式可以用其等价的一阶导数等于零来代替（Mirrlees，1976[91]和 Holmstrom，1979[92]），即令（4-23）式为零并对 a_1 求偏导数。

有：$a_1=\sqrt{2\omega_1+\frac{2}{r}\ln\frac{2m}{rs_1^2}}$ IC (4-24)

将（4-22）式取等号，有：

$$1-\exp[-r(\omega_1-\frac{a_1^2}{2})]-m(1-\frac{a_1^2}{s_1^2})=0 \quad IR \quad (4\text{-}25)$$

将新的参与约束条件（4-25）式和激励相容条件（4-24）式代入目标函数（4-21）式中，令它等于零并对激励因子 ω_1 求偏导。得到担保企业对总经理年薪的激励强度 ω_1 的表达式如下：

$$\omega_1=\frac{rt^2+2\ln\frac{2m}{rs_1^2}}{2r}=\frac{t^2}{2}+\frac{1}{r}\ln\frac{2m}{rs_1^2}=\frac{t^2}{2}+\frac{1}{r}\ln 2m-\frac{1}{r}\ln rs_1^2 \quad (4\text{-}26)$$

同理，将素质能力变量 p 和责任感变量 q 代替（4-26）式中的道德敏感度 m，可以得到关于素质能力变量 p 和责任感变量 q 的激励强度表达式如下：

$$\omega_2=\frac{t^2}{2}+\frac{1}{r}\ln 2p-\frac{1}{r}\ln rs_1^2 \quad (4\text{-}27)$$

$$\omega_3=\frac{t^2}{2}+\frac{1}{r}\ln 2q-\frac{1}{r}\ln rs_1^2 \quad (4\text{-}28)$$

②各影响因素对激励强度影响趋势的分析

还是仅以道德敏感度的（4-24）式为例，为考察各影响因素对激励强度影响，用 ω_1 分别对风险规避度 r、道德敏感度 m、努力的标准 s_1、担保企业收益的单位价值 t 求偏导数。

$\frac{\partial\omega_1}{\partial r}=\frac{\ln\frac{rs_1^2}{2m}+1}{r^2}$，若 $\ln\frac{rs_1^2}{2m}+1>0$，即 $m<\frac{e}{2}\cdot rs_1^2$（$e$ 为常数）时，若 $\frac{\partial\omega_1}{\partial r}>0$，表示随着总经理风险规避度的提高，担保企业对其的激励强度也应增大。反之，若 $\frac{\partial\omega_1}{\partial r}<0$，对其激励强度应减小。$\frac{\partial\omega_1}{\partial m}=\frac{1}{rm}>0$，表示随着总经理道德敏感度的提升，对其的激励强度应加大。$\frac{\partial\omega_1}{\partial s_1}=-\frac{2}{rs_1}<0$，表示随着担保企业对总经理努力标准要求的提高，对其的激励强度应减小。$\frac{\partial\omega_1}{\partial t}=t>0$，表示随着担保企业获得收益的单位价值的提高，对总经理的激励强度应增大。

同理，由于 ω_2 和 ω_3 的表达式与 ω_4 是类似的，因此对于影响因素素质能力因子和责任感因子，将道德敏感度 m 换为素质能力变量 p 和责任感变量 q，可以得到结论：

$\frac{\partial \omega_2}{\partial p}=\frac{1}{rp}>0$，表示随着总经理自身素质能力的提高，对其的激励强度应增大；$\frac{\partial \omega_3}{\partial q}=\frac{1}{rq}>0$，表示随着总经理责任感的提高，对其的激励强度应增大。而 ω_2 和 ω_3 分别对风险规避度 r、努力标准要求 s_1、担保企业获得收益的单位价值 t 的偏导数的影响则与道德敏感度相同。

③研究结论

首先，对于担保企业总经理风险规避度因素，随着总经理的风险规避度的提高，对其在职业道德、素质能力和责任心方面激励强度并不确定的。其次，对于担保企业总经理道德敏感度因素，随着总经理道德敏感度的增强，对其在职业道德、素质能力和责任心方面的激励强度应予以增加。再次，对于担保企业总经理努力标准因素，随着担保企业给总经理制定的职业道德、素质能力和责任心方面的努力标准的提高，对其在这三方面的激励强度应减小。最后，对于担保企业年度收益的平均单价因素，随着担保企业收益的单位价值的提高，对其在职业道德、素质能力和责任感方面的的激励强度应增加。

4.5.2.2 担保企业培训中存在的突出问题及人员道德风险防控的数理分析

（1）担保企业培训中存在的主要问题

当前，各担保公司在人员培训虽然有培训过程控制不严的问题，但是担保企业更为突出的问题就是新员工的业务素质和工作能力的培养问题。担保行业对业务经理的各方面素质是比较高的，不仅要求业务经理和风控经理精通与担保有关的专业知识，例如担保、财会、金融等，而且对沟通能力、协调能力、口头和书面表达能力要求都有比较高的要求。新员工经过短暂的入职培训往往很难在短时间内具备这样的素质和能力，而老员工出于自身利益考虑，又有所保留。悟性强的员工，经过做几单业务能够得以成熟起来，能站住脚跟生存下来；悟性不强的员工就很难完成担保公司下达的业绩指标，就只能自动离职。因此，在担保企业，业务人员离职率达到70%，能够在公司工作5年以上者更少。而高离职率也浪费了公司的招聘与培训成本。能否使员工，尤其是使新员工的业务能力迅速提高成熟，这对于防控人员道德风险至关重要。一方面，对于老员工而言，要制定相关制度，鼓励老员工带新员工，同时对于老员工的付出也要有所补偿。另一方面，员工参与培训，既要监督控制培训过程，也要对培训效果与个人薪酬晋级相挂钩。

（2）人员培训工作中部门经理知识转移的激励约束机制的数理分析

既然担保企业对人员道德风险防控的要求高，而担保企业中符合此条件的业务骨干又十分缺乏。因此，对新员工的业务培训，就凸显出其重要性和紧迫性。担保企业的培训工作对于人员稳定和道德风险防控都十分重要。

从国内外学术界现有研究状况看，目前很多学者更多是针对“知识共享”的研究（Enno，2007；Wang & Shao，2011）[98,99]，而对于单纯的知识转移的研究相对较少。其中有部分知识转移的研究其实仍然属于知识共享的研究范围（林昭文，等，2008；穆荣和张同建，2011；骆品亮和殷华祥，2009）[100-102]，有部分研究是致力于研究知识转移的过程及机理（周和荣，等，2008；冯帆，等，2007）[103,104]，还有些则侧重于知识转移的方式、途径和模式的效率问题（Osterloh& Frey，2000；Marino，2011）[105,106]。本书将从两个方面展开：其一，从经济学角度，通过对部门经理担保知识的传授和员工对担保知识接受的双方效用变化，探讨如何促进部门经理有效奉献担保知识。其二，将结合担保企业人员培训的实际情况，对 Griliches（1979）[107]模型进行局部改造，使修正后的模型与实际情况更为接近。在此基础上，通过数理分析揭示出部门经理知识转移的激励约束机制。

①担保企业部门经理知识转移的效用的经济学分析

担保企业知识转移效用是指部门经理（代理人）在培养下属员工（含新员工）工作中，部门经理传授担保知识的边际收益和边际成本变化情况，图 4-10 表示了部门经理效用的变化情况。

从部门经理的角度分析其传授担保知识的效用变化。在图 4-10（a）和图 4-10（c）中，MR 是边际收益曲线，ML 是边际成本曲线。图中 MR 的走势表明，部门经理传授的担保知识的边际收益随着提供的知识量的增加而减少；而 ML 的走势表明，部门经理传授的担保知识的边际成本随着提供的知识量的增加而增加。MR 曲线和 ML 曲线的交点 E 是边际收益与边际成本的平衡点，对应的 Q 是提供的担保知识“经济量”。那么，如何激励部门经理继续贡献自己的担保知识给新员工呢？

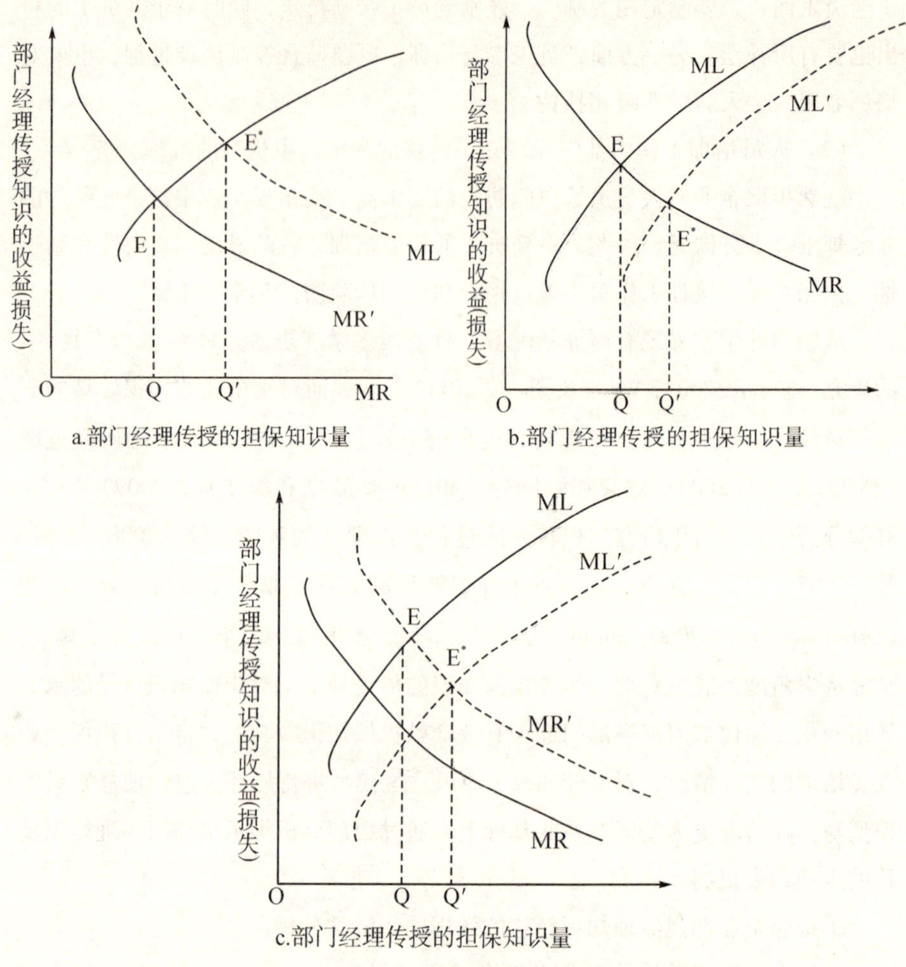

图 4-10 部门经理传授担保知识的效用图

从图 4-10（a）和图 4-10（c），我们可以看出，对于图 4-10a，可以采取向右上方平移 MR 曲线至 MR′的位置，即部门经理得到的边际收益的增加会激励其继续奉献担保知识。比如，多支付部门经理报酬。对于图 4-10（b），若要增加部门经理担保知识输出量，可以采取向右下方平移 ML 曲线到 ML′的位置，即部门经理的边际成本（损失）的减少也会激励其继续奉献担保知识。比如，由于部门负责人向新员工传授了担保知识，使得其素质和能力得以提高，部门负责人的负担得以减轻。但是，从图 4-10（b）也可以看到，虽然部门经理担保知识传授量增加了，部门经理的收益也在下降，这会迫使担保企业不得不通过增加其薪酬来增加其边际收益，从而将 MR 曲线往右上方推，最终达到一个新均衡点才停下来。而这又将导致部门经理增加对于担保知识的传授量。对于图 4-10（c），如果部门经理的边际收益增加和边际成本减少同步进行，即同时移动 MR 和 ML 曲线，那么部门经理传授担保知识是盈利还是亏损取决于 MR 曲线上升和 ML 曲线下移速率的快慢。如果 MR 曲线上升的速率大于 ML 曲线下移的速率，均衡点就会上移，表示部门经理从传授担保知识中是盈利的，反之是亏损的。如果是亏损的，就会发生图 4-10（b）中的变化，最终还是促使部门经理朝增加传授量和盈利方向转变。

为清楚地揭示对部门经理知识转移的激励约束机制，本书下面将运用经济学的激励理论，对影响部门经理行为的内在作用机制加以分析。

②防控部门经理道德风险的激励约束机制数理模型的构建及其求解

在委托代理关系中，代理人采取了委托人不希望的行为，并且道德风险行为产生于双方签订契约之后，代理人隐藏自己的信息或行动属于道德风险问题[108]。由于担保专业性很强，各高校担保专业的毕业生又十分有限。因此，要解决担保企业这一突出矛盾和困境，就是加强培训工作。但同时，部门经理传授担保知识和工作经验会降低他的知识在组织中的稀有性和价值。而且，还会对自己的职业发展构成威胁。部门经理或中级部门经理权衡利弊后，对于传授担保知识和经验又会有所保留，而他们这一努力行动是企业高层管理者（委托人）不可观测的。

A. 基本激励模型构建

a. 担保知识产出函数

因为本书研究侧重于担保知识的转移，而不是研究知识共享问题，因此把 Griliches（1979）[107]的知识生产模型删除了“人员吸收担保知识能力”的因素。本书假设部门经理担保知识产出函数是其努力 e 的线性函数。另外，担保知识产出函数还可能受到外界的其他偶然和不可控因素影响。假设这些外生的随机变量服从数学期望为 0，方差为 σ^2 的正态分布。本书受到 Stevens 和 Thevaranjanp（2010）[66]研究启发，在 Griliches（1979）模型中添加了道德敏感度因子 m（常数且 $0 \leqslant m \leqslant 1$）。$m=0$，表示部门经理是机会利己主义者，完全没有职业道德感，不愿为培训员工承担任何义务；$m=1$，表示部门经理职业道德感最强，积极愿意为培训员工承担义务。同时在模型中还添加责任感因子 d，$0 \leqslant d \leqslant 1$，在 $d=0$ 处，表示部门经理完全没有责任心；在 $d=1$ 处，表示部门经理责任心最强。担保知识产出函数可表示为：

$$\pi(e,\ \theta) = kdmpe + \theta \tag{4-29}$$

其中，$\pi(e,\ \theta)$ 为担保企业部门经理的担保知识产出；k 为担保企业拥有的担保知识量系数，为常数且 $0<k<1$；p 为部门经理担保知识传授能力系数，为常数且 $p>0$，p 越趋向于 0 表明其素质能力越不足。e 为部门经理的努力水平，为变量且 $e \geqslant 1$（“1”表示部门经理未做任何努力的情况）。θ 为随机变量，且 $\theta(0, \sigma^2)$，其中 $E(\theta)=0$，$D(\theta)=\sigma^2$。担保知识产出函数有如下结论 $\pi(e, \theta)>0$，$\pi'(e, \theta)>0$，$\pi''(e, \theta)>0$，这说明担保知识的产出是随着努力的增加而增长的，而且随着努力的增加，知识产出的速率也是增加，因此产出难度也是递增的。

b. 经理努力成本函数

担保企业业务部门经理在培训新员工过程中，是需要付出努力的，比如培训员工、课程准备、答疑等，其努力也是要付出成本的。本书借鉴了 Chieh (2006)[90] 的研究。为简化分析，暂不考虑随机因素的影响，则部门经理的努力成本为：

$$c(e)=\frac{\gamma e^2}{2} \tag{4-30}$$

其中，$c(e)$ 为部门经理的努力成本，可以等价于货币成本；e 为部门经理的努力水平，且 $e \geqslant 1$；γ 为部门经理担保知识转移的努力成本系数，且 $\gamma>0$。努力成本函数有如下结论：$c(e)>0$，$c'(e)>0$，$c''(e)>0$，这说明努力成本是随着努力的增加而增长的，且随着努力的增加，成本增加的速率是递增的。

c. 激励合同函数

为了激励部门经理对担保知识传授的积极性，需要给予部门经理一定的报酬。目前国内外激励机制的研究大多采取线性合同的方式[148]。加之担保企业部门经理这个级别的中层干部薪酬一般实行的是年工资报酬收入制，它包括固定薪酬、月度绩效奖金和年度绩效奖金。因此，本书采取固定薪酬加绩效奖金形式：

$$s(\pi)=\alpha+\beta\pi \tag{4-31}$$

其中，π 为担保企业部门经理的担保知识产出 $\pi(e, \theta)$，α 为部门经理的固定薪酬，与 π 无关；β 为部门经理担保知识产出的激励系数，且 $0 \leqslant \beta \leqslant 1$，即部门经理承担风险的程度。当 $\beta=1$ 时，表示部门经理承担全部风险和知识产出。

d. 双方的期望效用函数

员工的实际收益为 $w_1=\pi-s(\pi)=(1-\beta)kdmpe-\beta\theta+\theta-\alpha$。假设员工是风险中性的，则期望效用等于期望收益。期望效用函数为 $Ev(w_1)=Ew_1=(1-\beta)kdmpe-\beta-\alpha$，其中，$w_1$ 为企业实际收益。部门经理的实际收益为 $w_2=$

$s(\pi)-c(e)=\alpha+\beta(kdmpe+\theta)-\frac{\gamma e^2}{2}$，当部门经理对待风险的态度是中性的，其期望的效用也等于期望收益，即 $Eu(w_2)=Ew_2=\alpha+\beta kdmpe-\frac{\gamma e^2}{2}$。而当部门经理为风险规避时，根据 Chieh（2006）[90] 的研究结论，取风险成本 $F=\frac{\rho\beta^2\sigma^2}{2}$，$\rho$ 为风险规避度，则部门经理的期望效用函数为 $Ew_2-F=\alpha+\beta kdmpe-\frac{\gamma e^2}{2}-\frac{\rho\beta^2\sigma^2}{2}$。

e. 基本激励模型

根据上述假设，被培训的员工在最大化期望效用函数时，还受到部门经理的个人理性约束 IR 和激励相容约束 IC 的限制。前者表示部门经理接受培训员工契约的期望效用不小于不接受培训员工契约的期望效用；后者表明部门经理总是从个人利益最大化角度出发，选择使个人的期望效用最大化的努力水平。因此，构造如下数理模型：

$$\max_{\alpha,\beta,a}\left[(1-\beta)\ kdmpe-\beta-\alpha\right] \tag{4-32}$$

$s.t.$

$$(IR)\begin{cases}\alpha+\beta kdmpe-\frac{\gamma e^2}{2}\geqslant\bar{u}，（部门经理为风险中性）\\ \alpha+\beta kdmpe-\frac{\gamma e^2}{2}-\frac{\rho\beta^2\sigma^2}{2}\geqslant\bar{u}，（部门经理为风险规避）\end{cases} \tag{4-33}$$

$$(IC)\begin{cases}e\in\arg\max\left(\alpha+\beta kdmpe-\frac{\gamma e^2}{2}\right)，（部门经理为风险中性）\\ e\in\arg\max\left(\alpha+\beta kdmpe-\frac{\gamma e^2}{2}-\frac{\rho\beta^2\sigma^2}{2}\right)，（部门经理为风险规避）\end{cases}$$

(4-34)

其中，$\bar{u}$ 为部门经理的保留效用。

B. 信息不对称条件下的激励约束机制

在现实中大多数情况下，委托人和代理人之间是信息不对称的。本书仅研究在信息不对称条件下，将部门经理分为“风险中性”和“风险规避”两种，研究部门经理知识转移的激励约束机制问题。在信息不对称情况下，担保企业不能观察到部门经理的努力水平 e，且不能通过强制手段迫使部门经理将自己的担保知识奉献出来，只能通过激励合约 $s(\pi)$ 诱导部门经理奉献自己的知识。在最优情况下，激励相容条件 IR 约束中等号成立，参与约束条件 IC 条件可以用其最优化一阶条件（对 e 的偏导数）替代[163,164]，即 IC 条件可以用 $e=\frac{\beta kdmp}{\gamma}$ 替代。

a. 部门经理在风险中性条件下的激励约束机制

当部门经理为风险中性时，最优化问题转化为：

$$\max_{\alpha,\beta,a}[(1-\beta)kdmpe-\beta-\alpha] \tag{4-35}$$

$$\alpha+\beta kdmpe-\frac{\gamma e^2}{2}=\bar{u} \quad (\text{IR}) \tag{4-36}$$

$$e=\frac{\beta kdmp}{\gamma} \quad (\text{IC}) \tag{4-37}$$

将个人理性条件（4-37）式和激励相容条件（4-36）式代入目标函数（4-35）式并令其一阶导数等于零（对 β 的偏导数）。

$$\beta=1-\frac{\gamma}{(kdmp)^2} \tag{4-38}$$

$$e=\frac{(kdmp)^2-\gamma}{\gamma kdmp}$$

$$\alpha=\bar{u}+\frac{(kdmp)^2-\gamma}{2kdmp}-\frac{[(kdmp)^2-\gamma]^2}{\gamma(kdmp)^2}$$

由（4-38）式可以看出，担保企业按照 β 的激励强度向部门经理提供激励，部门经理以努力水平 e 提供努力，若要取得最佳的激励效果，即 $\beta\to1$，有两种方式：其一，只需 $\gamma\to0$（部门经理努力成本系数趋近零），且 $d\neq0$，$m\neq0$，显然这难以同时实现，在逻辑上是矛盾的；其二，若 γ 为固定常数值时，则需 $(kdmp)^2\to\infty$，也就是说，d、$m\to1$，而 k、$p\to\infty$（即部门经理拥有的担保知识量、知识传授能力、新员工担保知识吸收能力三个因素的值越大越好）。另外，当 $\gamma>(kdmp)^2$ 时，$\frac{\gamma}{(kdmp)^2}>1$，有 $\beta<0$，由 $0\leqslant\beta\leqslant1$ 条件可知，激励机制就会失去效力。

b. 部门经理为风险规避条件下的激励约束机制

当部门经理为风险规避时，最优化问题转化为：

$$\max_{\alpha,\beta,a}[(1-\beta)kdmpe-\beta-\alpha] \tag{4-39}$$

$$\alpha+\beta kdmpe-\frac{\gamma e^2}{2}-\frac{\rho\beta^2\sigma^2}{2}\geqslant\bar{u} \quad (IR) \tag{4-40}$$

$$e=\frac{\beta kdmp}{\gamma} \quad (IC) \tag{4-41}$$

将个人理性条件（4-41）式和激励相容条件（4-40）式代入目标函数（4-40）式，并令其一阶导数等于零（对β的偏导数）。

$$\beta = \frac{(kdmp)^2 - \gamma}{(kdmp)^2 + \gamma\rho\sigma^2} \tag{4-42}$$

$$e = \frac{[(kdmp)^2 - \gamma]kdmp}{[(kdmp)^2 + \gamma\rho\sigma^2]\gamma} \tag{4-43}$$

c. 各影响因素对部门经理激励强度影响趋势的分析

在激励强度β的（4-38）式中所涉及的影响因素中，本书着重探讨部门经理努力成本系数γ，担保企业拥有的担保知识量系数k，部门经理责任感系数d，部门经理道德敏感度m，部门经理风险规避度ρ，部门经理传授担保知识能力系数p，担保业务风险稳定性σ^2对激励强度β的影响。

a）部门经理为风险中性的条件

用（4-38）式激励强度$\beta = 1 - \frac{\gamma}{(kdmp)^2}$对$\gamma$、$k$、$d$、$m$、$p$分别求偏导，并判断正负。

$\frac{\partial\beta}{\partial\gamma} = -\frac{1}{(kdmp)^2} < 0$，该值表明部门经理处于风险中性时，随着努力成本系数的增大，对其的激励强度应该减小。$\frac{\partial\beta}{\partial k} = \frac{2\gamma 2k(dmp)^2}{(kdmp)^3} = \frac{4\gamma}{dmpk^2} > 0$，该值表明部门经理处于风险中性时，随着担保企业拥有的担保知识量的增大，对部门经理的激励强度应该增大。$\frac{\partial\beta}{\partial d} = \frac{2\gamma 2d(kmp)^2}{(kdmp)^3} = \frac{4\gamma}{kmpd^2} > 0$，该值表明部门经理处于风险中性时，随着部门经理的责任感的增强，对其的激励强度应该增大。$\frac{\partial\beta}{\partial m} = \frac{4\gamma}{dkpm^2} > 0$，该值表明部门经理处于风险中性时，随着部门经理道德敏感度的提高，对其的激励强度应该增大。$\frac{\partial\beta}{\partial p} = \frac{4\gamma}{dkmp^2} > 0$，该值表明部门经理处于风险中性时，随着部门经理传授担保知识的能力的增强，对其的激励强度应该增大。

b）部门经理为风险规避的条件

用（4-42）式激励强度$\beta = \frac{(kdmp)^2 - \gamma}{(kdmp)^2 + \gamma\rho\sigma^2}$分别对$\gamma$、$k$、$d$、$m$、$p$、$\rho$、$\sigma^2$求偏导，并判断正负。

$\frac{\partial\beta}{\partial\gamma}=-\frac{(kdmp)^2(1+\rho\sigma^2)}{[(kdmp)^2+\gamma\rho\sigma^2]^2}<0$，该值表明在部门经理处于风险规避时，随着努力成本系数的增大，对其的激励强度应该减小。$\frac{\partial\beta}{\partial k}=\frac{2k\gamma(dmp)^2(\rho\sigma^2+1)}{[(kdmp)^2+\gamma\rho\sigma^2]^2}>0$，该值表明在部门经理处于风险规避时，随着担保企业拥有的担保知识量的增大，对部门经理的激励强度应该增大。$\frac{\partial\beta}{\partial d}=\frac{2d\gamma(kmp)^2(\rho\sigma^2+1)}{[(kdmp)^2+\gamma\rho\sigma^2]^2}>0$，该值表明在部门经理处于风险规避时，随着部门经理的责任感的增强，对其的激励强度应该增大。$\frac{\partial\beta}{\partial m}=\frac{2m\gamma(kdp)^2(\rho\sigma^2+1)}{[(kdmp)^2+\gamma\rho\sigma^2]^2}>0$，该值表明在部门经理处于风险规避时，随着部门经理道德敏感度的提高，对其的激励强度应该增大。$\frac{\partial\beta}{\partial p}=\frac{2p\gamma(kdm)^2(\rho\sigma^2+1)}{[(kdmp)^2+\gamma\rho\sigma^2]^2}>0$，该值表明在部门经理处于风险规避时，随着部门经理传授担保知识的能力的增强，对其的激励强度应该增大。$\frac{\partial\beta}{\partial\rho}=\frac{[\gamma-(kdmp)^2]\gamma\sigma^2}{[(kdmp)^2+\gamma\rho\sigma^2]^2}$，该值的数学正负符号不确定，当$\gamma-(kdmp)^2>0$时，$\frac{\partial\beta}{\partial\rho}>0$，表明在部门经理处于风险规避时，随着部门经理风险规避度的增加，激励强度应该增加。$\frac{\partial\beta}{\partial\sigma^2}=\frac{[\gamma-(kdmp)^2]\gamma\rho}{[(kdmp)^2+\gamma\rho\sigma^2]^2}$，该值的数学正负符号不确定，当$\gamma-(kdmp)^2>0$时，$\frac{\partial\beta}{\partial\sigma^2}>0$，表明在部门经理处于风险规避时，随着担保业务风险变动剧烈时，对部门经理激励强度应增加。

综上所述：①在部门经理持风险中性态度下：随着部门经理传授担保知识的努力成本系数的增加，对其激励强度应减小；随着担保企业拥有的担保知识量的增加，对部门经理激励强度应增大；随着部门经理传授担保知识的责任感的提高，对其激励强度应增大；随着部门经理传授担保知识的道德敏感度的增加，对其激励强度应增大；随着部门经理传授担保知识的传授能力的提高，对其激励强度应增大。②在部门经理持风险规避态度下：随着部门经理传授担保知识的努力成本系数的增加，对其激励强度应减小；随着担保企业拥有的担保知识量的增加，对部门经理激励强度应增大；随着部门经理传授担保知识的责任感的提高，对其激励强度应增大；随着部门经理传授担保知识的道德敏感度增加，对其激励强度应增大；随着部门经理传授担保知识的传授能力的提高，对其激励强度应增大；随着部门经理风险规避度的增加，对其激励强度应增大；随着担保业务风险不稳定性增加，对部门经理激励强度应增大。

4.5.2.3 担保企业人员使用工作中存在的问题及人员道德风险防控

（1）任命子公司总经理方面，有的公司是委派集团人员担任子公司总经理，但这种方式往往导致总经理的经营风格与公司实际情况不相符，或者外聘总经理，但这样新任总经理需要花费比较多的时间才能熟悉适应公司。

（2）有的担保子公司在人员职务提升和工资晋级方面，培养工作做的不充分，也没有充分听取群众意见和公示，而由总经理决定个人决定。晋升降级制度缺少细节性的流程和原则，实际操作过程中，晋升制度比较缺乏，没有明确规定什么样的情况下可以晋升、由谁决定晋升等。

（3）在对一般人员的使用方面，有的公司虽然有各岗位的职务说明书和任职资格规范，但是仍然没有按照公司有关制度执行，没有做到“能岗匹配”。

总经理在人员“使用”中的风险问题类似与招聘工作存在的问题，总经理也存在比较严重的道德风险问题，限于篇幅，本书不再赘述。

4.6 担保子公司内部控制的集成协同作用机制及循环作用机理

下面将综合考虑担保集团下属子公司在REM框架内的内部环境中公司治理结构及权力制衡机制、组织结构和权责分配机制、子公司人员管理机制、子公司人员道德风险防控机制等方面，并深入研究它们之间相互作用机理问题。

相互作用的机理如图4-11所示。

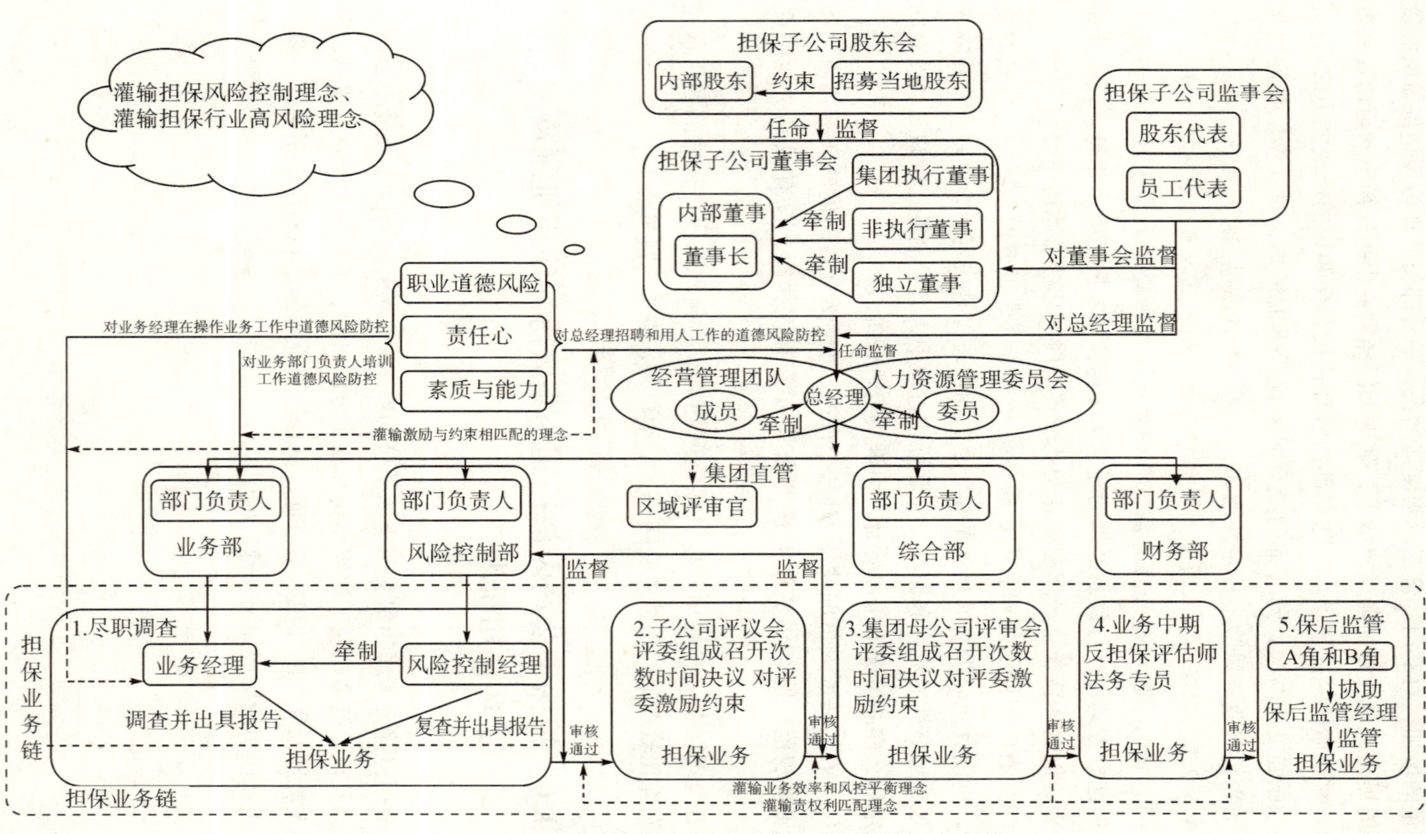

图 4-11 担保集团子公司内部控制的综合集成作用机制图

由图 4-11 可以看出：

（1）五大风险管理理念中，担保风险控制理念和担保行业高风险性理念成为担保集团子公司每个层次的人员核心理念；“业务开展效率和担保风险控制相平衡的理念”和“责权利对等理念”主要体现在担保业务链上。而“激励与约束相匹配理念”更多体现在对总经理、业务部门负责人、业务经理的道德风险防控方面。

（2）在公司治理结构方面，为约束内部股东的行为可以考虑采取招募当地股东的办法；为约束董事会内部股东的行为可以采取集团执行董事、非执行董事、独立董事和监事会的方式进行。对子公司总经理的行为约束成为重点，除可以采取监事会监督的办法外，还可以通过经营管理团队对总经理的经营权制约，通过人力资源管理委员会对总经理的用人权力予以制约。

（3）在组织结构和权责分配方面，重点抓住业务部、风险控制部、综合部（人事）和财务部关键部门的责权分配问题。对业务部门负责人在培训工作中道德风险防控，要采取激励与约束措施。例如，通过部门经理传授担保知识的努力成本、担保知识量、担保业务风险方差、担保责任感、传授能力和风险规避度等因素，促使部门负责人将自己更多的担保知识经验传授给新员工。

（4）在担保业务链中，人员风险防控、重点防控业务经理在五个业务阶段容易出现道德风险问题。为此，要通过风控经理在业务经理尽职调查阶段予以牵制，通过子公司评议会对业务经理推荐的担保业务予以集体把关，对于担保额超过集团母公司授权范围的担保项目还要上报集团母公司评审会审核。经集团评审会通过的项目，再经业务中期阶段对担保项目与受保企业签订合同。而在保后监管阶段，保后监管经理在业务经理协助下不定期地对受保企业的经营状况予以考察，直至担保业务顺利解保。

下面，本章借鉴质量管理的“PDCA 循环”思想，进一步分析担保集团下属子公司内部控制机制的循环作用机理。根据担保集团子公司内部控制的实际情况，“PDCA 循环”可以具体表现为如下四个方面：

（1）担保集团子公司内部控制机制的规划

担保子公司为本企业内部控制，需要事先做好规划计划工作。具体包括：根据担保行业和担保子公司实际，向本企业各层哪些人员灌输怎样的风险管理理念；采取何种方式方法制约内部股东、内部董事和总经理权力过大的问题；为防控担保业务风险和人员风险，应采取怎样的组织结构；子公司各部门在权力和责任方面应如何分配；子公司对于各层的人员管理如何进行，子公司如何有效防控道德风险问题，以及如何对子公司总经理、业务部门经理和业务经理进行激励约束。诸如此类问题需要内控机制在规划中予以周密筹划。

（2）担保集团子公司内部控制机制的执行

在具体执行阶段，五大风险管理理念的灌输对于不同部门不同岗位应有侧重。比如，在业务链上，应多灌输“业务开展效率和担保风险控制相平衡的理念”和“责权利对等理念”。采取招募当地股东来制约内部股东，采取独立董事等方式制约内部董事，采取“经营管理团队”和“人力资源管理委员会”来制约总经理的经营决策权和人事用人权。控制好担保业务风险，很重要的工作之一就是要抓好业务部业务经理和风控部风控经理在整个担保业务链的道德风险行为的控制，因此，要通过采取适合的措施来激励和约束总经理、业务部门负责人和业务经理。

（3）担保集团子公司内部控制机制的检查

需要重点检查的工作包括：担保子公司风险管理理念是否真正落实到担保业务操作和人员风险的控制中；是否采取独立董事来制衡内部董事的权力；对内部股东和总经理权力制约是否合适；子公司所采取的组织结构是否有利于风险控制；担保子公司的权责分配是否达到业务效率和风险控制的平衡；对子公司对各级人员的任用是否做到抓住主要人员的任命与使用；对总经理、业务部门负责人和业务经理道德风险的防控是否把握住激励与约束的平衡点。

（4）担保集团子公司内部控制机制的调整

对以上执行和检查的情况进行必要的调整，典型的事例如：为平衡业务效率和风险控制关系，评议会和集团评审会需要根据实际情况调整对业务部提交的担保项目审核的严格程度。为激励风控经理积极性，有必要允许风控经理从担保成功的项目中抽取10%~15%的担保收入作为奖励，并根据实际激励效果调整这一比例。诸如此类工作调整在内控工作中不妥之处。

上述“PDCA 循环”经过一轮后还需对效果进行评价。这样经过一个“PDCA 循环”就促使担保集团内部控制水平上了一个台阶，再经过一个“PDCA 循环”又使得担保集团内部控制水平再上一个台阶。如此循环，不断提高担保集团内控水平和绩效。

担保子公司内部控制机制的循环作用机理如图 4-12 所示。

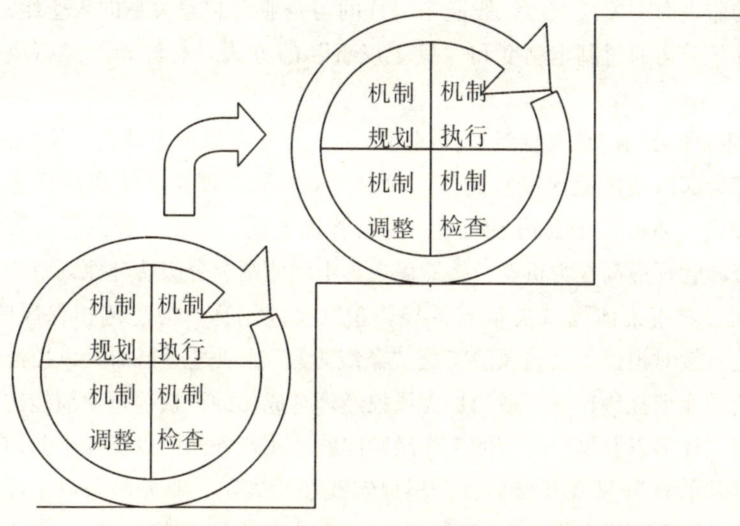

图 4-12　担保子公司内部控制机制的循环作用机理

4.7　本章小结

本章从 ERM 框架中的内部环境视角对担保子公司的内部控制机制进行了研究，本章主要研究观点及结论如下：

（1）根据经济学道德风险的定义，本书认为担保企业人员风险，包括职业道德风险的人员风险、责任心不强导致的人员风险、素质能力不足导致的人员风险均属于经济学范畴的道德风险。在经济学中的道德风险不应仅指狭义的伦理道德方面的职业道德风险。

（2）担保子公司各级人员应该具备风险控制理念、风险控制和业务效率提高相平衡的理念、责任中心及“责权利”相匹配的理念、激励与约束相匹配的理念、风险偏好和风险容忍度的理念、紧密结合担保行业实际的理念。

（3）首先，如果集团股东能够在子公司管理层面到位，集团应以对子公司控股权为基础，以控股身份对子公司进行管控。如果集团股东难以在子公司管理层面到位，可考虑子公司从当地招募股东加盟，分散子公司股东以防止子公司股东会被少数内部股东控制，并加强对子公司高管的监控。其次，就子公司的董事会而言，集团董事会可采取向子公司董事会委派执行董事，或设立非执行董事和独立董事，以此来制约子公司的内部董事和经理人的权力。再次，担保企业的监事会主要应该由控股股东以外的与企业有利益关系的人士组成。最后，担保子公司通过制定制度和“民主议事”的方式对总经理的经营决策权力制衡。

（4）担保子公司应该设置经营管理团队、人力资源管理委员会、风控部、业务部、综合部以及区域评审官岗位。其中，①经营管理团队按照“民主集中制”的原则集体决策子公司层面重大经营管理事项。②人力资源管理委员会是人力资源管理最高权力机构，按照民主集中制原则和分级管理原则对人员的“聘训用”进行集体议事决策与督导。③风险控制部。为防范担保风险，担保集团应直接对担保子公司风险实施“条线管理”。通过适当加大风控部的绩效与子公司业绩挂钩比例，适当加大风控经理与成功的审核项目业绩挂钩比例，来解决风控部以及风控经理的工作激励问题。④业务部应以担保子公司自主经营的“块管理”模式开展业务。担保实践经验表明，业务部采取小部门制，且部门负责人不允许操作业务更有利于整个业务部门绩效的提升。⑤为加强集团母公司对子公司的担保风险监控，设立区域评审官，其直接受集团风险控制中心领导，对于担保业务有审核权和一票否决权。

（5）担保子公司在集团统一规范的人力资源管理制度的指导下，应拥有人力资源管理的“聘训用”自主权并履行相应的义务。人力资源管理委员会设立是在人员“聘训用”等各方面，通过集体把关的作用来防控人员风险。

（6）担保子公司人员的胜任能力、责任心及职业道德风险。首先，在业务链上人员道德风险控制方面，要密切注意如下风险点：①尽职调查环节要注意A角与B角调查的前后次序，尽职调查的参与人员类型以及对风控经理激励约束；②子公司评议会风险控制点要关注：评议会评委的构成、评议会召开时间次数与表决的制度化、集团授权子公司操作担保业务的额度大小、对评委的激励、评议会的效果评估等问题；③集团评审会的风险控制点要关注：评委的组成人员、评审的时间和次数和评审表决、评委的激励与约束、集团风控中心与子公司对项目风险控制的平衡等问题；④担保业务中期的风险控制点工作应关注：相关的反担保措施到位、评估师和法务专员配备与担保业务量的匹配问题；⑤保后监管工作容易出现对后续工作的放松，人手不足，保后监管主要责任人职责不清等。

其次，本章运用改进后的两阶段道德风险模型对业务经理道德风险的激励约束机制进行了数理分析。研究表明：在担保业务的尽职调查阶段，业务经理道德敏感度、项目审核通过率、外部效应（第一阶段的努力对第二阶段的影响）与激励强度显著负相关，风险规避度和风险与激励强度显著正相关；在担保业务的保后监管阶段，业务经理道德敏感度和风险规避度及风险与激励强度显著负相关，项目审核通过率和外部效应与激励强度显著正相关。

再次，本章运用经济学的激励理论对担保子公司招聘工作中总经理道德风险进行了数理分析。研究表明：随着总经理的风险规避度的提高，对其在职业道德、素质能力和责任心方面激励强度并不确定的；随着总经理道德敏感度的增强和担保企业收益的单位价值的提高，对其在职业道德、素质能力和责任心方面的激励强度应予以增加；随着担保企业给总经理制定的职业道德、素质能力和责任心方面的努力标准的提高，对其在这三方面的激励强度可减小。

最后，本章运用经济学的激励理论，对担保子公司培训工作中部门经理和资深业务经理的人员道德风险进行了数理分析。研究表明：无论部门经理对待风险态度（中性和厌恶）如何，随着部门经理传授担保知识的努力成本增加，对其激励强度应减小；无论部门经理风险态度如何，担保企业拥有的担保知识量的增加，担保业务风险不稳定性增加，部门经理传授担保知识的责任感的提高，道德敏感度增加，传授能力的提高和风险规避度的增加，对部门经理激励强度均应增大。

（7）担保子公司内部控制机制的综合集成循环作用机理。担保子公司通过向各级人员灌输风险管理理念从源头上把控担保风险。在公司治理方面，采取招募当地股东制约内部股东，采取独立董事等方式制约内部董事权力；通过经营管理团队和人力资源委员会集体把关作用制约总经理经营决策权和人事权力。为控制担保业务风险，担保子公司通过业务部、风险控制部等把控关键经营管理活动。通过在业务链流程上设置关键风险控制环节来防控人员风险。从担保子公司内控机制整体看，通过机制规划、机制执行、机制检查和机制调整四个阶段的循环不断提升担保子公司内部控制水平和效果。

5 担保集团内部控制机制的案例研究

案例研究具有建构理论、修正理论和验证理论的功能[79]。对于第三、第四章的定性分析的规范研究部分，本章采取案例研究的方法予以验证。其原因在于：我国担保业披露的可供研究的数据十分有限，且非量化因素和非经济性因素影响很大。因此，用实证的数学模型来检验有关内部控制机制的难度很大，甚至是不可能，而且模型检验的意义也有较大偏差，所以对第三、第四章内控机制规范研究部分进行检验，故本章选择了用案例研究的研究方法进行验证。而且案例研究使研究者能够原汁原味地保留显示现实生活有意义的特征[79]。

5.1 研究检验框架

由本书的文献综述可知，有关担保集团内部控制及其机制，尤其是从组织管理和人行为的角度研究内部控制的研究仍十分缺乏且不深入。根据所掌握的文献和资料，目前在担保企业实践方面，发达国家的担保机构以国家投资经营的政策性担保为主，商业性担保机构的比重很少。在我国，除中科智担保集团有一定实践经验外，国内其他担保机构并没有关注这个领域。因此，在学术界和企业界对担保集团企业内部控制的研究和探讨还没有引起足够重视。

通过对文献进一步梳理，筛选出与担保企业内部控制直接相关的文献。这些文献的主要观点如下：黄晖（2006）提出从担保业务流程、控制、组织规划控制、人力资源管理和控制推行岗位不兼容和职责分离、授权审批、内部审计稽核监控、内部控制的电子化建设等方面强化内控制度[26]。陈昌义（2009）提出应该从“人”的角度，即人的专业素质、工作能力和职业道德等方面探索风险控制问题。同时，他还初步建立了担保合谋博弈模型，对担保机构内部道德风险的控制进行研究分析[27,157]。刘姝含（2008）以ERM框架提出的风险管理八大要素为主线，分别从担保机构全面风险管理环境、目标、流程、监控、信息系统构建了我国信用担保机构风险管理整体框架[28]。刘琼晖（2011）为A担保公司设计了环境、目标、评估和流程四个模块的全面风险管理体系[29]。孙刘成（2010）强调应加强对担保业务的会计和业务受理控制，严格控制担保行为[110]。严叶华和郑军（2011）提出担保企业应强化控制环境，建立健全组织内部控制框架；制定内控指数，加强风险评估等五条建议[111]。

与以上研究不同的是，本章将根据美国案例研究专家Robert K. Yin和斯坦福大学Eisenhardt教授指出的有关案例研究的规范程序，从对担保集团及其下属子公司分两个层面展开研究：其一，担保集团内部以及担保集团对下属子公司内部控制；其二，担保子公司内部控制问题。

本章在已有研究文献的基础上，构建了研究检验框架图（见图5-1）。

本章根据图5-1的研究检验框架就担保集团和子公司在ERM框架中的内部环境的内在作用机理进行验证性案例研究，也就是分别从风险管理理念、董事会（或治理结构）与权力制衡机制、组织结构与权责分配机制、人员管理机制（人力资源准则与政策）、道德风险防控机制及其相互作用的机理等方面进行验证性案例研究。并从这些方面提出要研究的具体问题，着重回答担保集团“为什么”会有这样的内控机制以及内控机制是“如何”起作用的。

5.2 研究方法与设计

从研究的性质上看，本研究属于描述性和解释性相结合的案例研究，其研究思路是：首先根据相关研究文献和理论建构研究检验框架，然后用案例进行描述性说明，同时要对其进行解释，以验证图5-1的研究检验框架。本研究的方法和设计是按照美国案例研究专家Yin博士和Eisenhardt教授提出的案例研究程序进行的。在回答“如何”（how）或“为什么”（why）的研究问题，案例研究是首选的研究策略（Yin，1994），它有利于更为清晰地观察事物发展的过程及其背后的规律（Eisenhardt，1989）[112]。此外，虽然单案例研究适合对一个广为接受的理论进行批驳或检验[79]，但Eisenhardt教授仍极力推崇多案例研究。她认为多案例研究能通过案例的重复来支持研究结论，从而提高研究效度[113]。但是，若单案例研究中包含若干嵌入式案例，也可以视同多个小案例，这大大提高了研究的信度和效度[79]。此外，Eisenhardt还提出选择案例的数量

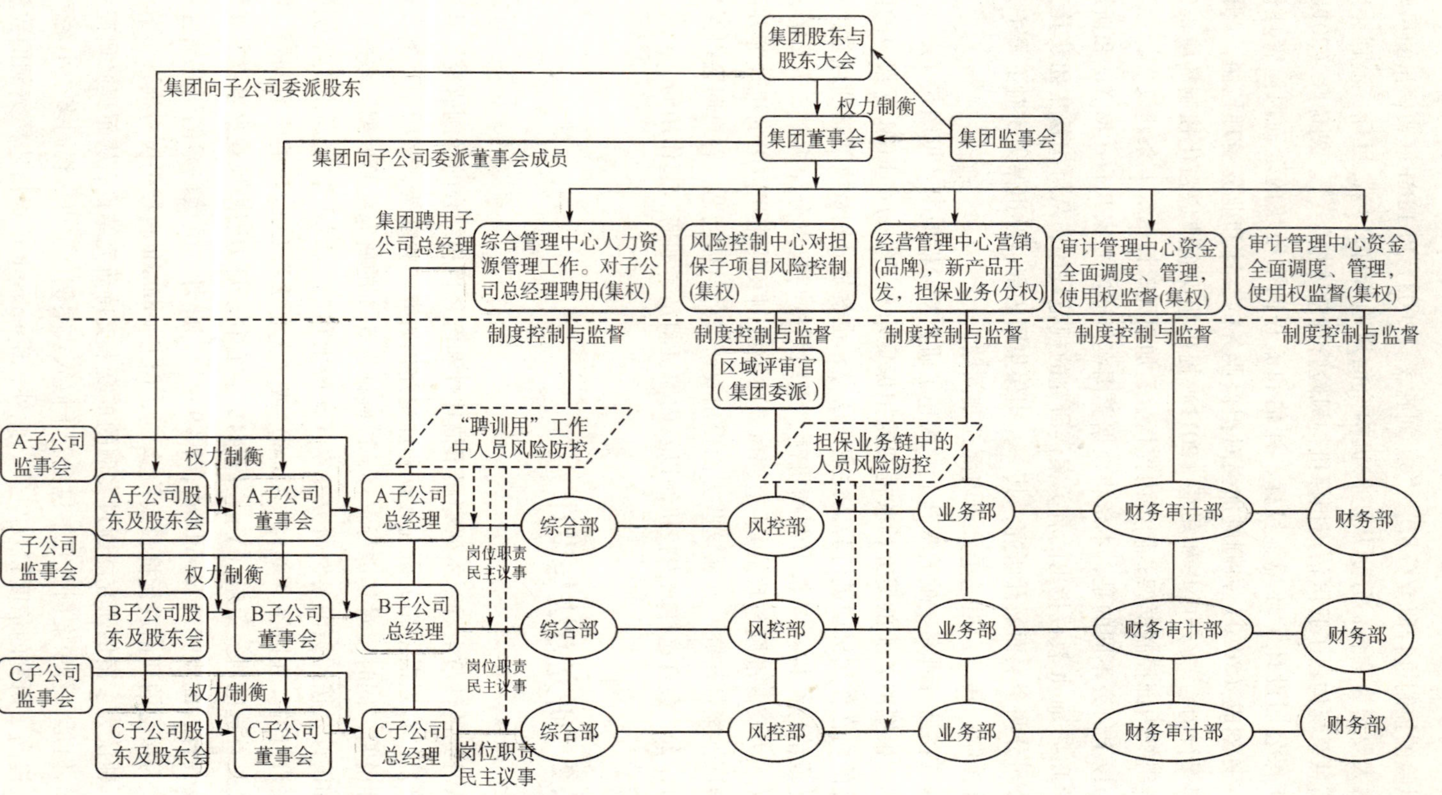

图 5-1 担保集团内部控制机制的研究检验框架图

一般为 4~10 个[113]，结合本研究的投入经费和研究的需要，最终确定了 8 个研究单元（1 个集团总部、7 个下属子公司）。并遵循案例研究复制原则[79]，对研究检验框架进行描述性和验证性案例分析。

5.2.1 案例企业的选择

本章选择中科智担保集团作为研究对象的理由如下：①研究对象具有代表性或典型性。与统计学为研究工具的实证研究对大样本量的要求不同，案例研究要求对象具有典型性和代表性[113]。在我国商业性担保机构中，中科智担保集团已有多年的发展经验，在全国各省市已开办近 20 家子公司，是我国第一个真正意义上的商业性的民营担保集团。②从理论发展的角度看，选择什么样的案例、案例的数目与要开发的理论紧密相关，选用案例是根据它们是否特别适合发现和扩展构念之间的关系和逻辑来决定[114]。中科智担保集团曾被称为我国担保行业中的“黄埔军校”，中科智培养出来的各级管理者和业务人员都是严格按照担保业务的要求进行训练的。这些骨干有着多年的管理经验或业务操作经验。因而有利于本章构建理论的验证和修正。③管理咨询的研究机遇。课题组负责人前期对中国中科智担保集团进行了五年的实地跟踪研究，从担任其高级管理顾问，到带领研究队伍为该集团全面进行管理模式的研究与设计，即《高风险担保行业集团化发展瓶颈突破与管理模式研究》。④多人的调研团队可以减少研究者个人的偏见和主观性[114]。在 2008 年咨询课题研究过程中，由集团公司张锴雍董事长亲自领导，组建了以教授和博士生与硕士生组成的研究团队，于 2008 年 5~8 月，分两个阶段对中科智担保集团和下属 7 个子公司进行了 1 602 人次的访谈调研。并在调研中，以集团的名义专门向下属的 7 个子公司下发文件，要求各子公司负责人密切配合其调研工作。这切实保证了调研的质量，也确保了研究资料和数据的真实性，为后续研究奠定了良好基础。

表 5-1　　中科智担保集团 2008 年访谈活动进程表

单位名称	调研对象	人数	访谈时间	单位名称	调研对象	人数	访谈时间
长沙子公司	综合部主管\业务部业务经理\业务部部门主管\总经理\风控部风控经理\市场部主管\区域评审官综合部专员\综合部专员	16	4 月 22 日~6 月 30 日	河北子公司（石家庄）	区域评审官\总经理\业务部主管\业务经理\风控部主管\风控经理\综合部主管	10	6 月 10 日~6 月 14 日

表5-1(续)

单位名称	调研对象	人数	访谈时间	单位名称	调研对象	人数	访谈时间
集团总部	经营管理中心总监专员\风险控制中心总监\专员\审计中心总监\专员\财务部总监\会计\综合管理中心总监\专员董事办秘书长	16	6月10日~6月14日	北京子公司	业务部13主管\业务经理\市场部专员\总经理\副总经理\风控部主管\风控经理\区域评审官	19	7月22日~7月25日
深圳子公司	区域评审官\总经理业务部15主管\业务经理\风控部主管\风控经理\综合部主管\专员\财务部主管	24	6月16日~6月18日	上海子公司	履约部主管\总经理助理\总经理\业务部主管\业务经理\风控部主管\风控经理\财务部主管\综合部主管\区域评审官\市场部专员	13	7月28日~7月30日
广东子公司（含东莞、佛山分理处）	区域评审官\总经理\业务部12主管\业务经理\风控部主管\风控经理\综合部主管\财务部主管	15	6月23日~6月25日	厦门子公司（含福州分理处）	总经理\业务部13主管\业务经理\风险控制部主管\风控经理\综合部主管\区域评审官	14	7月31日~8月2日

5.2.2 资料（数据）来源

本章所使用的资料和数据来源包括：①中科智企业网络信息（含企业内部商业邮箱所涉及的资料）。②公司档案与制度。在调研过程中对中科智担保集团下发的有关各种管理制度档案和文件进行了仔细的研读。③访谈时所填写的问卷和调查表以及访谈录音资料。先后分别对中科智担保集团以及分布在全国主要大城市的下属七家子公司进行了两轮系统、全面的深度访谈。访谈对象包括集团及子公司的主要管理人员、业务人员和风控经理。填写了大量的问卷和调查表，并经访谈对象同意对主要人员还进行了录音。访谈每经过一个阶段后，就对访谈资料进行整理和总结，从而保证了资料数据的系统性和完整性。④《中国担保》等出版物和相关研究文献。通过以上渠道，把案例研究建立在几个不同但相互确证的证据来源上（证据三角形），研究结果或结论就更准确，提高了案例研究的建构效度[79]。

5.2.3 资料（数据）分析

案例研究是通过对经验事实的连接实现可验证的、相关的、有效的理论发展（Eisenhardt，1989），而真实可信的经验事实则是理论建构的基础[112]。本章运用内容分析法（Strauss & Corbin，1998）对访谈资料进行全面梳理后，再提炼典型的关键语句，通过逻辑演绎来论证前述的研究检验框架，探求蕴含现象背后的理论精髓。

5.2.3.1 分析单元

孙海法和朱莹楚（2004）认为案例研究的分析单元的选取主要取决于研究问题，选择适当的分析单元可以使案例研究效率显著提高[115]。本章的分析单元选定为中科智担保集团企业（母公司）及其下属子公司，主要涉及组织的内部控制管理活动。

5.2.3.2 类目建构与编码

在确定了分析单元的基础上，对访谈资料中定性材料进行归类与编码工作。其目的在于使得数据内在逻辑以一种统一的形式展示出来，使得模式和命题发现变得容易[116]。现按照资料的来源进行编码，并对调研访谈数据资料进行初步处理。

第一步，对于访谈和观察所获取的资料归为第一手材料，并规定编码规则为：集团层面的资料编码为 G，子公司表示为 S，下属子公司高管层的资料编码为 S_1，子公司部门经理中层干部的资料编码为 S_2，业务经理和风险控制经理的资料编码为 S_3，其他一般管理人员的资料编码为 S_4。深圳 SZ、上海 SH、北京 BJ、厦门 XM、广东 GD、长沙 CS、河北子公司 HB。比如，北京子公司高管的谈话记录则表示为 S_1BJ，上海子公司部门经理的谈话记录表示为 S_2SH。

第二步，把从公司网站获取的资料、公司各类文件和制度、有关参考书和文献资料都归为第二手资料，并统一编码为 SH。对于资料来源相同或相近意思表达的，案例研究处理方法是归并作为一类进行统计。

第三步，根据本章的研究检验框架所包含的具体研究问题进行频次分析。其目的在于，一个类目的关键语句被多次提及，那么该关键语句所描述的事件行为就越可能具有典型性和代表性的意义。通过将访谈录音转化成文字材料，再将访谈的书面笔记材料进行了上述数据资料处理，剔除了与本研究无关的条目，并对各级编码中关键语句出现的频次进行了统计。

第四步，为了核实资料数据是否如实反映了实际情况，防止资料经过几次整理之后在意思上是否出现扭曲原意的情况，将归类的初步结果反馈给对方，并得到了确认。经分析整理后的最终结果如表 5-2 所示。

表 5-2 研究问题的调研对象回答的出现频次与典型引用语

层面	问题类别	研究问题	频次	典型引用语及出处
集团层面	集团层面的风险管理理念	(1)全局性的风险控制的理念	55	(1)无论是集团母公司还是子公司都应具备全局性担保风险控制观念 G，S_1BJ
		(2)风险控制和业务效率提高相平衡的理念	54	(2)担保风险控制和业务效率两手都要硬，不可偏废一方 G，S_1SZ
		(3)适度风险偏好与容忍度的理念	53	(3)全集团对待担保风险的态度既不能过于冒进，也不能过于保守 G，S_1SH
		(4)紧密结合担保行业实际的理念	62	(4)担保行业属于高风险性金融行业，有别于其他一般行业 G，S_1XM
		(5)激励与约束相匹配的理念	61	(5)一味强调惩罚对风险控制不一定有效，有些问题不是惩罚所能解决的，还需要通过一定经济上的激励手段 G，S_1GD
	集团层面董事会与权力制衡	集团董事会中独立董事对内部董事牵制作用	15	集团中并没有设置独立董事，对内部董事的牵制是不到位的 G，S_1SZ
	担保集团组织结构，集团与子公司与权责分配	(1)为完成担保集团对下属子公司内部控制管理，集团由哪些主要部门分别负责哪些主要工作	41	(1)风险控制中心、审计中心、经营管理中心、综合管理中心。审计中心主要职责是业务风险的合规性审计、财务审计和管理审计 G，S_1SH
		(2)担保集团是如何就主要工作对子公司进行内部控制的	69	(2)集团对子公司资金和业务风险是集权控制 S_2GD
		①业务运作和人力资源管理	35	①对子公司业务风险控制，人力资源管理和财务应以条线式管理为主 G 关键岗位集团控制 S_2BJ，SH 整个集团操作效率偏低，主要原因是风险控制过分集权在集团，而风控中心离市场太远。既要控制风险，又要提高业务效率 S_1SH 控制风险不是目的，只是手段，业务发展和效率提高才是最终目的 G 对各子公司总经理人选的确定采取“空降兵”的方式很难在短时间内熟悉当地业务，建立业务上的人脉关系 SGD2 对总经理的人选采用内部提拔会更好些 SBJ1 对总经理的培养先放在助理的岗位培养，成熟后启用 S_2BJ，SH
		②资金使用	34	②资金由集团统一调度管理有利于提高利用效率，防止子公司挪用、占用资金 S_2SH 对财务人员调度权应集权在集团 G，S_4SH

表5-2(续)

层面	问题类别	研究问题	频次	典型引用语及出处
集团层面	担保集团人员管理(人力资源准则与政策)	担保集团对担保子公司分级管理 (1)用人的分级分层管理	38	(1)集团对子公司各层级的岗位根据其重要性，在任命方面应有区别 G，S_2GD
		(2)担保集团和子公司之间培训	41	(2)母公司和子公司在培训的内容和经费的负担方面应相互补充 G，S_1XM
		(3)担保集团综合管理中心在集团内部控制中的协调作用	49	(3)集团综合管理中心对人力资源管理工作做得比较好，但是在部门之间的协调性方面还有差距 G，S_3SZ
	内控方式(制度控制与监督控制)	(1)集团是如何利用制度对下属子公司进行控制的?	31	(1)集团应该统一制度，各子公司不应各自为政 S_2GD 应建立严格的集团检查制度 S_1SZ，SH 在风险控制方面，区域评审官制度还比较满意 S_2SZ；区域评审官是作为内控的一个节点，取代了执行董事的职能，对风险控制起到一定作用 S_1BJ1
		(2)集团是如何对下属子公司进行监督控制的?	43	(2)区域评审官制度，对各子公司有限度地授权，同时也需监控。通过区域评审官来收集基层对集团意见反馈 G；当前 OA 系统上传下达有关业务信息是效果最好的 G；利用视频会议喜欢我情况 G，S_4HS
	担保集团内部控制机制的综合集成循环作用机理	担保集团母公司及其对下属子公司内部控制机制是如何综合作用的?	57	(1)母公司对子公司内部控制不是通过哪一方面单独作用的，而是需要内控各机制综合作用，循环作用的结果。不断提升内控的能力和水平 G，S_1SZ
			62	(2)母公司通过集团管理中心，对子公司业务和人员风险进行条线或块管理是集团母公司对子公司进行内部控制的最主要的手段之一。母公司各管理中心要善于抓住主要问题、主要矛盾，集中力量进行内控 G，S_1BJ
子公司层面	子公司风险管理理念	(1)风险控制的理念	11	(1)子公司应该对集团评审环节前的流程风险承担起责任 G
		(2)风险控制和业务效率提高相平衡的理念	46	(2)风险控制和业务效率的平衡应从项目尽职调查环节做起，并贯穿整个业务链 S_3HB
		(3)责任中心及“责、权、利”相匹配的理念	57	(3)各子公司都以独立的利润中心，其责任、权力和利益应对等 S_1GD，S_1SH
		(4)激励与约束相匹配的理念	51	(4)不能把人束缚死，要给人经济激励 S_3XM
		(5)风险偏好和风险容忍度的理念	43	(5)对待风险的态度应该适中 S_1CS
		(6)紧密结合担保行业实际的理念	42	(6)经营担保企业应结合其高风险特点 S_1BJ

表5-2（续）

层面	问题类别	研究问题	频次	典型引用语及出处
子公司层面	子公司治理结构与权力制衡	⑴子公司“三会“与总经理之间权力制衡	8	⑴集团股东在子公司层面是不到位的 S_2GD 执行董事制度不太适合 S_1SH 担保代偿完全由各子公司负担，股东不承担任何风险是不合理的（S_1BJ）；股东只充当“提款机”的角色 S_1XM 可以采取民主集中制，权力划分，适当增加监督机制，上下级，内部机构相互监督（G）；河北子公司的股权中本身占20%，中科智集团占75%，当地股份5%（S_1HB）；起初，执行董事代替了监事会的职能，后来又通过为总经理配备副总的方式 G，S_2SH 由于在公司治理结构上的组织机构方面监事会的缺位，在公司经营管理层高层人员配备方面和高层决策模式方面均缺乏制衡机制，从而导致子公司的公司治理结构不完善，特别体现在对经营管理层的制衡机制的残缺 G
		⑵子公司高管通过制度的方式规范各级别人员相应权限	38	⑵可以严格按考核方案来加强硬性约束，通过打分与经济手段来强制执行，或通过对制度执行情况打分来考核 G
		⑶决策方式的内控控制	35	⑶应建立严格民主集中制度与民主参与监督制度，特别是“人力资源管理” G
	子公司组织结构与权责分配	担保子公司的主要部门的内部控制 ⑴风控部 ⑵业务部 ⑶区域评审官职位 ⑷经营管理团队 ⑸人力资源管理委员会	57 41 50 37 51	⑴若集团对风险控制的权力适当授权子公司有利于增强子公司阶段对风险控制的责任 S_2SH，S_2SZ ⑵业务部采取小部门制，使得业务部门经理有时间和精力构筑业务平台，为其他业务经理开展业务提供支持 S_2BJ ⑶区域评审官直接受集团领导，直接对集团负责 S_1SH ⑷经营管理团队从集体层面对业务把关效果比现在肯定要好 S_2GD ⑸人力资源管理委员会从集体把关作用对人员进行“聘训用”，是对现有流程的优化和改进 G，S_2SZ
	子公司人员管理（人力资源准则与政策）	担保子公司人力资源管理自主性。人力资源委员对人员风险的内控	43 57	⑴担保子公司对中下级人员的任命和使用应有充分的自主权 S_1BJ ⑵人力资源管理委员会通过集体把关的的作用，限制了总经理在用人方面滥用权力的弊端 S_3XM

表5-2(续)

层面	问题类别	研究问题	频次	典型引用语及出处
子公司层面	子公司担保业务链中的人员风险	子公司针对主要业务环节是如何采取措施来防控人员风险的?	105	员工应加强职业道德(G);不能应为业务来源不足就放松地业务审核 S_2GD
		(1)尽职调查	(45)	(1)尽职调查环节,A角先去企业调查,做出报告,B角审核,A、B角再次前往(S_2SZ);对风险控制经理的行为要与项目通过一定比例提成,最好10%~15%,以解决其动力问题,同时也防控其道德串谋行为。关键是选对人(S_1BJ);总经理应就重大项目进行考察,1 000万元以上大项目,区域评审官必须到场视察 S_1BJ,S_1SH
		(2)项目评议评审	(49)	(2)在担保项目评议会阶段,风控部经理、区域评审官和总经理必须有12位亲自到现场视察。这样有利于防控串通,促进业务效率的提高(S_2SH S_2SZ);主要工作还在评委的工作。要提高评委的能力,贴近市场。同时,评委必须要做过一段时间的业务,并知道客户需要什么(G);评委大多是财务会计系列,对担保业务不一定在行,而对担保业务本身了解不够(S_2GD),在给予评委必要的经济激励的同时,通过考核各级评审委员会成员的评审质量来制约其行为 S_1BJ
		(3)保后监管	(11)	(3)保后监管工作比较繁琐,很影响业务经理对新项目的前期操作(S_3XM);A角不重视保后监管环节工作,反担保手续过繁琐(S_2XM);保后监管阶段由风控部分出部分风险控制经理成立业务操作部,专门负责项目后续的监控等工作,直至项目顺利解保 S_1BJ

表5-2(续)

层面	问题类别	研究问题	频次	典型引用语及出处
子公司层面	子公司“聘训用”工作中的人员风险防控	(1)为制约子公司总经理在招聘人员的工作中权力过大的问题，集团采取了哪些措施进行规制和激励约束 如何避免集团内部控制用人的情况，应该用制度进行管理，如何避免认人为亲的现象	57	(1)各子公司基本上是总经理“一言堂”。人治的成分比较大（G）；在招聘的时候不能由某个人或某个部门来决定人员的聘用，最好有一套集体评选规则（S_2BJ）；先在助理的岗位培养，成熟后启用（S_2BJ S_2SH）；总经理负责制，有绝对的决策权；集团有投诉中心；对总经理进行360度评价 S_2SZ，S_1 SH
		(2)担保业务专业性强，而子公司采取哪些措施，解决新员工业务培训的问题	37	(2)可以开展各子公司之间的交叉培训和典型案例培训 S_2BJ 培训方式：案例分析、在培训基地进行户外拓展。 S_2SZ 新业务经理实习观摩 S_2XM 业务部中成立互助小组 S_1BJ “传帮带”这种制度受到如下因素限制：利益关系限制，没有给老员工的新手培养的补偿，培训梯队培训 S_2SZ 集团应加强制度和文化培训力度，培养员工对企业的认同感和归属感。子公司应该加强专业培训，不但业务人员进行经验交流，而且应该加强各子公司之间的交流 S_2SZ
		(3)为鼓励部门经理和资深业务经理自愿多奉献自己的担保知识和经验，子公司对其激励约束	33	(3)部门经理在入职3个月有义务指导新员工 S_2XM 在总业务奖金中每月提取2%，作为总经理特别奖励基金，用于奖励该月对公司培训有突出贡献的资深人士 S_1BJ
		(4)子公司按照制度规定，解决人员“能岗不匹配”的问题	45	(4)综合部首先是针对集团综合管理中心进行总的框架协调，然后是协调子公司各个部门之间的关系，调整人事变动，包括招聘所缺人才，培训能力相对弱的人员等，使整体效率达到最高，把人安插到公司最合适的位置 S_2SZ
		(5)子公司如何培养和提拔中层管理人员，对一般人员职务晋升	44	(5)加强梯队建设和团队建设，譬如，业务助理—业务经理—部门经理—高层。应该加强实际可操性。譬如，由高层和部门经理以及其他相关人员组成评级小组，以确定该人员晋级或降级 S_2BJ

5.3 案例分析

通过对调研资料和数据的深入分析，它的意义在于验证或修正了第三、第四章的内部控制的机制及本章的研究检验框架，同时也丰富了企业集团内部控制理论体系。

5.3.1 担保集团内部控制机制

孟焰和朱小芳（2004）认为企业集团内部控制系统基本框架应依靠公司企业治理完善，同时将内控与激励机制相结合，形成系统、全面的控制机制[76]。

本部分将围绕研究检验框架中的研究问题，结合相关理论及调研资料针对上述担保集团内控机制的研究检验框架进行检验性分析。

5.3.1.1 集团的风险管理理念

集团的风险管理理念是指集团上至战略制定下到日常业务活动的各方面对待风险的一系列信念与态度。根据担保集团企业实践经验及业内人士的体会，担保集团从整体上讲，应该具备以下几种理念：①全局性风险控制理念；②业务效率和风险控制平衡发展理念；③适度风险偏好的理念；④结合担保行业实际的理念；⑤激励与约束相匹配的理念。从对中科智担保集团调研的情况来看（见表5-1），分别表达这五个方面意思的语句（频次）都在50次以上，足以表明这些风险管理的理念对担保集团内控的重要意义。

5.3.1.2 董事会与权力制衡机制

公司治理属于国际COSO委员会和我国2008年制定的《企业内部控制基本规范》内部控制的控制环境方面的主要因素之一。李晓妮和马慧（2009）认为公司治理主要侧重于处理监督与约束激励问题，而内部控制主要解决经营管理部门的决策与执行问题[3]。此外，国内外很多有关公司治理和内部控制关系的研究表明，强的公司治理与内部控制质量呈正相关的关系[186,34]。而董事会是企业内部环境中一个非常关键的部分，并对内部环境其他要素产生重大影响[83]。

针对中科智担保集团层面公司治理的具体研究问题，首先，在股东组成上，除中科智原股东和10%~20%的比例的政府股东外，还包括美国花旗银行亚洲投资公司等外资股东。通过调研访谈了解到，在股东的义务方面普遍存在股东只享有权利不履行义务的现象。正如北京子公司总经理描述的，集团股东要享受子公司的盈利，而一旦发生担保代偿，则完全由各子公司自己负担，股东不承担任何风险。厦门子公司总经理也反映，股东不存在业务风险，只是充当“提款机”角色。其次，中科智担保集团下属子公司一般都分布在全国经济发达省市，而且大多数距离深圳集团总部比较远，因此，集团各方股东很难直接参与下属各子公司的股东会以及日常的经营管理。正如广东子公司一位部门经理描述的，集团股东在子公司层面是缺位的。为解决集团股东在子公司缺位所产生的委托代理方面的道德风险，集团曾向各子公司委派执行董事，但执行效果并不理想。另一位集团负责人也描述道，向子公司派驻执行董事，它并不是建立在真正的“三会”治理基础之上，加上没有制度指引，而在实际工作中执行董事同时负责了部分经营管理工作，容易混淆监督和经营管理的职责，并导致与总经理之间的工作冲突和关系紧张，故执行了两年后不得不终止。为解决这个问题，如果考虑向当地吸收股东，当地股东参与子公司高管层战略发展的决策，则可以监督子公司高管的行为。

5.3.1.3　担保集团组织结构与权责分配机制

根据金融行业集团化运作对风险控制的要求，在组织结构上中科智担保集团目前采用的是矩阵式结构：集团各管理中心（风险控制中心、经营管理中心、审计管理中心、财务管理中心、综合管理中心）对各子公司相应部门行使纵向指挥权，这些部门同时也受其所属子公司的横向管理。根据调研了解到，集团和子公司之间的主要部门的权责问题尤其体现在处理好业务运作、人力资源管理和资金管理三个方面。从对方调研回答问题出现的频次看，达到了69人次，足以说明该类问题的重要性和典型性。

（1）业务运作工作。主要涉及市场营销、业务操作及其业务风险控制体系，它具体与集团的经营管理中心和风控管理中心，以及子公司的营销部、业务部和风控部存在工作关系。在营销方面，应建立从集团总部、子公司高层、部门中层及基层人员分别对应各银行的总行、分行、支行的分级分层次的立体营销模式，从而争取银行业务来源和银行授信额度。正如集团总部经营管理中心负责人所言，集团主要以银行品牌营销为主，经营管理中心应对各银行的总行的营销工作，子公司则以当地银行的产品营销为主。在业务操作方面，应采取子公司自主管理的模式。这一观点也被集团经管中心负责人所证实。而目前的实际情况是子公司80%的业务必须集中在集团进行评审，这就大大降低了业务运作的效率。集团风控中心负责人认为，控制风险不是目的，只是手段，业务发展和效率提高才是最终目的。上海子公司总经理也认为，整个集团操作效率偏低，主要原因在于风险控制过分集中集团，而风控中心离市场太远。

在业务风险控制方面，由于担保风控与业务操作是紧密相连的，而风险控制是担保业第一要务的要求，决定了对风控应该以集团“条线式”的管理模式。广东子公司一位部门经理也认为，由于集团股东在子公司层面事实上是不到位的，尤其应加强风险控制制度管理，合理授权。但是，从另一个角度看，如果担保集团对业务链上审核项目的权力过于集权则容易导致担保业务风险控制的工作重心上移，呈现对风险审核工作最终大量滞留在集团风险控制中心，这不仅会加大集团风控中心的工作量，而且还会大大降低担保业务效率，更为严重的是会弱化子公司评议会的审核功能，使其疏于对项目的审核和把关作用。因此，适当扩大集团对子公司授权业务额度，以授权为特征的管理重心适当下移至子公司。这样，既增强了子公司风险控制能力，又提高了业务效率，同时还进一步强化了业务链上责任人的工作责任感和风险意识。

（2）人力资源管理工作。人力资源管理也属于国际 COSO 委员会有关内部控制的控制环境方面的主要因素之一。从担保实践来看，对各级人员道德风险的控制是担保风险控制的重点。冯均科（2002）认为管理活动的控制侧重于以人与人的关系为界面，从内部控制的本来意义看，它更应成为控制的重点[117]。张砚和杨雄胜（2007）也认为目前内部控制研究确实忽视了对人的行为的影响和控制[11]。而中科智的实际情况是，各级人员的招聘、培训与晋升使用有比较完善的制度规范。主要问题在于制度执行力不到位，个别子公司存在比较严重的“内部人控制”和子公司总经理权力过大及滥用权力的问题。如集团综合部负责人所说，对子公司人员风险控制，人力资源管理应实行“条块结合”的模式。具体言之，集团对子公司人力资源督导方式主要应以听取汇报、填报表格、上报流程等方法为主，集团也可派人员到各子公司进行实地调研；对子公司高管的任免权应以集团的条线管理为主。对中层干部（部门经理）应以由子公司任命的“块管理”模式为主，并报集团审批；对基层员工应以由子公司任命，并报集团备案的方式的“块管理”模式为主。基于目前集团执行力不够，集团打算不仅在风险控制、财务、区域评审官方面由集团委派，在综合部的人力资源管理方面也将采取集团委派制。

（3）资金管理工作。传统的内部控制研究更多是侧重审计的纠错防弊和会计资金安全方面的研究[13]。在这方面成果很多，如 Barra（2010）[118]。中科智在资金管理方面采取的是集团全面调度管理资金的制度。上海子公司部门经理也认为集团统筹资金使用提高了使用效率。而广东子公司的一位财务人员也认为，子公司的财务人员应归集团财务中心统一管理。另外，资金调度查询密码可以被集团掌握，而且每日需将资金报表报给集团。在财务人员配置方面，广东和厦门子公司则认为，对于子公司财务部门经理，目前采取的是集团委派制，财务经理采取委派制更有利于集团统一管理。而对财务人员在子公司之间的岗位轮换问题，上海子公司财务部门经理认为不一定合适，因为财务管理需要稳定，如与当地审计、工商、税务、社保打交道都需要建立关系。

5.3.1.4 人员管理机制

内部控制是由人来进行设计并实施的，确保组织内所有成员具有一定水准的诚信、道德观和能力的人力资源方针，是内部控制有效的关键因素之一[83]。首先，担保集团的人力资源管理要贯彻“抓重点人物”的原则，即担保子公司中层干部以上的管理者由集团母公司直接管理，而中层干部以下的管理者由子公司自主管理决策。如表5-1所示，中科智担保集团的综合管理中心总监和广东子公司部门经理的谈话内容也正体现了这一人员选拔的原则。其次，在培训方面，集团应对各子公司带有共性的、普遍存在的问题由集团组织培训，而对于各子公司个别存在的问题则应分别由各子公司组织培训。例如，厦门子公司提出有关管理技能方面的培训就适合由集团出面统一组织。最后，集团综合管理中心还有一项工作职责需要加强，即集团各中心和管理部门之间的协调与沟通。据深圳子公司调研了解，集团各管理中心由于业务工作关系容易发生冲突和矛盾，那么，这就需要综合管理中心工作人员出面从中协调与沟通。

5.3.1.5 担保集团对子公司的内部控制方式

谢志华（2009）认为企业内部控制的组织关系特征从纵向上表现为监督关系，监督关系表现为高层对低层的单向控制结构[17]。

（1）集团对子公司的制度控制

企业集团内部控制就是母公司对其拥有控制权的子公司实施的一系列控制关系的制度安排[11]。深圳子公司的总经理认为应建立严格的集团检查制度。目前担保项目风险控制重要措施之一的“区域评审官”制度，它是集团总部派驻各子公司，把控项目风险的重要措施。如北京子公司总经理总结的，由于执行董事在中科智实行效果不好，而区域评审官作为内控的一个节点，取代了执行董事职能，对风险控制起到一定作用。也如深圳子公司的部门经理所言，目前各子公司对该制度的执行情况还是比较满意的。但同时该制度也暴露出一些问题，如北京子公司总经理认为，区域评审官对项目评审有“一票否决权”是不对的，而应只作为参考。但是，北京区域评审官则抱怨集团对区域评审官的支持不够，当意见不统一时，区域评审官面对的是以总经理为首的利益团队。为客观、公正地评价区域评审官的工作，上海子公司建议应通过子公司给区域评审官打分来评价其评审的效果。

（2）集团对子公司的监督控制

监督也属于 COSO 报告中内部控制的五大要素之一。一般来说，在涉及企业不同层次主体确定的责任目标的实现时，应以监督的方式形成内部控制[119]。Yuan, et al.（2007）的研究认为，为了发展企业内部控制系统的有效性，公司应该加强公司治理的监控系统来防止高管受到道德危险的引诱。目前中科智担保集团对子公司采用四种监督方式：其一，区域评审官制度。通过区域评审官来收集基层对集团意见的反馈。其二，通过办公网络 OA 系统。据集团综合中心负责人反映当前 OA 系统效果是最好的。子公司员工还以举报、投诉等方式将相关信息传递到集团相应部门。其三，视频会议。集团利用视频会议及时沟通相关子公司各方面信息，也节省了会议成本。其四，集团委派人员下到子公司。子公司远离集团总部，绝大多数的信息通过报表等方式传递，容易造成子公司员工对集团产生距离感。因此，应不定期派人下去了解子公司经营情况。

5.3.1.6 担保集团内部控制的综合集成作用机制及循环作用机理

在担保集团母公司层面，风险管理理念、董事会与权力制衡机制、组织结构与母子公司权责分配机制、人员管理机制、子公司道德风险防控机制这五方面是一个有机的整体。风险管理理念是内部控制的源泉，董事会与权力制衡机制在董事会内部从横向对权力予以制衡，组织结构与母子公司权责分配机制在母子公司之间从纵向对子公司经营管理和风险控制予以监控。人员管理机制从人员聘任和使用方面规范了用人规则，子公司道德风险防控机制侧重于防范子公司的道德风险。担保集团内部控制机制存在协同集成作用。正如集团风险控制负责人所言：母公司对子公司内部控制不是通过哪一方面单独作用的，而是内控各机制综合作用、循环作用的结果。从调研情况看，具有类似观点的达到了 57 人次之多。

5.3.2 担保子公司内部控制机制

5.3.2.1 担保子公司风险管理理念

首先，担保子公司是自负盈亏的法人实体和独立的利润核算中心。因此，特别要强调子公司所承担的责任，所拥有的权力和享受的利益对等原则。正如北京子公司总经理所言，在实践中，存在集团母公司权力和利益大于承担的风险责任的问题，而把风险责任更多推给子公司的不正确的做法。其次，由于集团在担保风险审核方面过分集权，使得子公司评议会的审核缺乏实质性控制权，而陷于流于形式，转而将担保风险上交给集团去把控。因此，提出适当将风险控制权力下移给子公司，以增强其风险控制的责任感，使得子公司切实履行风险控制的责任。最后，担保风险控制和业务效率的相平衡，在子公司层面往往容易出现为提高业务效率，从而放松担保风险控制的现象。正如多家子公司的总经理和部门经理所体会的，这两者的平衡应该从子公司的尽职调查环节做起，并贯穿整个业务链。

5.3.2.2 担保子公司治理结构与权力制衡

一般来说，在涉及企业相关利益主体和企业内部各分工主体的利益被侵蚀时，应以制衡的方式形成内部控制[119]。在中科智下属子公司中，由于政府股东和国外股东没有时间或不愿意直接参与子公司的日常经营活动，因此，集团股东在各子公司实际上是缺位的。所谓股东会一般也只在集团召开。各子公司的董事主要由外资股东、政府股东及集团层面的高管人员担任，一些子公司中由 1 名高管担任该公司的董事。董事会决策方式与股东会决策方式一样，主要集中在集团层面。另外，据调研了解，各子公司并没有真正意义上的监事会履行监督职责。各子公司虽然都是独立的法人组织，但其公司治理效果，与真正的独立运作的担保公司法人组织是有差异的。因此，目前中科智子公司内部公司治理是不完善的。从回答频次只有 8 人次表明目前确实仍没有有效的办法解决。

企业组织关系决定了内部控制本质，内部控制本质决定了内部控制基本结构[17]。而相互制衡两极必须处于平等的地位，相互制衡的两极必须存在权利和义务对称的关系。

由于中科智在公司治理结构上监事会也是缺位的，公司经营管理层高层人员配备方面和高层决策模式方面均缺乏制衡机制，从而导致子公司的公司治理结构不完善，特别体现在对经营管理层的制衡机制的残缺。正如集团一位负责人描述的：很多子公司管理还没有形成一个闭环模式，即没有严格地检查、形成一种企业文化。各子公司有监督督导制度，但执行程度不高，“制度归制度，做归做”。各子公司应该采取民主集中制的模式，合理划分权力，适当增加监督机制，上下级内部机构相互监督。制度严格按考核方案来加强硬性约束，通过打分与经济手段来强制执行，或通过对制度执行情况打分来考核。

在经营决策的方式方面，集团综合部负责人体会到，应建立严格的民主集中制度与民主参与的监督制度，特别是“人力资源管理”。在这方面做得较好的子公司有厦门子公司，该公司通过每周的管理例会，由管理团队集体决策予以解决。而北京子公司的经验做法是，周一开例会，各部门的部门经理要陈述列出本周的重点工作。另外，还通过建立台账、每周一开例会的方式，对亟须解决的问题由经营团队集体决策。

同时，集团对子公司总经理的选拔有两种方式：其一，采取集团委派方式；其二，采取子公司的内部提拔方式。权衡内部选拔和外部招聘的利弊，在同等条件下应优先考虑从内部进行选拔。它能极大地激励员工，提高员工对组织的忠诚度。广东子公司一位部门负责人也说：各子公司总经理人选的确定采取“空降兵”的方式很难在短时间内熟悉当地业务，难以建立业务上的人脉关系。北京子公司总经理也认为，对子公司总经理的人选采取子公司内部选拔更好些，一是可以激励员工，二是可以熟悉子公司及市场环境。同时，北京子公司一位副总经理提议可以采取将培养对象先放在助理岗位培养、成熟后启用的办法。在内部公司治理中，对公司高管人员的激励约束是重要内容。国外学者 Shon 和 Weiss（2009）研究了管理层薪资水平和公司内部控制有效性关系[38]。HOITASH, et al.（2009）[33]和 Jha, et al.（2010）[39]也都进行了类似的研究。中科智担保集团薪酬及福利管理制度规定，对子公司高管层（总经理、副总经理、区域评审官）实行的是年薪制，它包括固定年薪、半年奖励年薪和年终奖励年薪三部分，其中固定年薪又包含基本月薪、各类补贴和年终双薪三部分。而对于子公司高管层约束方面还做得不够，尤其是对子公司总经理关于人员的招聘、培训和使用配置的权力制约还没有有效的办法。

5.3.2.3 担保子公司组织结构与权责分配机制

科学合理且有效的组织结构，要求明确界定责、权、利，组织结构的设计必须有利于企业的内部控制[83]。首先，对于担保子公司的风险控制部，如上海子公司和深圳子公司的部门经理所言，集团若将业务审核的部分权力授权给子公司，有利于增强子公司对风险控制的责任。其次，对于担保子公司的业务部，若采取小部门制，且规定部门负责人不得开展业务。这种模式使得业务部门的负责人腾出时间和精力专注于为本部门其他业务经理开展业务提供支持，并为业务不熟练的新员工提供指导。从而有利于本部门整体业绩的提升。再次，对于区域评审官岗位的设置，主要是从担保风险控制出发，区域评审官受集团委托，直接对集团汇报工作。独立对业务进行评价和判断，并出具可行性意见，具有一票否决权。最后，对于经营管理团队和人力资源委员会，是从集体把关作用出发，对业务进行审核，对人员风险进行把关。正如集团中心负责人和广东子公司与深圳子公司部门负责人体会的，这两种方式是把控担保业务风险和人员风险的有效手段。

5.3.2.4 人员管理机制

人是决定内部控制效果的最重要的因素[83]。人力资源的准则与政策成为内部环境的重要组成部分。根据担保子公司的实践经验，应强化担保子公司人力资源管理的自主性和人事决策的委员会制。例如，对于子公司中下级人员的任命和使用，应充分发挥子公司的自主决策，集团不应过多干涉。而对于招聘和人员的晋升等重大人事问题，应发挥人力资源委员会集体决策的作用，防止总经理在这方面的权力过大。这方面问题反映的频次达到57人次，也说明总经理滥用权力的现象在子公司很普遍。

5.3.2.5 子公司担保业务链中的人员风险防控机制

内部控制主要是对人的控制，而内部控制只能控制人员的行为，却难以甚至不能控制人的动机[120]。在担保业务链上的人员风险的防控对于防控担保风险至关重要。在担保业务链上容易出现人员风险的主要业务环节包括：业务经理（A角）和风险控制经理（B角）尽职调查，子公司对项目的评议和集团对项目的评审，以及保后监管。从回答问题的频次达到107人次，充分说明该类问题的普遍性。特别是前两个业务环节分别达到45人次和49人次，说明存在问题的严重性。下面针对这三个主要业务环节展开分析：

（1）项目的尽职调查环节

企业最大的风险来源于经理人的道德操守的失控[123]。正如集团一位负责人所言，员工在职业道德方面应着重加强。在防控A角和B角的道德风险方面，深圳子公司业务部门经理和广东子公司总经理的做法是，A角先去企业调查，A角提交资料后，在正式调查企业的财务凭证等资料时，A角和B角都必须再次前往进一步调查。同时，为激励和约束B角对业务的审核的合规性，北京子公司、深圳和广东子公司的经验是，B角可以从通过评审的项目中提成（10%~15%），以解决B角的动力问题。但比例不可以过高，因为B角与业务利益关联过大会导致与A角串谋。另外，对于担保金额超过一定数额的项目，北京子公司的做法是总经理和区域评审官必须亲自到场。

（2）项目的评议和评审环节

由于监督内容的专业性，监督主体应由企业内各分工者的专业主体进行[17]。当项目经过A角和B角的尽职调查，公司认为项目基本符合担保的条件，会推荐到子公司的评议会进行专家集体审查。而对于担保金额超过集团授权范围的项目，则需要进一步上报集团，进行集团层面评审会的审查。在这两个环节，存在的主要问题是评委本身的业务素质和对担保风险的洞察力和敏感性。正如广东子公司一位部门经理所言，评委大多学的是财务会计专业，对担保业务不一定在行，而对担保业务本身了解不够。因此，为解决评委本身的评审能力，集团一位经营中心负责人认为，评委必须要做过一段时间的业务工作，并知道客户需要什么。通过评委对已经成功和失败的典型案例的剖析，提高其评审水平。集团应责令评委深入A角的一线，现场观摩，现场接受指导，并辅以培训提高。上海子公司总经理还提议，特别是对在金融行业工作不满10年的不能做评委。同时，为促使评委认真审核项目，北京和上海子公司的总经理都认为，一方面对评委进行必要的经济激励，另一方面应对评委的评审质量进行考核，将其评审效果与其绩效挂钩。

（3）项目的保后监管环节

在保后监管阶段，容易出现的问题在于，每位业务经理往往同时进行若干项目，当一个项目通过评审、银行放款以及办理反担保手续后，A角往往对受保企业的经营状况缺乏警惕性。从而受保企业在后期会出现经营恶化的情况，A角很可能忽略对其持续的监控。这主要是A角的个人精力和工作能力有限造成的，也可能是由于其责任心不强造成的。因此，在这个阶段需要防控这两方面的人员风险问题。正如厦门子公司部门和业务经理体会的，保后监管工作比较繁琐，A角不重视保后监管环节工作，而且很影响A角对新项目的前期操作。为此，北京子公司的成功做法是，保后监管阶段由风控部的部分B角成立业务操作部，由他们专门负责项目后续监控等工作，直至项目顺利解保，以使得A角能集中精力做好业务前期工作。

5.3.2.6 子公司“聘训用”工作中的人员风险防控

担保企业属于金融行业，对人员道德风险的防控既是难点也是重点。经济学家张维迎（1995）认为委托代理链条加长会使得代理人努力水平和程度下降[121]。

（1）招聘和人员使用的工作中总经理道德风险的防控

由于目前中科智担保集团股东在子公司实际处于缺位的状况，因此作为代理人的子公司的总经理很可能出现道德风险问题。从访谈中了解到对方回答涉及总经理权力过大问题的频次达到57人次之多，总经理对于人员使用问题回答的频次达到45人次，表明该类问题的普遍性和严重性。典型的事例是，在招聘和人员使用的工作过程中，子公司总经理的权力过大，甚至滥用权力。正如集团负责人和上海子公司部门经理所言，各子公司在用人上基本是总经理“一言堂”，总经理说了算，人治的成分比较大。北京子公司部门经理提议，在招聘的时候不能由某个人或某个部门来决定人员的聘用，最好有一套集体评选规则。深圳子公司部门经理则认为，集团应有投诉中心，并对总经理进行360度评价。在晋升方面，由高层和部门经理以及其他相关人员组成评级小组，以确定该人员的晋级或降级。在人员配置方面，深圳子公司综合部部门经理的观点是，综合部首先针对集团综合管理中心进行总的框架协调，然后是协调各个部门之间的关系，调整人事使整体效率达到最高，并把人员安插到公司最合适的岗位。

（2）培训工作中部门经理道德风险的防控

目前，国内担保业劳动力市场担保人才十分缺乏，而在担保工作过程中，老员工出于自身利益的考虑，又会对担保工作经验有所保留。正如深圳综合部部门经理所描述的，“传帮带”制度受到如下因素制约：由于没有给老员工补偿，老员工传授经验的积极性不高。因此，新员工的成长主要还是依靠自己摸索，悟性不强的员工很难完成公司下达的业绩考核指标，就不得不离职。因此，如何采取一定的激励机制，既要促使经验丰富的员工奉献自己的知识，又要消除其顾虑，就是一个两难问题。中科智担保集团综合中心总监认为，各子公司应在管理中更多帮助业务经理完成好任务，不应只是采取简单淘汰的办法。北京子公司的经验是，在总业务奖金中每月提取2%，作为总经理特别奖励基金，用于奖励对培训新员工出色的部门经理或资深业务经理。厦门子公司则明确规定部门经理有义务带新员工。另外，在具体的培训方式上面，做得比较好的几家子公司的经验是：北京子公司在业务部中成立业务互助小组；厦门子公司组织“案例学习”，专门教授业务经理风险的识别技能，并在每次培训后对培训效果进行评估；深圳子公司则在培训基地进行户外拓展。总而言之，在培训方面，正如深圳综合部经理所总结的，集团应该加强制度和文化培训的力度，子公司应加强专业培训，不但应加强业务人员之间的经验交流，而且应加强各子公司之间的业务交流，以此共同提高。

5.3.2.7　担保子公司内部控制的综合集成作用机制及循环作用机理

担保子公司内部控制是担保集团内控系统中的一个子系统，子系统中各要素内在作用的机制之间同样存在相互作用的机理。在子公司中，风险管理的理念同样是协同综合作用机理的源泉；子公司治理结构与权力制衡机制规范了“三会”权力的横向分配；子公司权责分配机制将权力和责任在子公司高层与各部门进行纵向分配，在部门之间进行横向分配；人员管理机制规定了人员“聘训用”工作中所遵循的准则；人员道德风险防控机制侧重关键人员（总经理、业务部部门负责人和业务经理）的道德风险防控的激励约束问题。这五个方面在内部控制的内部环境中是内控的基础，同时五种机制相互又是有机协同的综合整体。正如北京和上海子公司总经理所言：子公司内部控制不是通过哪一方面单独作用的，而是内控各种机制综合作用、循环作用的结果。

5.4 本章小结

为了验证或修正第三、第四章的基于ERM框架的内部环境的担保集团内部控制部分理论以及本章所提出的理论研究框架，本章对中科智担保集团及其下属子公司的内控机制问题进行了嵌入式的单案例研究，研究设计是按照美国案例研究专家Robert. K. Yin和Eisenhardt教授提出的案例研究的程序进行的。研究大量引用了调研中集团和下属子公司各层次人员的访谈原话，充分论证并验证了本章所提出的研究检验框架或验证及修正了第三、第四章提出的内部控制机制的理论。本研究的主要结论如下：

（1）在风险管理理念方面，无论是担保集团母公司和子公司各级人员对于内部控制，都应具备以下几种理念：①风险管理控制的理念；②风险控制和业务效率提高相平衡的理念；③激励与约束相匹配的理念；④风险偏好和风险容忍度的理念；⑤紧密结合担保行业实际的理念。而担保子公司除此之外，还应具备责任中心及“责、权、利”相匹配的理念。

（2）在公司治理和权力制衡机制方面，担保集团母公司层面应着重通过设立并加强独立董事监督作用来制约内部董事权限；子公司层面通过吸纳当地股东来解决集团股东在子公司缺位的问题，同时建立健全“三会”基础上完善执行董事和监事会的监督职能；对子公司总经理的遴选，同等条件下内部选拔的效果要优于集团母公司委派。

（3）在组织结构与权责分配机制方面，为应对担保风险控制的要求，应采取整个集团矩阵结构与子公司直线职能制相结合的组织结构。在担保业务风险控制方面，采取集团控制的“条线管理”模式，即通过在子公司设立“区域评审官”加强对子公司担保风险的监控，并在适当扩大集团对子公司的授权额度前提下将风险控制权力适度下移给子公司。在担保业务方面，宜采取以担保子公司自主管理为主的“块管理”模式，以及采取小部门制且业务部门负责人不从事业务的模式，这有利于整体绩效的提高。而且通过经营管理团队强化集体对业务把关的作用。在人力资源管理方面，应根据分级管理的原则，对子公司高层管理人员采取集团的“条线管理”模式，对中下层管理人员采取子公司自主的“块管理”模式。在担保子公司市场方面，从集团经营管理中心到子公司高管、市场部负责人及一线业务经理应分别对签约各银行总行、分行和支行建立多层次营销模式。在财务管理方面，集团应采取“条线管理”

资金集中调度模式。

（4）集团对子公司内部控制的方式。在监督控制方面，应综合采取区域评审官监督、办公网络 OA 系统、视频会议和集团委派人员到子公司调查的方式。

（5）在人员管理方面，应根据分级管理的原则，分别针对不同级别的人员采取“条线管理”或“块管理”的遴选模式；在培训方面，应分清集团和子公司培训内容及范围。为防控子公司在招聘和使用人员的风险，尤其是制约总经理权力过大的情况，采取设立人力资源委员会集体把关的机制。

（6）担保集团及其子公司各项内部控制机制之间是存在内部关联的。通过风险管理理念的灌输，董事会（治理结构）横向权力制衡，组织结构纵向（母子公司和组织部门）之间的权责分配，人员的分级分层管理，主要人员的道德风险防控等几方面相互协同集成作用促使担保集团内控水平和能力的整体提升。

6 担保集团道德风险内控机制的实证研究

实证研究是从现实出发，通过调查获取数据，以统计分析为主的对数据资料的分析，研究变量之间的关系，得出被研究对象的演变规律或结论理论，这是管理科学的主流研究方法，是国际通用的研究方法[122]。本章对于本书第三章和第四章推导的道德风险内控机制的数理结论，采取以大样本统计学的实证研究来验证其可行性和有效性。

6.1 基于团队道德风险模型的担保集团对子公司内控机制的实证分析

6.1.1 理论假设

由第三章的担保集团对子公司内部控制机制的数理分析，由公式推导得出的担保集团对子公司的激励强度有高低两种强度的（3-14）式，本部分认为这两种状态可以看做担保集团对子公司实施的高低两种不同薪酬制度所导致的结果。即：当集团采取高激励的薪酬制度时，（3-14）式的分子就取加号；当集团采取低激励的薪酬制度时，（3-14）式的分子就取减号。下面将根据 β_i 的数学表达（3-14）式以及 β_i 对各影响因素的偏导数所求值的变动趋势提出理论假设。

（1）从各子公司之间的代偿分摊比例 κ 的理论假设及（3-14）式可以看出，β_i 与 κ 成正比的关系。当 β_i 取高低两个值时，β_i 对 κ 的偏导数均为负值，可以认为 κ 的变动所导致 β_i 的变动趋势相同。因此，本部分给出如下假设：

H_1：随着担保子公司分摊代偿比例的增加，担保集团对子公司的激励强度应减小。

（2）从各担保子公司风险厌恶系数 θ_i 的理论假设及（3-14）式可以看出，β_i 与 θ_i 成反比的关系。当 β_i 取高低两个值时，β_i 对 θ_i 的偏导数均为正值。因此，本部分给出如下假设：

H_2：随着担保子公司风险规避度的增加，担保集团对子公司的激励强度应增加。

（3）从各担保公司的生产能力系数 r_i 的理论假设可以看出，当 β_i 取高低两个值时，β_i 对 r_i 的偏导数的值的符号相反，可以认为是薪酬制度所起的调节作用。具体言之，在集团采取高激励薪酬制度的条件下，随着担保子公司业务能力 r_i 的增加，集团给予子公司的激励强度 β_i 应予以增加；反之，β_i 应予以减少。因此，本部分给出如下假设：

H_3：薪酬制度对于子公司业务能力与担保集团对子公司的激励强度之间的关系具有正向调节作用。

H_{3a}：在高激励薪酬制度下，随着担保子公司业务能力的增加，担保集团对子公司的激励强度应增加。

H_{3b}：在低激励薪酬制度下，随着担保子公司业务能力的增加，担保集团对子公司的激励强度应减小。

（4）从担保业务风险稳定性 σ^2 的理论假设可以看出，当 β_i 取高低两个值时，β_i 对 σ^2 的偏导数均为正值。因此，本部分给出如下假设：

H_4：随着担保业务风险变动剧烈程度增加，集团对子公司的激励强度也应增加。

6.1.2 研究设计

6.1.2.1 数据来源和变量的选取

2008 年 5~7 月和 2010 年 4~5 月，在中科智担保集团和湖南省中小企业担保协会有关领导和工作人员的帮助下，对中科智担保集团、湖南省担保协会下属的 5 家担保集团（湖南省中小企业担保、常德财鑫担保、衡阳担保、湖南联合担保、浏阳担保）隶属子公司共计 40 余家担保集团企业和子公司进行了调研。2012 年 10~12 月又对深圳高新投担保集团及其下属 20 余家担保集团企业和子公司进行了补充调研。调查对象均为担保子公司的总经理及主要负责人。调查通过匿名调查获取研究数据。问卷调查总共发放量表问卷 650 份，回收的量表中有效份数为 602 份，有效回收率为 94.5%。

基于上面对于子公司的激励约束机制的数理分析，并充分听取我国最大的商业性担保集团——中科智担保集团和湖南省担保协会担保业内人士意见的基础上，本部分选取了研究变量和获取了研究所需的数据。具体情况如下：首先，选取集团对子公司的激励强度 β_i 为被解释变量，该指标可以从集团财务部的财务报表中获取数据，即通过集团下拨子公司的工资奖励的数据取均值，再结合市场平均薪酬水平来推断集团对于子公司的激励强度。其次，解释变量选取子公司分摊代偿的比例 κ，子公司风险规避度 θ_i，业务生产能力 r_i，风险方差 σ^2。其中，子公司分摊代偿的比例 κ 可以从集团业务管理部门和子公司业务部获取数据；子公司风险规避度 θ_i，该指标测量采用 Cadsby 等（2007）在其实验研究中所采用的博彩决策测量[123]（量表参见附录中的附表 1）。该量表通过担保子公司负责人填写此问卷获取数据；对于业务生产能力 r_i，据业内专家反映，在担保业反映担保企业经营能力的指标主要包括“注册资金”“在保余额”。现实中有不少担保企业的注册资金并没有全部都用于担保业务，因此，用注册资金来衡量并不科学合理。而“在保余额”是指反映在该年度内正在承保，并且没有发生代偿的项目的金额。基于以上考虑，本部分认为选取“在保余额”作为变量比较合适，它能够客观地反映湖南省担保企业的经营实力。该指标的数据可以从集团和子公司的财务部获取。风险方差 σ^2 则通过调查近五年担保市场上业务风险变化的情况，由担保子公司高管和集团专家主观判断打分，再取均值予以确定。调节变量“薪酬制度”，由集团在不同时期下发各担保子公司的薪酬制度，并结合当地市场平均薪酬水平，从而判断薪酬激励制度是高激励或低激励薪酬制度。最后，由于担保子公司从事担保业务的年限、担保产品的种类、担保企业规模、担保子公司所在地经济发展水平等因素均会对被解释变量产生一定影响。因此，本部分把它们设为控制变量。需要说明的是，本研究是用担保子公司人数来间接表示担保子公司规模的大小。

6.1.2.2 变量定义

解释变量、被解释变量、调节变量和控制变量的定义如表 6-1 所示。

表 6-1 **变量说明表**

变量符号		变量名称	变量的定义与取值
被解释变量	JLQD	集团对子公司的激励强度 β_i	担保集团对子公司支付的薪酬与奖金

表6-1(续)

变量符号		变量名称	变量的定义与取值
调节变量	XCZD	担保子公司薪酬制度(哑元变量)	高激励薪酬制度取1，低激励薪酬制度取0
解释变量	FTBL	担保子公司分摊代偿的比例 κ	担保子公司对发生的代偿亏损与集团分摊的比例
	FXTD	担保子公司风险规避度 θ_i	用3、4、5以此表示风险规避度的增加
	FXWD	风险方差 σ^2	担保市场风险的稳定性。1表示不稳定，2表示一般，3表示稳定
	SCNL	担保子公司业务能力 r_i	担保子公司开展担保业务的经营能力。用“在保余额”指标间接表示
	XCZD×SCNL	担保子公司薪酬制度×担保子公司业务生产能力	交叉效应
控制变量	DBNX	担保子公司从事担保业务的年限	从事担保业务的年限。1表示1年以下，2表示15年，3表示10年，4表示10年以上
	DBZL	担保子公司主要开展担保业务种类	1表示融资担保，2表示工程履约担保，3表示个人消费担保，4表示钢贸担保，5表示其他
	GM	担保子公司规模	担保子公司人数
	JJSP	担保子公司所在地区经济发展水平	1表示所在地经济发展水平低，2表示所在地经济发展水平中，3表示所在地经济发展水平高

注：预期符号中分隔号的左边表示高激励薪酬制度，右边表示低激励薪酬制度

6.1.2.3 研究模型

基于以上理论分析和研究假设，本部分构建如下具有调节效应的回归模型：

$$JLQD = a_0 + a_1FTBL + a_2FXTD + a_3SCNL + a_4FXWD + a_5DBNX + a_6DBZL + a_7GM + a_8JJSP + a_9XCZD + a_{10}XCZD \times SCNL + \varepsilon \quad (6-1)$$

利用SPSS16.0软件，采用普通的最小二乘法进行回归，并采用标准参数T检验和F检验来确定影响因素相关的显著性。

6.1.3 实证结果及分析

6.1.3.1 描述性统计与变量 Pearson 相关系数

本部分运用 SPSS 16.0 软件对研究数据进行描述性统计和各变量的相关性分析。相关性分析结果见附录中的附表 2。从附表 2 可以看出，表中 Pearson 相关系数的符号表明其与研究假设预期基本一致；从 Pearson 相关系数数值来看，各项相关值绝大多数都在 0.3 以下，说明模型各变量之间不存在明显的多重共线性，适合在同一个模型中进行多元回归。

6.1.3.2 回归分析

本部分回归模型的调节遵循了 Baron 和 Kenny 提出的检验方法：通过使用分层回归的办法，即依次在回归模型中放入控制变量（模型 1）、调节变量（模型 2）、解释变量（模型 3）、交互项（模型 4），以此检验对被解释变量的回归系数和显著性。如果交互项对被解释变量的回归系数显著，则说明调节变量有显著的调节作用[124]。为减少由于加入交互项后而带来的共线性问题，本部分按统计理论将乘积项数据进行标准化方法来消除共线性问题[125]。模型 4 的回归结果如表 6-2 所示。

表 6-2　各变量对被解释变量激励强度的多元回归系数

模型层级 \ 模型		激励强度							
		模型 1		模型 2		模型 3		模型 4	
		系数 a	t 值	系数 a	t 值	系数 a	t 值	系数 a	t 值
1	(Constant)	0.092	10.021	0.079	8.449	0.053	5.163	0.001	5.014
	DBNX	0.014**	5.424	0.013**	5.827	0.012**	5.568	0.007***	4.981
	DBZL	0.000	0.098	0.002	0.761	0.002	0.971	0.001	0.589
	GM	0.012**	7.365	0.010**	8.017	0.009**	5.824	0.004***	5.951
	JJSP	0.030**	7.642	0.022**	5.288	0.013**	5.244	0.009***	5.650
2	XCZD			0.089**	6.759	0.071**	5.674	0.055**	5.034
	FXWD					0.105	7.873	0.103	5.728
	FTBL					0.138	8.157	0.112	7.084
	FXTD					0.201	8.290	0.133	7.393
	SCNL					0.122	8.159	0.108	7.028
	XCZD×SCNL							0.119	7.836

表6-2(续)

模型层级 \ 模型	激励强度							
	模型 1		模型 2		模型 3		模型 4	
	系数 a	t 值	系数 a	t 值	系数 a	t 值	系数 a	t 值
R^2	0.014		0.909		0.931		0.982	
ΔR^2	0.014		0.895		0.022		0.051	
Adj R^2	0.012		0.901		0.913		0.972	
ΔF 显著性	0.000		0.000		0.000		0.000	
VIF 最大值	1.238		1.637		4.071		4.626	

注：*** 表示 0.01 的显著性水平，** 表示 0.05 的显著性水平，* 表示 0.10 的显著性水平。

（1）模型 1，把四个控制变量置于 SPSS 16.0 软件的第一层，做与激励强度的回归。由模型 1 的系数可知，除“地区经济发展水平”“担保行业年限”“担保规模”对激励强度有比较大的影响外，“担保种类”对激励强度的影响程度偏弱。

（2）模型 2，把“薪酬制度”置入 SPSS 16.0 软件的第二层，做与激励强度的回归。模型 2 的拟合优度 R^2 增加到 0.909，模型 F 值的显著性却没有发生改变，仍保持显著。VIF 值为 1.637，不存在共线性问题。控制变量系数和显著性仍显著，表明“薪酬制度”对“激励强度”有较大的正影响。

（3）模型 3，再把解释变量“风险稳定性”“分摊比例”“风险态度”“生产能力”置入 SPSS 16.0 软件的第三层，做与激励强度的回归。模型 3 的拟合优度 R^2 增加到 0.931，模型解释力增强，模型 F 值的显著性却没有发生改变，仍保持显著。VIF 值仍小于 5，基本不存在共线性问题。各解释变量的系数和显著性仍显著。本部分假设 H_1、H_2 和 H_4 得到证实。

（4）模型 4，再把“薪酬制度与生产能力的交叉项”置入 SPSS 16.0 软件的第四层，做与激励强度的回归。由模型 4 的显著性可知，薪酬制度对生产能力与激励强度的关系有调节作用。具体言之，在高激励的薪酬制度情景下，会增加担保子公司生产能力对激励强度的影响，即在实施高激励薪酬制度的子公司，随着担保子公司生产能力的增加，担保集团对子公司的激励强度也应增加；反之则相反。因此，本部分假设 H_3、H_{3a} 及 H_{3b} 得到证实。为更好地体现薪酬制度对生产能力与激励强度的调节效应，本部分通过 SPSS 统计软件又做对薪酬制度和生产能力两因素的方差分析。其交互作用如图 6-1 所示。

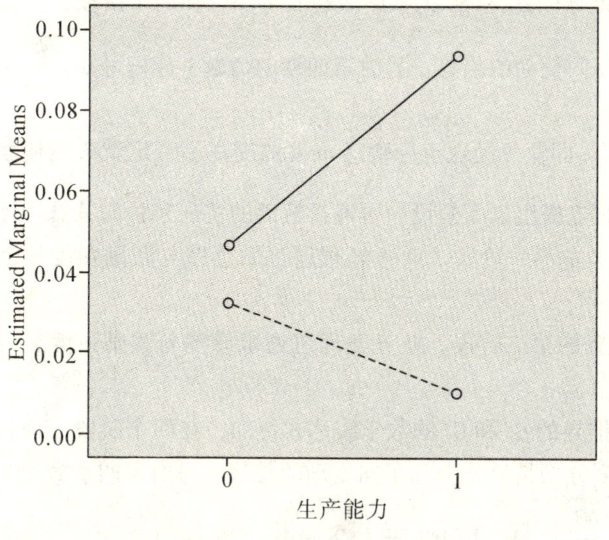

图 6-1　薪酬制度和生产能力交互作用图

6.1.3.3　稳健性分析

为考察回归模型（6-1）式的稳健性，本部分依次采取如下方法进行检验：①将模型的主要解释变量取值进行±1%、±5%、±10%扩大和缩小。②将"风险规避度"解释变量做虚拟变量处理。即：将"风险规避度"大于或等于3的视为风险厌恶高，设置为1；小于3的视为风险厌恶低，设置为0。③为避免特殊值对结果的影响，删除了各变量的最大值与最小值样本数据。④考虑模型中"担保种类"控制变量与激励强度相关性偏低且非常不显著，删除了"担保种类"控制变量，再重新做回归。通过以上四种方法来检验模型的稳健性，结果表明原回归模型的主要解释变量的系数和t统计量以及显著性均未发生太大变化，假设的结果仍然与本部分研究结果一致，总体结论没有发生改变。限于篇幅，本部分没有给出检验结果。

6.2　基于两阶段道德风险模型的业务经理道德风险激励约束机制实证分析

6.2.1　理论假设

本部分对第四章担保业务链中业务经理的两阶段道德风险数理模型结果进

行实证检验，首先根据激励强度与各解释变量变动趋势提出如下假设：

（1）由第四章推导的 β_1 和 β_2 的数学表达式可知，在两个阶段，道德敏感度与激励强度是呈反向变动的趋势。另由第四章的命题 1 分析可知，$\frac{\partial\beta_1}{\partial m} < 0$ 和 $\frac{\partial\beta_2}{\partial m} < 0$ 是有条件的，即业务经理道德敏感 m 度的提高不一定就必然使激励强度减弱。因此，不妨先提出如下假设，再通过后续的实证来检验其真伪性。

H_{1a}：在担保业务的第一阶段，业务经理道德敏感度与激励强度显著地负相关。

H_{1b}：在担保业务的第二阶段，业务经理道德敏感度与激励强度显著地负相关。

（2）由第四章推导的 β_1 和 β_2 的数学表达式可知，在两个阶段，项目审核通过率 δ 与激励强度分别是呈反向和正向变动的趋势。另由第四章命题 2 的分析可知，$\frac{\partial\beta_1}{\partial\delta} < 0$ 和 $\frac{\partial\beta_2}{\partial\delta} > 0$，因此提出如下假设：

H_{2a}：在担保业务的第一阶段，项目审核通过率与激励强度显著地负相关。

H_{2b}：在担保业务的第二阶段，项目审核通过率与激励强度显著地正相关。

（3）由第四章推导的 β_1 和 β_2 的数学表达式可知，在两个阶段，外部效应 λ 与激励强度分别是呈反向和正向变动的趋势。另由第四章命题 3 的分析可知，$\frac{\partial\beta_1}{\partial\lambda} < 0$ 和 $\frac{\partial\beta_2}{\partial\lambda} > 0$，因此提出如下假设：

H_{3a}：在担保业务的第一阶段，外部效应与激励强度显著地负相关。

H_{3b}：在担保业务的第二阶段，外部效应与激励强度显著地正相关。

（4）由第四章推导的 β_1 和 β_2 的数学表达式可知，风险规避度 r 和风险稳定性 σ^2 在第一阶段与激励强度是呈正向的变动趋势。由第四章命题 4 的分析可知，$\frac{\partial\beta_1}{\partial r} > 0$ 和 $\frac{\partial\beta_1}{\partial\sigma^2} > 0$ 是有条件的，而 $\frac{\partial\beta_2}{\partial r} < 0$ 和 $\frac{\partial\beta_2}{\partial\sigma^2} < 0$ 是确定的。同理，不妨提出如下假设：

H_{4a}：在担保业务的第一阶段，风险规避度和风险与激励强度显著地正相关。

H_{4b}：在担保业务的第二阶段，风险规避度和风险与激励强度显著地负相关。

6.2.2 研究设计

6.2.2.1 数据来源和变量选取

2008 年 5~7 月和 2010 年 4~5 月，对中科智担保集团和湖南省担保协会下属担保集团企业（湖南省中小企业担保、常德财鑫担保、衡阳担保、湖南联合担保、浏阳担保等）近 40 家进行了调研。2012 年 10~12 月又对深圳高新投担保集团及其下属 20 余家担保集团企业和子公司进行了补充调研。调查对象均为担保企业的业务经理和业务部门负责人。通过匿名调查问卷方式获取数据。问卷调查总共发放量表问卷 650 份，回收的量表中有效份数为 602 份，有效回收率为 94.5%。

被解释变量有两个：

（1）β_1业务奖金率。它表示担保业务人员使得担保业务成功承保，银行放款给中小微企业，则业务经理可以从担保收入中提取业务奖金率。本部分将每位业务经理近 5 年业务奖金率取均值作为该指标取值。

（2）解保奖率 β_2。它表示在担保业务经理的后期监管下，使得担保业务顺利解保，所发给业务经理的奖金的比率。这两项指标数据由各担保公司的财务部门提供。对于解释变量道德敏感度、风险规避度、项目外部效应，由于这些变量属于抽象的构念，通过分别由一线的业务经理和业务部门负责人分别进行主观的判断，然后将两方面人员的填表情况加以对照，如果两方面人员调查的结果比较接近，说明比较客观地反映了实际情况。而对于解释变量项目通过率和风险方差，则通过调查近 5 年该担保公司项目通过率和担保风险变化的情况，取均值予以确定。通过对担保企业的调查，本部分选取“入司年限”“担保行业年限”“学历层次”“学历与担保的相关性”为控制变量，这些数据可以从各担保公司人力资源部的人力资源报表获取。担保业对人员的工作经验要求比较高，而“入司年限”和“在担保业工作年限”两个指标反映了该业务经理是否具有操作担保业务的工作经验的程度。同时，担保行业对人员的素质要求也比较高。担保业务的开展要求业务经理除具备多方面的知识外，还要具备较强的观察能力、分析能力、沟通和协调组织能力，才能使担保业务顺利解保。

6.2.2.2 变量的定义

解释变量、解释变量和控制变量具体参见表 6-3，表中最后一栏“预期符号”表示该变量与被解释变量之间的正向（负向）影响的关系。需要注意的是，表中预期符号有两个符号的，左边为第一阶段，右边为第二阶段。

表 6-3　　　　　　　　　　**变量说明表**

变量符号		变量名称	变量的定义
被解释变量	BPR	业务奖金率	业务人员从承保的业务中的提成比率
	UGR	解保奖率	担保企业奖励已经顺利解保的担保业务的奖金率
解释变量	MS	道德敏感度	业务经理抵御有悖于道德事务诱惑的能力
	RA	风险规避度	业务经理厌恶风险的程度
	RV	风险方差	担保业务风险本身的不稳定性
	PPR	项目通过率	项目通过第一阶段尽职调查的比率
	PEE	项目外部效应	担保第一阶段努力对第二阶段影响的控制因子
控制变量	CY	入司年限	在所在担保公司工作年限。1 表示 1 年以下，2 表示 13 年，3 表示 35 年，4 表示 5 年以上。
	GIY	担保行业年限	在担保行业工作的年限。1 表示 1 年以下，2 表示 13 年，3 表示 35 年，4 表示 5 年以上。
	ED	学历层次	1 表示大专及以下学历，2 表示本科，3 表示硕士，4 表示博士
	REDG	学历与担保的相关性	所学专业是担保专业取 1，其他专业取 0

6.2.2.3　研究模型

基于以上理论分析和研究假设，本部分构建了如下担保业务两阶段回归模型：

$$BPR = a_0 + a_1CY + a_2GIY + a_3ED + a_4REDG + a_5MS + a_6RA + a_7VA + a_8PPR + a_9PEE + \varepsilon \quad (6-2)$$

$$UGR = b_0 + b_1CY + b_2GIY + b_3ED + b_4REDG + b_5MS + b_6RA + b_7VA + b_8PPR + b_9PEE + \varepsilon \quad (6-3)$$

本部分利用 SPSS16.0 软件，采用普通最小二乘法对业务奖金率和解保奖率与各被解释变量进行回归，并采用标准参数 T 检验和 F 检验来确定其相关的显著性。

6.2.3　实证结果及分析

6.2.3.1　描述性统计与变量 Pearson 相关系数

为了以下的数据统计处理和分析问题的方便，本部分假设在担保业务流程的两个阶段的道德敏感度为 m、风险方差为 σ^2，风险规避度 r 将维持稳定的状态水平，即在担保业务两个阶段不存在道德敏感度、风险方差和风险规避度剧烈的变化。运用 SPSS16.0 软件对数据进行描述性统计和各变量的相关性分析。

由于篇幅所限，本部分把担保两个阶段（尽职调查和保后监管）描述性统计结果中主要的项目——均值和标准差与各变量之间的 Pearson 相关系数合并并成，相关性分析结果见附录中的附表 3。表中括号中的值表示第二阶段（保后监管）各项指标的相关值。从附表 3 可以看出，表中 Pearson 相关系数的符号表明其与研究假设预期基本一致；从 Pearson 相关系数值来看，各项相关值绝大多数都在 0.3 以下，说明模型各变量之间不存在明显多重共线性。

6.2.3.2 回归分析

采取层级回归法，即在控制住控制变量的影响下分别做被解释变量业务奖金率和解保率对解释变量的回归，第一层回归加入控制变量，第二层回归再同时加入解释变量。回归结果如表 6-4 和表 6-5 所示。

表 6-4　　各解释变量对业务奖金率（BPR）指标的回归系数

模型		非标准系数		标准系数	t 值	显著性	共线性统计	
		系数	标准差	β 值			容忍度	VIF 值
1	(Constant)	0.537	0.008		63.321	0.000		
	CY	0.368	0.007	0.642	10.071	0.000	0.227	4.493
	GIY	0.304	0.002	0.367	1.865	0.000	0.691	1.448
	ED	0.013	0.003	0.035	1.138	0.258	0.978	1.022
	REDG	0.243	0.008	0.252	5.221	0.000	0.335	2.989
2	(Constant)	0.406	0.059		6.846	0.000		
	CY	0.308	0.013	0.355	5.949	0.000	0.223	4.604
	GIY	0.295	0.003	0.319	5.570	0.000	0.296	3.384
	ED	0.011	0.002	0.018	0.316	0.753	0.947	1.056
	REDG	0.181	0.007	0.211	6.308	0.000	0.247	4.055
	MS	0.316	0.040	0.327	2.930	0.024	0.335	2.989
	RA	0.171	0.005	0.181	0.216	0.029	0.239	4.398
	VA	0.155	0.037	0.206	2.816	0.016	0.617	1.540
	PPR	0.278	0.074	0.295	6.542	0.000	0.855	1.114
	PEE	0.382	0.085	0.394	7.467	0.000	0.381	2.395
整体模型	$R^2=.866$　adj $R^2=.828$　F=185.495　P=.000　N=116							

对担保业务流程的第一阶段（尽职调查）的回归结果分析如下：

（1）模型的整体拟合优度达到 0.866，调整后的拟合优度仍达到 0.828，模型能够解释 86.6%的解释变量对被解释变量的影响。

（2）模型各变量的方差膨胀因子 VIF 均在 5 之下，表明模型各变量不存在严重的共线性问题。

（3）在担保的第一阶段（尽职调查），解释变量道德敏感度 m 与被解释变量业务奖金率负相关，但是并不显著（P=0.024），假设 H_{1a}没有被证实。这也与命题的道德敏感度负相关时是有条件的结论吻合的。风险规避度 r 和风险方差 σ^2虽然与被解释变量业务奖金率负相关，但也都不显著（P=0.029，P=0.016），假设 H_{4a}没有被证实。解释变量项目通过率 PPR，项目外部效应 PEE 与被解释变量业务奖金率负相关，而且显著（P=0.000），假设 H_{2a}和假设 H_{3a}被证实。

表 6-5　　各解释变量对解保奖金率（UGR）指标的回归系数

模型		非标准系数		标准系数	t 值	显著性	共线性统计	
		系数	标准差	β 值			容忍度	VIF 值
1	(Constant)	0.247	0.022		11.193	0.000		
	CY	0.077	0.017	0.760	4.427	0.000	0.223	4.493
	GIY	0.023	0.006	0.220	5.259	0.000	0.691	1.448
	ED	0.017	0.007	0.192	4.341	0.126	0.978	1.022
	REDG	0.039	0.022	0.279	0.789	0.000	0.270	3.704
2	(Constant)	0.763	0.170		4.475	0.000		
	CY	0.237	0.012	0.364	3.963	0.000	0.219	4.604
	GIY	0.227	0.005	0.291	4.124	0.000	0.266	3.384
	ED	0.014	0.002	0.160	2.083	0.040	0.947	1.056
	REDG	0.258	0.011	0.272	4.809	0.000	0.247	4.055
	MS	0.228	0.011	0.598	1.637	0.115	0.335	2.989
	RA	0.144	0.014	0.147	4.277	0.000	0.220	4.398
	VA	0.158	0.107	0.057	6.261	0.000	0.717	4.540
	PPR	0.214	0.038	0.257	5.217	0.000	0.755	1.114
	PEE	0.271	0.025	0.262	6.236	0.000	0.381	2.395
整体模型		R^2 = .836　adj R^2 = .760　F=9.096　P= .000　N=116						

对担保业务流程的第二阶段（保后监管）的回归结果分析如下：

（1）模型的整体拟合优度达到 0.836，调整后的拟合优度仍达到 0.760，模型能够解释 83.6%的解释变量对被解释变量的影响。

（2）模型各变量的方差膨胀因子 VIF<5，表明不存在严重的共线性问题。

(3) 在担保业务的第二阶段，解释变量道德敏感度 m 对被解释变量解保奖金率是负相关的，但是不显著（P = 0.115），假设 H_{1b} 没有被证实。这也与命题的道德敏感度负相关时是有条件的论断是一致的。解释变量项目审核通过率，外部效应与解保奖金率是正相关的，且显著（P = 0.000），假设 H_{2b} 和假设 H_{3b} 得到证实；解释变量风险规避度和风险方差与解保奖金率是负相关的，且显著（P = 0.000），假设 H_{4b} 得到证实。

此外，在两个阶段的第二层回归模型中，控制变量“入司年限”“行业工作年限”“学历与担保相关性”与“业务奖金率”正相关，而且显著（P = 0.000），表明这些与担保工作经验有关的变量对业务奖金率有显著影响，而“学历层次”对业务奖金率的影响就比前面三个因素小，而且不显著，表明业务人员学历层次对于担保工作的影响较工作经验要小，因而对其激励强度也随之减小。

6.2.3.3 稳健性分析

为考察回归模型（6-2）式和（6-3）式的稳健性，本部分依次采取如下方法进行检验：①将模型的主要解释变量取值进行±1%、±5%、±10%扩大和缩小。②将“风险规避度”解释变量做虚拟变量处理：将“风险规避度”大于或等于 3 的视为风险厌恶高，设置为 1；将“风险规避度”小于 3 的视为风险厌恶低，设置为 0。③为避免特殊值对结果的影响，删除了各变量的最大值与最小值样本数据。④考虑模型中“学历”控制变量与激励强度相关性偏低且不显著，删除了“学历”控制变量，再重新做回归。通过以上四种方法来检验模型的稳健性，结果表明原回归模型的主要解释变量的系数和 t 统计量以及显著性均未发生太大变化，假设的结果仍然与本部分的研究结果一致，总体结论没有发生改变。限于篇幅，本部分没有给出检验结果。

6.3 招聘工作中防控总经理道德风险的激励与约束机制的实证分析

6.3.1 理论假设

为了检验第四章总经理激励约束数理理论分析的模型的有效性，基于第四章担保企业总经理激励强度 ω 的表达式：（4-26）式、（4-27）式和（4-28）式，并结合以上各因素对激励强度影响趋势的分析，本部分做出如下假设。

$$\omega_1=\frac{rt^2+2\ln\frac{2m}{rs_1^2}}{2r}=\frac{t^2}{2}+\frac{1}{r}\ln\frac{2m}{rs_1^2}=\frac{t^2}{2}+\frac{1}{r}\ln 2m-\frac{1}{r}\ln rs_1^2$$

以道德敏感度的（4-26）式为例，为考察各影响因素对激励强度的影响，将 ω_1 分别对风险规避度 r、道德敏感度 m、努力的标准 s_1、担保企业收益的单位价值 t 求偏导数。对于总经理风险规避度因素，由 $\frac{\partial\omega_1}{\partial r}>0$ 可知，随着总经理风险规避度的增大，对其的激励强度的变化是不确定的，它是有条件的。但是，为分析方便，也不妨做如下假设：

H_{1a}：随着总经理风险规避度的提高，对其职业道德方面的激励强度应该提高。

H_{1b}：随着总经理风险规避度的提高，对其素质能力方面的激励强度应该提高。

H_{1c}：随着总经理风险规避度的提高，对其责任感方面的激励强度应该提高。

对于道德敏感度因素，由 $\frac{\partial\omega_1}{\partial m}>0$，提出如下假设：

H_{2a}：随着总经理道德敏感度的提高，对其职业道德方面的激励强度应增大。

H_{2b}：随着总经理道德敏感度的提高，对其素质能力方面的激励强度应增大。

H_{2c}：随着总经理道德敏感度的提高，对其责任感方面的激励强度应增大。

对于努力标准因素，由 $\frac{\partial\omega_1}{\partial s_1}<0$，提出如下假设：

H_{3a}：随着担保企业对总经理努力标准的提高，对其职业道德方面的激励强度应减少。

H_{3b}：随着担保企业对总经理努力标准的提高，对其素质能力方面的激励强度应减少。

H_{3c}：随着担保企业对总经理努力标准的提高，对其责任感方面的激励强度应减少。

对于担保企业获得收益的单价因素，由 $\frac{\partial\omega_1}{\partial t}=t>0$，提出如下假设：

H_{4a}：随着担保企业年收益单位价值的提高，对总经理在职业道德方面的激励强度应增加。

H_{4b}：随着担保企业年收益单位价值的提高，对总经理在素质能力方面的激励强度应增加。

H_{4c}：随着担保企业年收益单位价值的提高，对总经理在责任感方面的激励强度应增加。

6.3.2 研究设计

6.3.2.1 数据来源和变量的选取

2008 年 5~7 月和 2010 年 4~5 月，对中科智担保集团和湖南省担保协会下属担保集团企业（湖南省中小企业担保、常德财鑫担保、衡阳担保、湖南联合担保、浏阳担保等）近 40 家进行了调研。2012 年 10~12 月又对深圳高新投担保集团及其下属 20 余家担保集团企业和子公司进行了补充调研。调查对象均为担保公司的高管层，包括总经理、副总经理和总经理助理。调查通过匿名调查的方式获取研究数据。问卷调查总共发放量表问卷 650 份，回收的量表中有效份数为 602 份，有效回收率为 94.5%。

基于以上对于激励约束机制的数理分析和假设，并充分听取了湖南省担保协会担保业内人士的意见，本部分研究变量的选取和数据来源如下：被解释变量 ω 为集团对担保企业总经理的年薪，该指标数据可以由担保集团企业的财务部获取。对于被解释变量风险规避度 r、道德敏感度 m、努力标准 s 和担保企业收益的单位价值 t。其中，风险规避度 r，该指标属于抽象的构念，它的测量采用 Cadsby 等学者（2007）在其实验研究中所采用的博彩决策测量[123]（量表参见附录中的附表 1）。通过担保公司部门经理填写此问卷获取数据。道德敏感度 m 也属于抽象的构念，本部分借鉴人力资源管理的 360 度考核方式，分别由集团人力资源部、副总经理、中层干部填写问卷，对总经理的道德敏感度予以打分（包括总经理的自评），然后取均值确定。努力标准 s，该指标通过参阅担保企业对总经理道德风险方面的制度的规定，并予以合理的量化确定。担保企业收益的单位价值 t，本部分用年平均承保的担保项目数的“担保收入”表示，该指标是指担保机构因提供担保服务而向被担保方收取的报酬。该指标的数据可以向担保企业的财务部获取。由于部门经理学历层次，从事担保企业工作的年限，担保企业的经营业绩及担保企业对其年薪薪酬制度都会单独对被解释变量 ω 产生影响，因此，为控制这些因素对激励强度影响，将它们设为控制变量，以利于单独考量本研究部分解释变量的影响。

6.3.2.2 变量的定义

解释变量、解释变量和控制变量描述如表 6-6 所示。

表 6-6　　　　　　　　　　**变量说明表**

变量符号		变量名称	变量的定义
被解释变量	JLQD	激励强度 ω_i	担保企业对总经理的激励强度。以总经理近 3 年的年薪取均值
解释变量	FXGB	总经理风险规避度 r_i	业务经理厌恶风险的程度。用 1~5 以此表示风险规避度的增加
	DDMG	总经理道德敏感度 m_i	$0 \leqslant m \leqslant 1$，1 表示完全有道德意识，0 表示完全没有道德意识
	NLBZ	努力的标准水平 s_i	担保企业对总经理行为方面的制度的规定。用 15 表示该标准的程度的高低
	SYDJ	担保企业收益的单位价值 t_i	用近 3 年平均承保担保笔数的担保企业“担保收入”均值表示
控制变量	XL	担保企业总经理学历层次	1 表示大专及以下学历，2 表示本科，3 表示硕士，4 表示博士
	CYNX	担保企业总经理担保管理工作从业年限	在担保行业工作的年限。
	JYYJ	担保公司年度担保成功率	用近 3 年的年担保成功率均值表示，可以从担保业务部获取数据 年度担保成功率=（年度已解除担保余额-担保损失额）÷年度已解除担保余额=1（代偿支出-收回代偿）÷年度已解除担保余额
	XCZD	担保企业对总经理的年薪薪酬制度	0 表示低激励薪酬制度，1 表示高激励薪酬制度

6.3.2.3　研究模型

基于以上理论分析和研究假设，本部分构建如下回归模型：

$$JLQD_i = a_i FXGB + b_i DDMG + c_i NLBZ + d_i SYDJ + f \cdot XL + g \cdot CYNX + h \cdot JYYJ + j \cdot XCZD + \varepsilon \quad (i=1,2,3) \tag{6-4}$$

在模型中下标 i 取 1，2，3，分别代表总经理职业道德、素质能力和责任感。本部分利用 SPSS16.0 软件，采用普通的最小二乘法进行回归，并采用标准参数 T 检验和 F 检验来确定影响因素相关的显著性。

6.3.3　实证结果及分析

6.3.3.1　描述性统计与变量 Pearson 相关系数

本部分运用 SPSS16.0 软件对研究数据进行描述性统计和各变量的相关性

分析，相关性分析结果见附录中的附表 4。需要说明的是，本部分研究的是各影响变量对总经理在职业道德、素质能力和责任感三个方面的激励强度问题。其中，变量 JLQD，FXGB，DDMG，NLBZ，SYDL 的下标 i=1，2，3 分别表示总经理在职业道德、素质能力和责任感三个方面情况下的激励强度、风险规避、道德风险、努力标准、担保企业收益的单位价值。表中括号的数据表示 i=2，3 的变量的取值。从附表 4 中可以看出，表中 Pearson 相关系数的符号表明其与研究假设预期基本一致；从 Pearson 相关系数数值来看，各项相关值绝大多数都在 0.3 以下，说明模型各变量之间不存在明显多重共线性，适合在同一个模型中进行多元回归。

6.3.3.2 回归分析

本部分通过使用分层回归的办法，分层依次在回归模型中置入控制变量和解释变量，以此检验对被解释变量的回归系数和显著性等统计指标。表 6-7 中的模型 1 和模型 2 分别表示在第 1、第 2 分层依次加入 4 个控制变量和 4 个解释变量后的回归模型。模型 3 和模型 4 则表示被解释变量为总经理素质能力方面的激励强度的回归模型；模型 5 和模型 6 表示被解释变量为总经理责任心方面的激励强度的回归模型。

表 6-7　各变量对被解释变量激励强度的多元回归系数

模型层级＼模型		激励强度 ω_1				激励强度 ω_2				激励强度 ω_2			
		模型 1		模型 2		模型 3		模型 4		模型 5		模型 6	
		B	t	B	t	B	t	B	t	B	t	B	t
1	(Constant)	16.928	5.262	31.937	2.517	16.928	5.262	26.493	2.555	16.928	5.262	22.197	2.352
	XL	0.011	0.632	0.028	0.619	0.011	0.632	0.050	0.812	0.011	0.632	0.006	0.018
	CYNX	3.181	4.156	2.945	7.800	3.181	4.156	2.989	2.795	3.181	4.156	2.719	1.002
	JYYJ	2.771	3.210	2.035	2.513	2.771	2.210	2.632	1.640	2.771	0.210	1.930	1.949
	XCZD	2.266	2.328	1.618	1.727	2.266	2.128	2.110	2.381	2.266	2.328	2.250	3.501
2	FXGB1			0.122	0.043			0.048	0.081			0.455	0.043
	DDMG1			5.887	5.642			5.193	5.533			5.447	5.998
	NLBZ1			1.853	1.883			0.911	1.841			2.477	2.959
	SYDJ1			3.004	3.472			3.124	2.475			3.006	2.811
	R^2	0.018		0.915		0.015		0.923		0.011		0.935	
	ΔF 显著性	0.000		0.000		0.000		0.000		0.000		0.000	
	VIF 最大值	3.079		3.791		3.079		2.704		3.079		3.871	
	DW 值			1.969				1.976				2.081	

各模型的回归结果解释如下：

（1）模型1：被解释变量为总经理职业道德风险下的激励强度 ω_1。模型首先把控制变量“学历”“工作年限”“担保成功率”和“薪酬制度”置入第一层，做与激励强度 ω_1 的回归。由模型1的VIF值为3.079<5，表明不存在共线性问题。模型2在模型1的基础上，置入表中4个解释变量作为第二层，再做与激励强度 ω_1 的回归。由模型2的各变量的系数可知，风险规避度变量的系数不显著，其余各变量系数的显著性均显著，假设 H_{1a} 没有被证实，H_{2a}、H_{3a}、H_{4a} 得到证实。在各解释变量，部门经理道德敏感度系数5.887最高，表明这个因素对激励强度的影响最大。模型2的拟合优度 R^2 的增加量为0.915，模型2的解释力增加89.7%，模型F值的显著性却没有发生改变，仍保持显著。VIF为3.791<5，基本不存在共线性问题。DW值为1.969≈2，不存在自相关问题。

（2）同理，模型4在模型3的基础上，置入表6-7中的4个解释变量作为第二层，再做与激励强度 ω_2 的回归。由模型4的各变量的系数可知，风险规避度变量的系数不显著，其余各变量系数的显著性均显著，假设 H_{1b} 没有被证实，H_{2b}、H_{3b}、H_{4b} 得到证实。在各解释变量中，部门经理道德敏感度系数5.193仍为最高，表明这个因素对激励强度的影响最大。模型4的拟合优度 R^2 的增加量为0.923，模型4的解释力增加90.8%，模型F值的显著性却没有发生改变，仍保持显著。VIF为2.704<5，基本不存在共线性问题。DW值为1.976≈2，不存在自相关问题。

（3）同理，模型6在模型5的基础上，置入表6-7中的4个解释变量作为第二层，再做与激励强度 ω_3 的回归。由模型6的各变量的系数可知，风险规避度变量的系数不显著，其余各变量系数的显著性均显著，假设 H_{1c} 没有被证实，H_{2c}、H_{3c}、H_{4c} 得到证实。在各解释变量中，部门经理道德敏感度系数5.447仍为最高，表明这个因素对激励强度的影响最大。模型6的拟合优度 R^2 的增加量为0.935，模型6的解释力增加92.4%，模型F值的显著性却没有发生改变，仍保持显著。VIF为2.081<5，基本不存在共线性问题。DW值为2.081≈2，不存在自相关问题。

6.3.3.3 稳健性分析

为考察回归模型的稳健性，本部分依次采取如下方法进行检验：①将模型的主要解释变量取值进行±1%、±5%、±10%扩大和缩小；②为避免特殊值对结果的影响，删除了各变量的最大值与最小值样本数据；③考虑模型中“学历”控制变量与激励强度的相关性偏低，删除了“学历”控制变量，再重新做回归。分别通过以上三种方法来检验模型的稳健性，结果表明原回归模型的主要解释变量的系数和 t 统计量以及显著性均未发生太大变化，假设的结果仍然与本部分研究结果一致，总体结论没有发生改变。限于篇幅，本部分没有给出检验结果。

6.4 培训工作中防控部门经理道德风险的激励与约束机制的实证分析

6.4.1 理论假设

为了检验第四章对部门经理激励约束数理理论模型分析结果的有效性，本部分通过实证研究来验证。基于部门经理分别持风险中性和风险规避的态度下（4-38）式和（4-42）式激励强度 β 的表达式，并结合以上各因素对激励强度影响趋势的分析，本部分提出如下假设：

（1）在部门经理持风险中性的态度下：

H_{1a}：随着部门经理传授担保知识的努力成本系数的增加，对其的激励强度应减小。

H_{1b}：随着担保企业拥有的担保知识量的增加，对部门经理的激励强度应增大。

H_{1c}：随着部门经理传授担保知识的责任感的提高，对其的激励强度应增大。

H_{1d}：随着部门经理传授担保知识的道德敏感度的增加，对其的激励强度应增大。

H_{1e}：随着部门经理传授担保知识的传授能力的提高，对其的激励强度应增大。

（2）在部门经理持风险规避的态度下：

H_{2a}：随着部门经理传授担保知识的努力成本系数的增加，对其的激励强度应减小。

H_{2b}：随着担保企业拥有的担保知识量的增加，对部门经理的激励强度应增大。

H_{2c}：随着部门经理传授担保知识的责任感的提高，对其的激励强度应增大。

H_{2d}：随着部门经理传授担保知识的道德敏感度的增加，对其的激励强度应增大。

H_{2e}：随着部门经理传授担保知识的传授能力的提高，对其的激励强度应增大。

H_{2f}：随着部门经理风险规避度的增加，对其的激励强度应增大。

H_{2g}：随着担保业务风险的不稳定性的增加，对部门经理的激励强度应增大。

6.4.2 研究设计

6.4.2.1 数据来源和变量的选取

2008 年 5~7 月和 2010 年 4~5 月，对中科智担保集团和湖南省担保协会下属担保集团企业（湖南省中小企业担保、常德财鑫担保、衡阳担保、湖南联合担保、浏阳担保等）近 40 家进行了调研。2012 年 10~12 月又对深圳高新投担保集团及其下属 20 余家担保集团企业和子公司进行了补充调研。调查对象均为担保公司的业务部门经理。调查通过匿名调查问卷获取研究数据。问卷调查总共发放量表问卷 650 份，回收的量表中有效份数为 602 份，有效回收率为 94.5%。

基于以上对激励约束机制的数理分析，并充分听取了湖南省担保协会担保业内人士的意见，本部分研究变量的选取和数据来源如下：首先，选取激励强度 β 为被解释变量，即各担保企业近 3 年的工资奖励数据取均值，再结合市场平均薪酬水平来推断激励强度，该指标的数据从各担保企业的财务报表中获取。其次，解释变量选取部门经理努力成本系数 γ，具体表现为各担保企业为培训而花费在部门经理上的费用支出。该指标数据可以从各担保企业的人力资源部获取。担保企业拥有的担保知识量系数 k 属于抽象的构念。通过对担保企业高管层访谈，由担保企业高管对本企业拥有和掌握担保知识情况做出主观判断，再打分确定。解释变量部门经理责任感系数的 d 和部门经理道德敏感度 m 两个变量也属于抽象的构念，从高管和业务经理两个层面分别对部门经理打分，取均值确定。解释变量部门经理传授担保知识能力 p，通过对担保企业资深业务部门经理访谈，了解到它主要取决于三个主要因素：部门经理学历层次、部门经理从事担保业务的年限、部门经理担保工作经验（可以通过自身操作担保业务的通过率间接表示）。这三个因素可以分别赋予不同的权重，取加权平均值。部门经理风险规避度 ρ，该指标的测量采用 Cadsby 等学者（2007）[123] 在其实验研究中所采用的博彩决策测量（量表参见附录中的附表 1，该方法最早由 Holt 和 Laury（2002）首创。通过担保公司部门经理填写此问卷获取数据。担保业务风险方差（担保风险变化的剧烈程度和稳定性）σ^2，则通过调查近 5 年担保市场上业务风险变化的情况，由担保公司高管集体判断打分，再取均值予以确定。最后，由于部门经理学历层次、从事担保业务的年限和担保企业所在地经济发展水平以及担保企业实行薪酬制度都会单独对被解释变量 β 产生影响，因此，本部分把它们的影响控制起来，将它们设置为控制变量。

6.4.2.2　变量定义

被解释变量、解释变量和控制变量描述如表 6-8 所示。

表 6-8　　变量说明表

变量符号		变量名称	变量的定义
被解释变量	ZXJJQD	激励强度 β_1	风险中性条件下的激励强度。以担保企业近 3 年的工资奖励数据取均值
被解释变量	GBJJQD	激励强度 β_2	风险规避条件下的激励强度。以担保企业近 3 年的工资奖励数据取均值
解释变量	NLCB	部门经理努力成本系数 γ	担保企业为培训而花费在部门经理上的费用支出。比如课程开发、备课、授课费用和福利
解释变量	ZSL	担保企业拥有的担保知识量系数 k	担保企业拥有和掌握担保知识程度，$0<k<1$
解释变量	ZRG	部门经理责任感系数的 d	$0 \leqslant d \leqslant 1$，1 表示完全有责任心，0 表示完全没有责任感
解释变量	DDMG	部门经理道德敏感度 m	$0 \leqslant m \leqslant 1$，1 表示完全有道德意识，0 表示完全没有道德意识
解释变量	CSNL	部门经理传授担保知识能力 p	部门经理学历层次，部门经理从事担保业务的年限，部门经理担保工作经验三者取加权平均值确定。
解释变量	FXGB	部门经理风险规避度 ρ	业务经理厌恶风险的程度。用 3、4、5 以此表示风险规避度的增加
解释变量	YWFX	担保业务风险方差 σ^2	担保业务风险本身的稳定性
控制变量	XL	部门经理学历层次	1 表示大专及以下学历，2 表示本科，3 表示硕士，4 表示博士
控制变量	CYNX	部门经理担保业务从业年限	在担保行业工作的年限。1 表示工作 3 年以下，2 表示工作 35 年，3 表示工作 5 年以上
控制变量	JJFZ	担保公司所在地区经济水平	1 表示所在地经济发展水平低，2 表示所在地经济发展水平中等，3 表示所在地经济发展水平高
控制变量	XCZD	担保企业薪酬制度	0 表示低激励薪酬制度，1 表示高激励薪酬制度

6.4.2.3 研究模型

为表示部门经理在风险中性和风险规避两种对待风险的态度，分别设置 β_1 和 β_2 为两种对待风险的激励强度。因此，构建如下两个回归模型：

$$ZXJJQD = a_1 NLCB + a_2 ZSL + a_3 ZRG + a_4 DDMG + a_5 XSNL + a_6 XL + a_7 CYNX + a_8 JJFZ + a_9 XCZD + \varepsilon \tag{6-5}$$

$$GBJJQD = b_1 NLCB + b_2 ZSL + b_3 ZRG + b_4 DDMG + b_5 XSNL + b_6 FXGB + b_7 YWFX + b_8 XL + b_9 CYNX + b_{10} JJFZ + b_{11} XCZD + \varepsilon \tag{6-6}$$

6.4.3 实证结果及分析

6.4.3.1 描述性统计与变量 Pearson 相关系数

运用 SPSS16.0 软件对研究数据进行描述性统计和各变量的相关性分析见附录中的附表 5。由于将要研究的两个模型的控制变量和大多数的解释变量是相同的，为节省篇幅，本部分把两个模型的描述性统计中的均值和方差以及变量之间的 Pearson 相关系数合并为一个表格。需要说明的是，第二个模型部门经理处于风险规避下的数据既包括表中有括号的数据值，也包括表中没有括号的数据值（第一行数据是括号内数据）。从附表 5 中的结果可以看出：表中 Pearson 相关系数符号表明其与研究假设预期基本一致；从 Pearson 相关系数数值来看，各项相关值绝大多数都在 0.3 以下，说明模型各变量之间不存在明显多重共线性，故适合在同一个模型中进行多元回归。

6.4.3.2 回归分析

本部分通过使用分层回归的办法，分层依次在回归模型中置入控制变量和解释变量，以此检验对被解释变量的回归系数和显著性等统计指标。表 6-9 中的模型 1 和模型 2 表示部门经理处于风险中性条件下，依次加入控制变量和解释变量对激励强度 β_1 的回归模型；模型 3 和模型 4 表示部门经理处于风险规避条件下，依次加入控制变量和解释变量对激励强度 β_2 的回归模型。回归结果如表 6-9 所示。

对四个模型的回归结果分析如下：

（1）模型 1，被解释变量为风险中性条件下的激励强度 β_1。首先把控制变量“学历”“从业年限”“所在地经济发展水平”和“薪酬制度”分别置入第一层，做与激励强度 β_1 的回归。由模型 1 的各变量的系数可知，“从业年限”对激励强度影响程度最大。VIF 值为 $3.498<5$，不存在共线性问题。

表 6-9　各变量对被解释变量激励强度的多元回归系数

模型层级		风险中性下的激励强度 β_1				风险规避下的激励强度 β_2			
		模型 1		模型 2		模型 3		模型 4	
		B	t	B	t	B	t	B	t
1	(Constant)	11.128	13.813	4.961	7.623	14.128	17.536	18.166	11.157
	XL	2.885	4.219	1.485	4.002	3.085	4.429	2.685	3.298
	CYNX	6.895	10.333	3.026	7.991	7.195	11.013	6.610	5.055
	JJFZ	2.230	3.857	0.224	1.039	2.830	3.997	2.181	3.003
	XCZD	2.557	3.955	1.794	3.808	2.957	4.155	2.257	3.605
2	NLCB			3.431	6.910			3.014	6.066
	ZSL			2.569	3.800			2.310	3.737
	ZRG			5.869	8.073			8.259	11.727
	DDMG			5.258	8.071			8.217	10.705
	CSNL			6.623	9.647			5.861	8.731
	FXGB							0.046	1.214
	YWFX							0.072	1.005
3	R^2	0.101		0.909		0.117		0.923	
	ΔR^2	0.101		0.808		0.117		0.806	
	Adj R^2	0.088		0.219		0.108		0.242	
	ΔF 显著性	0.000		0.000		0.000		0.000	
	VIF 最大值	4.498		4.741		4.512		4.908	
	DW 值			1.811				2.142	

（2）模型 2，在模型 1 的基础上，置入 5 个解释变量作为第二层，再做与激励强度 β_1的回归。由模型 2 的各变量的系数可知，各变量系数的显著性均保持显著，假设 H_{1a}、H_{1b}、H_{1c}、H_{1d}、H_{1e}得到证实。在各解释变量中，部门经理传授能力，道德敏感度和责任感系数最高，表明这三个因素对激励强度的影响程度最大。模型 2 的拟合优度 R^2的增加量为 0.909，模型 2 的解释力增加 80.8%，模型 F 值的显著性却没有发生改变，仍保持显著。VIF 为 4.471<5，基本不存在共线性问题。DW 值为 1.811≈2，不存在自相关问题。

（3）模型 3，被解释变量变更为风险规避下的激励强度 β_2。首先把 4 个控制变量置入模型第一层，做与激励强度 β_2的回归。由模型 3 的各变量系数可知，“从业年限”对激励强度的影响程度最大。VIF 值为 4.512<5，不存在共线性问题。

（4）模型4，在模型3的基础上，置入7个解释变量作为第二层，再做与激励强度 β_2 的回归。由模型4的各变量的系数可知，各变量系数的仍为显著，假设 H_{2a}、H_{2b}、H_{2c}、H_{2d}、H_{2e} 得到支持。风险规避度和担保风险稳定性对激励强度 β_2 回归系数不显著，假设 H_{2f} 和 H_{2g} 没有被支持，上文数理分析中，风险规避度和担保风险稳定性与激励强度正相关的是有条件的命题被证实。在所有变量系数中，部门经理传授能力最强，道德敏感度最高，责任感系数最大，表明这几个因素对激励强度的影响程度最大。模型4的拟合优度 R^2 的增加量为0.923，模型4的解释力增加80.6%，模型F值的显著性却没有发生改变，仍保持显著。VIF为4.908，基本不存在共线性问题。DW值为2.142≈2，不存在自相关问题。

6.4.3.3　稳健性分析

为考察回归模型的稳健性，本部分依次采取如下方法进行检验：①将模型的主要解释变量取值进行±1%、±5%、±10%扩大和缩小；②为避免特殊值对结果的影响，删除了各变量的最大值与最小值样本数据；③考虑模型中“学历”控制变量与激励强度相关性偏低，删除了“学历”控制变量，再重新做回归。分别通过以上三种方法来检验模型的稳健性，结果表明原回归模型的主要解释变量的系数和t统计量以及显著性均未发生太大变化，假设的结果仍然与本部分研究结果一致，总体结论没有发生改变。限于篇幅，本部分没有给出检验结果。

6.5　本章小结

本章借鉴了已有的研究成果，对第三、第四章与“人和组织”道德风险有关问题进行了实证研究，证实或证伪了第三、第四章数理模型的有关结论，得出如下研究结论：

（1）针对基于团队道德风险模型的担保集团对子公司内部控制机制的实证研究。研究表明，担保集团对子公司薪酬制度会正向促进子公司业务能力对与集团对子公司激励强度的影响；同时，如担保子公司发生风险代偿案，随着子公司分摊代偿比例的提高，集团对其的激励强度反而应予以减小。而随着担保业务风险变动剧烈和子公司本身对风险规避度的增加，集团应加大对子公司激励的强度。

（2）针对基于两阶段道德风险模型的子公司业务经理的激励约束机制的

实证研究。研究表明，业务经理在尽职调查阶段，当业务经理的道德敏感度在一定范围之内，随着业务经理道德敏感度的增加，对其的激励强度应增加；随着审核通过率的增加和跨阶段的外部效应的增加，对业务经理的激励强度应减小；随着风险规避度和担保风险的增加，以及当业务经理道德敏感度过低或过高时，对业务经理的激励强度的变化并不确定；在保后监管阶段，随着业务经理道德敏感度、保业务审核率、跨阶段的外部效应、风险规避度和担保风险的增加，对其的激励强度也应予以增加。

（3）针对基于单一信息的道德风险模型对担保子公司总经理在招聘中道德风险防控的实证研究。实证研究表明，随着总经理的风险规避度的提高，对其在职业道德、素质能力和责任心方面的激励强度并不确定；随着总经理道德敏感度的增强和担保企业收益的单位价值的提高，对其在职业道德、素质能力和责任心方面的激励强度应予以增加；随着担保企业对总经理制定的职业道德、素质能力和责任心方面的努力标准的提高，对其在这三方面的激励强度应减小。

（4）针对基于信息不对称条件下担保企业部门经理知识转移的激励约束机制的实证研究。实证研究表明，无论部门经理处于风险规避还是风险中性，随着部门经理努力成本系数的增加，对其的激励强度应递减；随着担保企业的担保知识量系数的增大，部门经理的责任感系数的增大，道德敏感度以及传授担保能力的增强，对其的激励强度也应增大，表明该结论与部门经理对待风险的态度无关。在部门经理处于风险规避的条件下，随着风险规避度的增加，担保风险变化剧烈程度加剧，对其的激励强度则难以确定。

7 担保集团内部控制模式研究

担保行业属于高风险性行业，建立健全有效的内部管理控制体系是担保集团企业保持稳健的可持续性发展的客观需要。根据管理学中的管理权变理论，即管理模式的好坏关键是适合于特定的企业，并没有普遍适用于任何企业的管理模式。因此，管理模式的变革应紧紧结合担保行业的特点，所采用的模式应能避免中科智担保集团在以前经营中现有模式已暴露出来的问题，并能有效促进整个集团的发展。

基于前几章对担保集团内部控制机制理论的规范性分析、数理分析、案例研究及实证分析，并针对担保集团内部控制中存在的突出问题，本章提出如下五种相应的内部控制的创新模式：①担保集团内部治理模式；②担保集团与子公司的集分权模式；③担保子公司高管层的决策模式；④担保子公司“业务链”上的人员风险防控模式；⑤担保子公司“聘训用”工作模式。

7.1 担保集团的内部治理模式

目前，国内担保集团在内部公司治理方面可能存在的主要问题是，由于在公司治理结构上集团股东在子公司层面的缺位以及子公司本身的监事会的缺失，在公司经营管理层高层人员配备方面和高层决策模式方面均缺乏制衡机制，从而导致子公司的公司治理结构不完善，特别体现在对经营管理层的权力制约机制的不完善。

7.1.1 担保集团的内部治理模式

为解决集团股东在子公司缺位的问题，以及集团对下属子公司监督的问题，建议采取“自然人股东”模式和完善监事会与区域评审官制度。

7.1.1.1 “自然人股东”模式

针对集团股东缺位的问题，可以借鉴长沙联合担保集团公司的做法，采用“自然人股东”的模式。即以几个具有独立法人的担保企业通过组织调整行为组建担保集团，它并不改变原担保企业的股东及股权结构。通过集团统一向银行争取授信，再将授信额度分给下属子公司。子公司在其授权范围内所做业务的利益主要由子公司享受，发生的风险损失也主要由子公司自己承担；而由集团公司审批业务的收益由集团与子公司按比例分享，发生的风险损失也由集团与子公司按比例承担。这样能够有效地处理好子公司与集团之间利益分享与风险分担关系[126]，有利于调动子公司的积极性，提高业务效率。同时，由于自然人股东直接参与子公司经营运作，有利于控制担保风险。

7.1.1.2 完善集团和子公司的监事会

如果担保子公司监事会的功能也是缺失的，除完善其功能外，还可以考虑到集团下属各子公司的股东基本上都是相同的股东，都集中在集团。因此，这些集团股东面临如此多子公司的监事会或监事的直接领导工作，可能难以履行好这方面的职责。所以，可以将这项职责委托给一个专门机构，如类似于董事会办公室的机构，如集团监事办公室，由其专门负责这项工作，并通过两个途径进行有关事项的落实与处理：一个途径进一步向股东会汇报；另一个途径向集团各有关管理中心进行情况通报。

7.1.1.3 完善区域评审官制度

如果集团执行董事制度并不是建立在真正的“三会”治理的基础之上，再加上没有完善的制度指引，这样执行董事在子公司层面就难以发挥应有的作用。因此，集团在子公司可以设立类似于区域评审官岗位，它取代了执行董事职能，它直接受集团领导，对风险防控起到一定的作用。此外，除对业务风险进行监督控制外，还可以拓展区域评审官的职责范围，比如监督总经理及高管层的经营决策行为是否合规等。

7.1.2 担保子公司的内部治理模式

担保集团与各子公司应朝着强化约束机制的条件下，向子公司进一步适度分权的方向趋近，并进一步强化或提高子公司的公司治理结构要求。

7.1.2.1 吸收当地股东的模式

根据委托代理理论，委托代理链越长，就越容易发生道德风险问题。因此，为解决集团股东难以在子公司层面到位的难题，可以考虑异地的子公司采取分散股东的做法，从当地吸收股东，由当地股东参与到子公司的经营管理中来，对重大问题参与决策及加强对子公司高管的监控。

7.1.2.2　完善子公司执行董事制度

变通《中华人民共和国公司法》中有关执行董事的基本定位，按监督职能方向定位，即类似于监事或监事长的地位进行定位。这一方式下，是将执行董事仍然冠以执行董事的名义，但履行的职责实际上是监事或监事长的职责。这一方式下，同样需像完善监事会或监事制度方案一样，明确其监督之职并在集团层面需建立专门的机构或赋予现有某一机构，如董事会办公室，来专门负责全集团各子公司执行董事的汇报及反映问题的处理工作等。

7.1.2.3　完善子公司监事会

由于集团各子公司的股东基本相同，并集中在集团层面，集团股东和董事在子公司层面缺位短时间难以有效解决。所以，可以通过完善子公司的监事会的功能来加强对子公司高管的监督。具体做法如下：必须明确监事通过参与子公司有关经营管理决策工作过程、履行决策的工作过程等方面的权力，从而在这些过程中行使监督职权。公司的监事会或监事，可以通过各种合适的方式介入到公司层面的各种事前的决策会、事中的检查与监督、事后的工作总结与检查等，更适合于其他各项管理工作，也容易实现对其他管理工作的事前、事中、事后的监督工作。

7.1.2.4　完善子公司高管配备方式

根据第五章的案例研究及担保业内人士的实践经验，本书认为“总经理领导下的担保企业经营团队的民主集中制度”的配备方式更适合目前我国担保集团下属子公司的实际情况。此外，还可以将完善副总经理配备方案作为补充措施。只有以民主集中制决策模式作为基础，以副总经理作为主要经营管理者之一，才能在民主集中制决策方式中起到一定作用。

7.2　担保集团与子公司的集分权模式

由第五章的案例研究可知，为有效防控担保风险，对于担保这类高风险性的集团化组织，适宜采取矩阵式结构，即集团的经营管理中心、风险控制中心、审计中心和综合管理中心对下属各子公司的相应部门有纵向指挥权，同时，这些子公司部门也接受子公司的管理。在实际运作中，有关市场营销权限、业务管理权限、人力资源管理权限和资金管理权限是以集团的纵向管理为主，还是以子公司的横向管理为主，取决于行业经营管理运作特点和一种模式在实践中的实施效果情况。

7.2.1 集团与子公司集分权的流程再造模式

（1）以客户为中心确立扁平化、集中化、垂直化、专业化的事业部制组织体系，并建立以矩阵式的业务条线垂直运作与管理为主的组织架构管理模式。

第一，形成企业融资担保模块等业务条线模块以纵向事业部管理为主的组织架构模式。集团下设各担保业务事业部，各事业部以条线管理为主，即事业部总部对各子公司的同类业务部门形成以条线管理为主的模式。

第二，各事业部形成相对独立的人事权、财务权和业务权的集团（事业部）与各子公司上下直接隶属关系的条线模块。即：以各个事业部为利润中心，按照“责、权、利匹配原则”，各事业部必须被授予相对独立的人事权、财务权和业务权。各事业部总部与各子公司同类业务部门形成“责、权、利共同体”，亦即形成以条线为主的责、权、利共同体。

（2）根据“前中台相互分离、相互制约”原则，形成“前台前移、中台上收、后台集中”的管理模式。

第一，前台的各个模块（包括企业融资担保模块、个贷融资担保模块、履约担保模块）运作在各子公司，但仍然是以纵向事业部管理为主的模式；前台的具体工作包括产品和服务的营销工作和客户经理的尽职调查工作等业务拓展与业务操作工作。

第二，中台风险管理、会计核算与财务管理集中到集团和各事业部层面。中台的风险管理和财务管理模块基本上采用集团集中管理、对业务条线（各事业部）和各子公司派驻风险经理的矩阵式管理模式。

第三，“后台集中”就是将各子公司的各业务系统（各事业部的业务）的后台运作处理，集中到集团或一个成本较低的地域中心进行处理，或直接进行业务外包处理，进行集中处理后再传回到各子公司。从而形成由后台进行产品及服务的集中处理，并向前台、中台提供支援及服务的后台集中管理模式。

（3）各子公司的运作模式——构筑为一线服务的平台模式。

第一，子公司的两大基本功能定位。

基本功能之一：拓展业务和操作业务的业务一线功能，即隶属各事业部的各业务部门体现其业务运作的功能，并突出“一线为客户服务”的基本职能。

基本功能之二：为业务拓展和业务操作（部门和人员）提供服务的功能，即非一线的部门和人员（包括市场部、综合部门、后台操作人员等部门和人员）主要在子公司负责人的领导下为一线部门和人员提供服务。

第二，将子公司构筑成矩阵式管理模式中的基础平台。

由于子公司内部各业务部门以条线管理为主，并且各业务部门的绩效考核也是以条线的事业部为主，因此，子公司的其他部门应充分体现“二线为一线服务”的功能，构筑好为一线服务的平台。

(4) 构筑科学、合理的绩效考核体系，以及建立职责分工明确和严格、明确的问责制，完善激励与约束机制。

第一，各事业部作为“利润中心”定位，而各子公司内部的各业务部门已划到条线事业部中去，作为二线的各非业务部门只能通过“二线为一线服务”的方式提取“服务费”得到内部收入，因此，也可以作为“利润中心”定位。

第二，建立职责分工明确和严格、明确的问责制，并建立科学合理的绩效考核体系。

7.2.2 担保集团对子公司内部控制的管理方式

7.2.2.1 制度控制模式

集团通过制定制度和执行制度对下属子公司进行控制成为集团内控主要手段之一。将各项制度修改、设计流程及权限确定纳入规范范围内，强化“制度为组织运作中的最高准则”“制度管理人的规则”“制度的严肃性”等原则，并使制度设计与完善环节起到应有的控制效果。为此，应将制度修改的必要性、时效性、时机性、流程性、修改权限划分做出明确规定。

同时，在制度建设中也要强调适当的集分权，采用“强调与集团集权相吻合的在主要制度（上层制度）的制定权，保证在上层制度指导与约束条件下并与子公司分权相吻合的子公司层面的制度制定权；既突出子公司的制度细化完善的自主性——自主权，同时必须强化集团对制度设计、修改的监督与指导作用——监督权；在不同层次人员的分级管理权限——分级管理权和集团在相应管理制度上统一规范化管理——统一规范权”的基本原则。各层级对应的制度设计修改权限及关系如图 7-1 所示。

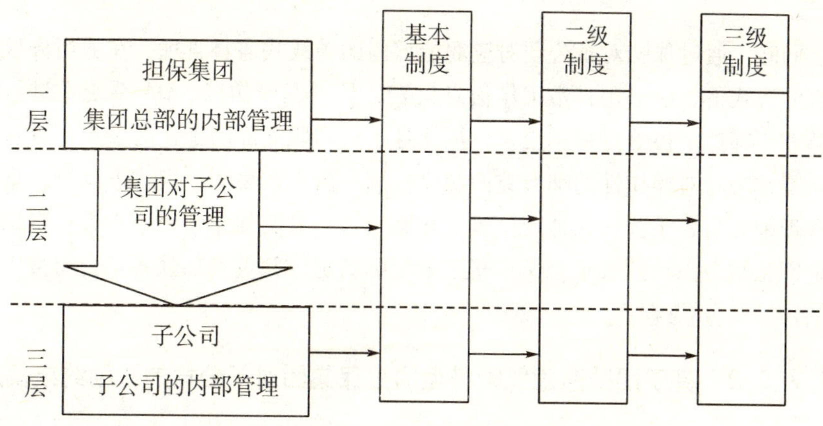

图 7-1 各层级的制度设计权限及关系示意图

（1）在第一层面，即担保集团总部的内部管理方面的制度制定权限及关系中，由集团确定基本制度以及二级制度，三级制度的设计与修改权限则由集团各二级部门根据集团制度要求及本部门情况制定。

（2）在第二层面，即集团对各子公司的管理制度制定权限及关系中，由集团确定基本制度，并由集团确定二级制度的主要方面，再由集团各职能部门根据集团制度要求及本部门对各子公司管理的情况补充和完善某些制度；三级制度则由集团各二级部门根据集团制度要求及本部门对各子公司管理的具体情况确定有关制度。

（3）在第三层面，即子公司的内部管理方面的制度制定权限及关系中，由集团确定各子公司管理模式的基本制度；并由集团确定各子公司二级制度的主要方面，再由各子公司根据集团制度要求和自身情况选择某种制度或/和补充、完善某些制度；第三层级的制度则由各子公司根据集团制度要求及自身经营运作的具体情况确定有关制度。

根据上述基本规则，确定好集团、集团各管理中心、各子公司三个层次在一级制度、二级制度和三级制度制定与修改的权限，以及各级制度之间的上下级层级关系等。

7.2.2.2 监督控制

集团各管理中心对各子公司高管层的监督管理方式方法，通过对子公司治理结构模式实施情况的监督检查，反映子公司是否在有效的公司治理结构下运行。通过对子公司经营班子决策模式，高管领导模式实施情况的监督检查，反映其高层决策是否以民主集中制决策方式为主以及是否采取了科学的领导方式。

同时，通过加强对子公司对应职能部门的条线式监督管理，在适当分权与集权的模式下，应采用日常工作信息报表、员工调研访谈、OA 系统上进行问卷调查、邮件举报等方式相结合，抓住各子公司职能部门工作的重点，进行指导监督，同时对操作性的细节方面减少控制。由于在集团化模式下运行，集团各管理中心与各子公司在地理位置上相距较远，需要强化集团中心人员定期和不定期相结合深入到各子公司调研了解实际情况，并重点加强各子公司报表信息的指导监督管理。

7.2.3　基于团队道德风险模型的担保集团对子公司的激励约束模式

基于第三章的团队道德风险模型的担保集团的激励约束机制的数理分析及第六章的实证分析，其研究结果对集团内控模式的实践启示如下：

7.2.3.1　合理运用薪酬制度对子公司的激励强度的调节作用

由第五章的数理模型的分析可知，薪酬制度对于担保集团子公司业务能力与担保集团对子公司的激励强度之间的关系具有正向调节作用。那么，在实行高激励薪酬制度的担保企业集团，若担保子公司业务能力的增加，担保集团对子公司的激励强度也应增加；而在实行低激励薪酬制度的担保企业集团，若担保子公司业务能力的增加，则担保集团对子公司的激励强度反而应有所减小。在第五章介绍过，担保子公司业务能力的增加具体表现为“在保余额”的增加。该指标反映了在报告期末已经担保的、尚未解除担保责任的、也未发生代偿的担保金额。而实行高激励薪酬的担保集团，一般经济实力都比较强，担保子公司业务能力增强表明子公司为集团创造的价值也在增大，理应增加对其的激励强度。而在实行低激励薪酬制度的担保集团，不能仅因为担保子公司的业务能力的增加，就增加对其的激励强度，而更应关注在所有的担保业务中有多少业务顺利解保。这时适当减少对其的激励强度主要用意在于促使其加强后续保后的监管工作，使担保业务尽快顺利解保。同时，也可以起到降低成本的作用。

7.2.3.2　合理运用子公司代偿比例对子公司进行激励

由第五章的数理模型的分析可知，无论在实行高激励薪酬制度还是低激励薪酬制度的担保企业集团，若发生担保风险代偿，则随着担保子公司分摊代偿损失的比例增加，集团对子公司的激励强度都应减少。这是因为担保风险代偿的原因可能是多方面的，可能是担保市场风险的变化，也有可能是受保企业经营恶化等。正是因为如此，担保集团一般都会分摊一部分代偿风险损失，只是随着代偿金额的大小，分摊代偿损失的比例不同而已。担保子公司分摊代偿的比例的增加，说明代偿损失的金额较大，根据“担保收益与风险损失对等”的原则，故应减少对其的激励强度。

7.2.3.3 规避业务风险剧烈变动减缓风险规避度以激励子公司

由第五章数理分析可知，随着担保业务风险变动剧烈程度和风险规避度增加，集团对子公司的激励强度应增加。无论在实行高激励薪酬制度还是低激励薪酬制度的担保企业集团，随着担保业务风险变动剧烈程度的加大和担保子公司风险规避度的增加，集团对子公司的激励强度均应增加。前者大多是因为担保市场环境的变化导致担保业务风险本身变动的加剧，它通常会使得集团担保子公司出于自身利益的考虑而变得保守，不愿冒一定担保风险开展业务；后者是因为种种原因导致子公司不愿承担较多的担保风险。因此，为了促使担保子公司业务开展和业务通过效率的提高，应对其加大激励力度。

7.3 担保子公司高管层决策模式

第五章案例研究的基本结论之一是：总经理领导下的经营团队实行民主集中制要优于总经理个人负责制。因为完全的总经理个人负责制就是失去了任何制衡作用，就是完全没有制衡作用；增加配备了执行董事或副总经理，就会增加制衡作用；参与制衡作用的人越多（如民主集中制），其制衡效果就越好。

7.3.1 不同决策事项应遵循的原则

（1）民主集中制原则。这一原则案例研究充分说明各子公司应选择民主集中制决策方式。

（2）效率原则。决策工作在强调其决策的科学性和正确性的同时，还应强调决策的效率性原则。

（3）分级决策原则。子公司日常经营工作中需要决策的事项较多，如果不论事项的轻重缓急都需要提交到高层研究和决策，也许不仅难以达到“效率原则”，而且会增加高层不必要的工作量，并影响其关注重点工作。

（4）区别运用程序化决策与非程序化决策方式。

（5）决策过程的流程性与反复性。在采用民主集中制的决策方式下，有些决策事项需要自上而下、自下而上的多次讨论和征求意见，甚至有多次的反复征求意见与讨论过程。

要满足上述五项决策原则，就应采取“对不同决策事项采用不同决策模式”的决策方式。

不同决策模式主要有：部门经理听取意见后的个人决策、部门内全体员工参与的民主集中制决策、总经理听取相关部门和人员意见后个人决策、公司经营班子民主集中制决策、公司全体员工（或部分员工代表）参与的民主集中制决策。

因此，对于重大事项、较复杂事项往往需要采用上述多种决策方式进行组合，才能保证决策的科学性、正确性与可行性。

7.3.2 不同决策事项及决策的模式

根据上述五项决策原则来确定不同决策事项采用不同决策模式及其组合决策模式的具体方案。

7.3.2.1 子公司的发展规划、年度计划的确定模式

（1）应采用民主集中制的决策方式。

（2）具体决策过程，应采取自上而下、从下至上的决策流程过程。

下面以年度计划制订的过程为例加以说明：

第一，根据集团下达给公司的年度计划指标，由总经理在经营管理团队中初步征求有关计划任务指标分解到有关业务部门，将配套的有关职能管理方面的计划任务指标（如相应的人员编制指标等）分配到各职能管理部门的意见。

第二，由各部门在部门内征求意见，或进行必要的讨论，并做出年度工作计划的初步建议，提交给公司。

第三，由综合管理部门将各部门初步计划进行初步平衡。

第四，在总经理的主持下，经过经营管理团队进行充分的讨论，就各部门应完成的计划任务、相应的措施，以及公司应给予的必要的支持条件予以明确，形成正式文件。

第五，将经过经营管理团队讨论确定的计划文件，交由全体员工征求意见、讨论，并修改后形成正式文件；或由员工代表参与经营管理团队的决策过程。

第六，以公司正式文件颁发执行。

子公司的发展规划的制定过程，与上面的流程过程类似。

7.3.2.2 人力资源管理方面事项的决策模式

关于人员“聘训用”的决策模式，具体参见本章的6.5节。

7.3.2.3 市场营销与拓展方面事项的决策模式

该模式主要包括营销模式、营销计划、营销费用的使用方案等，均应在先

征求业务部门员工意见的基础上，再由经营管理团队采用民主集中制决策方式确定。

具体的营销事项的落实、推进，各相关部门经理对部门内的具体营销工作在部门内征求意见，并进行必要的部门之间的协调后进行决策。

7.3.2.4 业务管理方面事项的决策模式

该模式主要包括业务部门的设置模式（大部门制或多部门小部门制），业务来源在各部门间的分配方式、在部门内的分配方式，均应在先征求业务部门员工意见的基础上，再通过经营管理团队采用民主集中制的决策方式加以确定。

业务部门内的业务来源分配、业务管理的有关决策由部门经理在部门内征求意见，并进行必要的部门之间的协调后进行决策。

7.3.2.5 风险控制方面事项的决策模式

该模式主要包括风控制度执行情况的调查与修订，评议会评委人选的推荐与确定，保后监管中委派驻被担保企业的专职监控人员（包括公司内员工和外聘员工）的人选及相应的监控方案，出险案的处置方案及相关人员的处理方案等事项，均应在风控部门及相关部门（综合管理部）提出初步方案或意见的基础上，再通过经营管理团队采用民主集中制的决策方式加以确定。

具体业务风险防范与控制制度执行的组织、落实与监督、检查，以风控部门经理具体负责并进行必要的决策。对制度规定需通过流程，或通过口头、书面向上级汇报的，必须汇报并由上级决策。

7.3.2.6 资金管理方面事项的决策模式

该模式主要包括运行成本、各项费用的具体安排方案、计划，须根据“责、权、利相匹配原理”的要求，与相应的工作任务计划相配套。该模式应在总经理的组织领导下，由财务部门牵头组织各有关部门（如业务部门、综合管理部）进行研究、讨论、提出初步方案，再由经营管理团队采用民主集中制决策方式确定。

7.3.2.7 新产品研发事项的决策模式

该模式主要包括根据集团有关新产品研发的指导文件，结合本子公司实际情况，制订有关新产品研发计划、具体方案，以及有关人员组织及相关工作的组织、支持条件、奖励措施等事项的确定。通常该模式应在总经理的组织下，召集相关部门，如业务部、市场部、综合部等，进行研讨提出初步方案，再由经营管理团队采用民主集中制决策方式确定。

7.4 担保子公司“业务链”上的人员风险防控模式

7.4.1 担保业务主要环节的人员风险防控模式

根据第四章对业务链上各主要环节可能发生人员风险的分析，本章采取措施对这些可能发生风险的关键点加以防控。

7.4.1.1 “尽职调查”环节

如下调查方式可以最大限度地杜绝道德风险问题：业务经理A角先期对客户企业进行调查后，风控经理B角以独立的身份对客户企业再次调查，然后双方单独出具调查报告。为防止A角和B角串谋，根据担保额度的大小，子公司的部门经理、总经理和区域评审官再次前往客户企业进行调查。另外，在担保业务链上，在不影响业务链上评审人员本职工作的前提下，需要对担保承担风险损失责任的人员都要尽量参与调查，甚至包括股东。

7.4.1.2 “子公司评议会”环节

（1）评委会委员组成。每次参加评议会的人数一般不能少于五人。评议会委员一般包括子公司总经理、资深业务经理、业务部的部门经理、风控部的部门经理以及财务部经理等中层以上人员。

（2）评议会召开的时间次数与表决。从把控担保风险的角度，担保子公司应根据业务量的大小决定召开时间和次数是采取定期化，还是不定期化，并应给予制度化。如果业务量比较大，评议会召开的次数和时间应该多些。半数评委投赞成票才算通过。

（3）担保额度授权。对于高于额度的担保业务，除子公司评议会通过外，必须提交集团评审会再次审查。出于担保风险控制的需要，集团对于下属子公司操作的业务都有额度限制。对于高于额度的担保业务，除子公司评议会通过外，必须提交集团评审会再次审查。

（4）对评委的激励约束。根据权益和风险承担对等的原则，一方面应根据项目通过率给予评委们一定的经济激励；另一方面为促使评委认真审核，对于项目在通过后出风险的项目对有关责任评委要予以一定的经济处罚。

（5）评议会的效果评估。子公司评议会和集团评审会的项目通过率是否基本一致，以及评议书的质量是判别担保子公司评议会质量和评委水平的一个重要指标。若子公司评议会通过率与集团评审通过率相差过大，则有必要对有关责任评委的资格进行评估，确实不能胜任评委工作的人员应取消其评委资格。

7.4.1.3 “集团评审会”环节

出于防控担保风险的需要，对于担保额超过集团授权的担保额度的大项目则必须提交集团评审会进行再次评审。

（1）集团评委的组成：评审会的评委必须经考试和面试才能取得评委资格，而且应从具有丰富担保工作经验的资深专家中选拔。子公司的区域评审官（集团委派对业务进行监督的人员）自然成为评委之一。

（2）评审会召开的时间和次数与表决。集团评审会也应对评审会召开的时间和次数予以规定，每周定期召开若干次评审会。每次评审会至少应有5位评委专业参会，半数以上表决通过才予通过。如果担保额在1 000万元以上的项目，评审会负责人必须参加评审。评审会召开的时间次数与表决的制度化从一定程度上防控担保业务的风险。申报该项目的业务经理和风险控制经理以及该子公司的区域评审官必须参会。

（3）评委的激励与约束。应对评委适度的激励，同时为了对评委行为应有所约束，可考虑由子公司给集团评委评分，以此评价其工作业绩，促使集团评委尽职尽守。

（4）集团风控中心与子公司对项目风险控制的权力平衡。集团对于项目风险的纵向控制和子公司由于业绩考核压力而对项目的举荐，这两者之间会产生矛盾，甚至会导致集团和子公司之间的激烈冲突。因此，集团应在控制担保风险的前提下，提高项目的通过率。因为控制风险的最终目的还是要提高项目通过率，才有利于集团的发展。

7.4.1.4 “担保业务中期”环节

应成立专门的项目后续操作部，如出具担保承诺函、签署协议及合同流程，并促使银行办理放款等项目工作由专人处理。使得业务经理和风险控制经理能够专心于前期的调查和评审工作。

7.4.1.5 “保后监管”环节

专职保后监管经理主要负责保后监管工作，业务经理协助其工作。这种方式的优点在于可以防范因A角前期有可能存在人员道德风险问题。此外，业务经理协助其也有利于维护客户关系，顺利解保。

7.4.2 基于担保两阶段道德风险模型的业务人员道德风险防控模式

根据第四章的基于两阶段道德风险模型的业务人员激励约束机制，本书认为担保企业在业务链中对业务经理的激励约束机制对人员风险防控模式的实践启示如下：

（1）对于业务经理的道德敏感度而言，在尽职调查阶段，当业务经理的道德水准低于某一水平时，担保企业应减少对其的业务奖金的激励强度，以示惩罚；而在保后监管阶段，当业务经理的道德水准高于某一水平时，担保企业应减少对其的解保奖的激励强度，以节省人员成本。因此，对于业务经理，要想获得最优的激励，其道德风险敏感度应维持在一个合适的范围内，道德敏感度过低或过高都对己不利。

（2）对于担保业务审核通过率而言，在尽职调查阶段，随着业务经理受理的担保项目审核通过率的提高，由于业务经理可以从诸多个审核通过的担保业务中提取业务奖金，因此，担保企业对单笔业务奖金率可以适当调低，以节省总体的人员成本。而在保后监管阶段，为使得担保业务顺利解保，需要业务经理持续关注担保业务，因此担保企业应适当调高担保业务的解保奖金率，以激励其继续付出努力。

（3）对于业务经理的外部效应（尽职调查阶段工作对保后监管工作的影响）而言，担保企业在业务开始前致力于改进业务经理的道德风险而务必要投入成本。在尽职调查阶段，业务经理如果提高了道德水准，就会杜绝含有担保风险隐患的劣质项目进入后续的审核阶段，这虽然使得担保项目通过率有所降低，但是也减轻了后面阶段的监管压力和难度，这种第一阶段对第二阶段影响的程度越大说明担保公司前期的投入也应越多，因此，在尽职调查阶段可适当降低对业务经理的业务奖金率。而在保后监管阶段，上述这种致力于改进道德风险的努力也能够增加保后监管阶段的改进道德风险的需求，随着这种影响程度的增加，担保企业应增加对业务经理的解保奖的激励强度，以预防业务经理在第二阶段懈怠于担保责任或发生败德行为，同时也促使其继续付出努力，使得担保业务顺利解保。

（4）对于业务经理的风险规避度和担保风险稳定性因素。在尽职调查阶段，业务经理对风险的态度和担保业务风险的稳定性与担保企业对其的激励强度相关性不确定。也就是说，不能因为业务经理是风险偏好的或担保风险是不稳定的，就一定增加对其的业务奖金率的激励强度。而在保后监管阶段，由于业务经理同时操作的业务往往不止一项，因此很有可能更多关注处于审核的担保业务，而忽略对已经处于保后监管的业务的监管。那么此时的业务经理对待风险的态度容易趋向保守的风险厌恶，因此，随着业务经理风险规避度的增加有必要降低解保率的激励强度，以警示其要关注处于保后监管阶段的项目。或者在这一阶段，为警示业务经理关注受保企业担保业务风险大的变动，这种变动往往预示着受保企业本身经营状况的突然恶化，因此有必要调低解保奖金率的变化。

7.5 担保子公司“聘训用”工作模式

在担保子公司“聘训用”工作中所体现的主要问题集中表现在：子公司总经理的权力过大，这需要对其权力予以约束。因此，可以通过集体决策的方式，设立担保子公司人力资源委员会来减少，甚至杜绝相关问题。设立这个常设机构主要是为了在人员“聘训用”等各方面，通过集体把关的作用，行使相应的决策权，对“招聘人、人员素质能力的提升和人员的配置使用”方面予以规范。这一机制也与子公司的风险承担制度相吻合，同时也是子公司经营管理团队作为“利益与风险承担共同体”的重要体现。

7.5.1 人力资源管理委员会

下面对担保子公司人力资源管理委员会的功能、职责、委员会人员组成，议事决策规则，权力分配和责任承担介绍如下：

7.5.1.1 人力资源管理委员会的功能与职责的确定

人力资源管理委员会是有关人力资源管理的最高权力机构。其职责是依据集团与子公司有关“聘训用”的各项制度与规则，按照分级管理的权限对子公司“聘训用”工作进行决策，对执行进行督导，对综合部的初试和用人部门的复试流程是否正确落实进行审核，并对执行结果进行评价奖惩。

7.5.1.2 人力资源委员会的权力分配与责任承担

人力资源委员会的主任委员（总经理）一人有3票的投票权，其他委员每人只有1票的投票权。按照这样一种权力分配规则，在决定一位员工是否录用或拒录的问题上，如果主任委员投反对票，用人部门负责人和综合部等委员的同意的票数超过主任委员的票数，根据“少数服从多数的民主集中制”原则，也应该录用该应聘者。对于员工的培养使用、晋升降级，人力资源委员会的主任委员（总经理）应该有2~3票的权限，用人部门经理（工作室负责人）和综合部经理等委员分别拥有1票的权限。例如，对于一位员工的晋级，如果总经理投反对票，用人部门经理（工作室负责人）和综合部经理均投赞成票，则仍然应该晋升该员工。对于部门经理及以上人员的使用晋升降级问题，应由委员会充分讨论后上报集团综合管理中心，由综合管理中心做决策。

与权力相对应的是责任的承担问题，在招聘人员方面，与权力相对应，总经理应该承担与其投票权限相当的责任，用人部门经理（工作室负责人）和综合部等其他委员应该分别承担与一票投票权相当的责任。在人力资源委员会集体决定录用某应聘者之后，该员工如发生了风险案，尤其是“有责任重大风险案”，如果总经理、用人部门经理（工作室负责人）、综合部负责人均在录用该人时投赞成票，则按照以上的原则由三方承担相应责任；如果总经理投反对票，而用人部门负责人和综合部经理投赞成票，则总经理不承担责任，而应该由用人部门负责人和综合部经理等委员分别承担各自的责任。采取这样的措施主要是督促委员会成员在决策录用员工时务必采取慎重的态度。

在人员招聘、培训、培养、使用、晋升降级方面，总经理、综合部经理、用人部门负责人分别做出正确的决策应该在其薪酬方面予以体现。但是如果在人员培养、使用、晋升降级方面，总经理、综合部经理、用人部门负责人其中有一方或几方做出错误的决策，导致公司损失的，也应在薪酬方面予以体现。

7.5.2 人员招聘工作模式

在分析担保行业人才使用特点对招聘要求的基础上，提出几类人员招聘模式。

7.5.2.1 担保业人才使用特点对招聘的要求

担保行业企业的招聘不同于一般企业的招聘，它要求作为风险性行业，对人员的职业道德与品质、人员的业务组织、对组织的忠诚度要求更高。

（1）担保业属于高风险行业，对人员各方面的综合素质要求更高。因此，为了选拔一位合格的有工作潜力的员工，需要综合部、用人部门经理（工作室负责人）、总经理三方通力合作，避免总经理一人的意见就决定一位员工的录用与否的情况。

（2）担保行业所要求的人员素质比较全面。就业务人员而言，不仅要求业务经理掌握一些银行的信贷知识、担保知识和财务知识，而且要有比较强的沟通、应变和口头书面表达能力。后者对招聘过程中的面试环节提出比较高的要求，即如何才能选拔出那些应变能力强、悟性好、善于沟通表达的人才。

（3）在内部人推荐的过程中，往往容易出现推荐人对被推荐人不了解的情况下轻率向公司推荐人员，而该员工如果出了道德风险事件，或者被推荐人由于业务能力差给公司带来成本的损失时，又没有人对后果负责的恶劣局面。为切实解决招聘工作中内部人推荐存在的问题，确保新员工的质量，特别是要确保财务系列、担保业务系列、风险管理系列、信息管理系列员工的职业道德问题。公司有必要采取一定措施约束推荐人的行为，使得推荐人在推荐新员工时务必采取慎重的态度。

7.5.2.2 招聘模式

（1）改进的一般工作人员招聘模式

从图7-2可以看出，相对于已有的招聘流程，完善后的流程有两点重要改进：

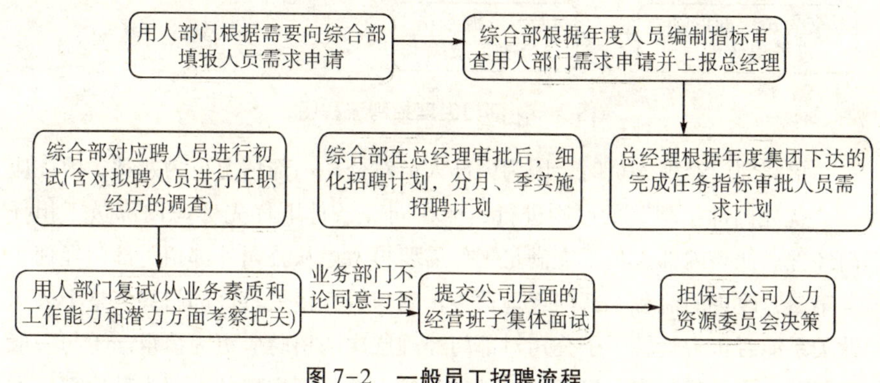

图7-2　一般员工招聘流程

第一，原有招聘流程中，用人部门对应聘者复试通过后，递交总经理决策录用。经过改进的流程不论用人部门复试后结果如何均应提交公司经营班子进行集体面试。总经理作为经营班子成员参与集体决策，不再单独对应聘者进行面试。

第二，经营班子集体面试后提交子公司人力资源委员会决策。人力资源委员会只是对前面各招聘环节进行形式性审查，即检查各招聘环节是否按照招聘流程制度的规定执行。人力资源委员会以民主集中制的原则对应聘者投票表决。

（2）部门经理的招聘模式

第一，招聘流程，如图7-3。

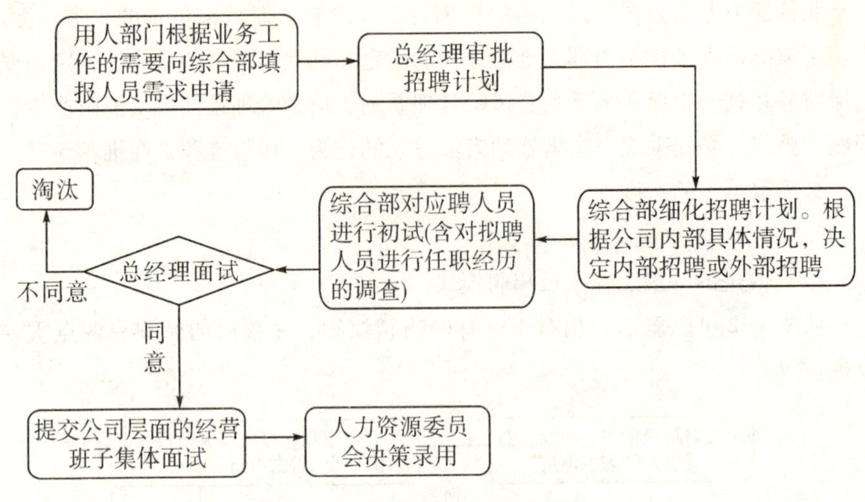

图 7-3　部门经理招聘流程图

在招聘部门经理人员时，因为内部人员对公司内部情况更为熟悉，因此应遵循“优先内部招聘”的原则进行，即在同等条件下优先考虑内部员工担任部门经理。如果内部人员不能满足工作需要再考虑从公司外部招聘部门经理。

第二，改进的流程。部门经理选拔正确与否直接关系该部门甚至整个公司经营关系能否正常运转，子公司对部门经理层次的招聘应更为慎重。①与一般员工招聘不同的是，部门经理的招聘复试是由总经理主持的。因为其他部门的部门经理与招聘岗位的部门经理都处于同一职级，所以其他部门的部门经理复试应聘者是不合适的。②总经理对应聘部门经理岗位的人员进行复试，如果总经理得出否定结论，就直接淘汰，不再进入下一阶段流程。这主要是基于这样的考虑，录用的部门经理属于中层干部，他们直接受总经理的领导。③总经理对应聘者如果得出同意的结论，还必须进入下面的经营班子讨论的环节。即由总经理和其他部门的部门经理在经营班子一起对该应聘者集体面试。④如果经营班子得以通过，最后提交人力资源委员会。由委员会成员对前面各个招聘流程进行实质性和形式性审查，以民主集中的方式投票表决录用与否。

（3）总经理的招聘模式

总经理的招聘一般由集团决策任命，根据第五章的实证分析，建议担保集团以本地考察招聘为主、委派制为辅。具体做法参见第五章相关部分，在此不再赘述。

7.5.2.3　担保企业防控总经理道德风险的激励约束模式

基于第四章的担保企业防控总经理道德风险的激励约束机制研究，对担保管理实践的启示如下：

（1）加强担保企业总经理激励强度并不一定会促使其风险规避程度的提高，因此，通过增加激励强度并不一定会影响担保企业总经理对待风险的态度。

（2）担保企业对总经理激励强度的增加会对总经理在职业道德、素质能力和责任心方面产生影响，进而有利于担保企业防控其人员风险的发生。

（3）担保企业对总经理在职业道德、素质能力和责任感方面的努力标准的提高，会造成总经理在职业道德、素质能力和责任感的努力的实际情况与制度规定的努力标准有较大的差距。因此，降低对总经理的激励强度，可能会产生一种鞭策作用效果而促使总经理付出努力，尽可能达到制度规定的努力标准。

（4）加强总经理在以上三方面的激励强度，会使得担保企业平均每笔项目的年收益价值量的提高。这是因为加强总经理在职业道德、本身素质能力、工作责任感的激励，会促使总经理在其工作中更好地履行总经理的职责，进而会影响整个担保企业其他员工的职业道德、素质能力和工作责任感，最终有利于担保企业在招聘业务人员工作中真正招到符合担保企业要求的业务人员。

7.5.3　人员培训工作模式

根据过渡期“一体两翼”模式的基本精神，本部分在分析担保行业人才使用特点对培训要求的基础上，针对不同岗位人员的特点提出了几种培训模式。

7.5.3.1　担保业人才使用特点对培训的要求

将子公司的人员分为业务人员、风控人员、营销人员、二线管理人员四类，分别探讨对培训的要求。

（1）对业务人员的培训要达到提高其“尽职调查”和“撰写报告能力”的目的。为了提高业务人员的这两个方面的能力，各子公司目前正在进行的每月一次的案例培训就是个有效的办法。通过培训师对真实案例的剖析，能够有效地提高业务人员对项目关键点的判断能力。同时，在每次子公司举办的评议会上，让业务人员旁听学习也是有效的途径。评议会上评委的点评，既会对业务人员学会如何看项目、判断风险点大有帮助，又会对业务人员如何撰写报告大有帮助。

（2）对风控人员的培训要着眼于提高其对项目风险点的掌控上。为了达到这个目的，案例分析培训和旁听评议会的方式同样适用于风控人员。此外，采取工作轮换法，让风控人员深入一线，实地操作项目，使其对项目风险的把握有一个感性认识。

(3) 对营销人员的培训要侧重培训其人际沟通的技巧和技能。公司营销人员的工作主要是与合作银行打交道，同时要尽可能多地开拓新合作银行，维持与合作银行的良好公共关系。为了能够迅速提高营销人员的业务能力，既可以聘请有经验的公司内外的营销人员以讲座的形式向受训者传授经验，也可以采取“角色扮演”的方式让受训者真实地体会到营销过程中所应该注意的问题和应该掌握的技巧。

(4) 二线管理人员主要包括部门经理以上人员、会计人员、人力资源工作人员。对于公司中层管理者要培训其人际关系技能，即有效地协调本部门的员工之间的矛盾，领导并激励其朝着组织的既定目标努力。会计人员、人力资源工作人员和一般行政人员属于基层管理人员，对他们的要求是要精通本专业的业务。会计人员要经常进行国家会计制度的学习，人力资源工作人员更应加强招聘技术、培训方法、绩效考核的评估、薪酬设计方面的专业知识学习。

(5) 各子公司在培训方面，既要切实履行起应承担的培训责任，又要对培训过程和培训结果起到监督过程和评估效果的作用。同时要把对培训的评估效果与受训者绩效相挂钩，使受训者对培训过程加以重视。例如，综合部负责培训的工作人员应做好相应出勤记录和培训记录，对事后的效果做出评估。

7.5.3.2 培训模式及特点分析

根据集团对各子公司的“一体两翼”的规划设想，项目组提出适合不同人员的十种培训模式。此外，对在培训过程中涉及的集团、子公司层面的“责、权、利”和“权力约束”进行了重新设计分配。

(1) 培训的基本流程。①培训的基本流程应由各部门根据本部门的需要确定培训的内容，上报公司经营管理团队。②经营管理团队采用民主集中制决策方式确定年度培训计划、内容、方式和预算，并上报人力资源委员会；对于重点培养人员的培训，应首先采用民主集中制决策方式确定重点培养人员。③由人力资源委员会决策最终计划、内容、方法和预算。④按照培训内容的不同，由不同部门牵头具体实施培训计划。⑤综合部对于培训过程进行监督并对每位员工的培训情况做记录；培训过程表现情况和培训效果要适当与绩效考评挂钩，以此督促员工培训。⑥对于需要集团统一培训的内容需上报集团，由集团综合管理中心统一组织进行培训。

(2) 培训模式。

各子公司均应将对人员的业务培训与人才培养结合起来，建立各类人员的培训需求、表现、汇报的制度及档案；建立培养对象的较系统的培养计划与模式，并要求培养对象定期进行工作与思想的总结和汇报；并完善各类人员的日常表现的定期鉴定方面的工作。目前，各子公司业务部招聘人员一般均优先录用有银行工作经验的人员。但是，这样就使得人员招聘的面比较窄，特别在金融业不够发达的省份和地区，就更难招到有银行工作背景的人。针对新员工成长缓慢的实际问题，项目组提出“传帮带”模式。如果能很好地利用企业内部的“传帮带”，则可以使新员工通过这样一种培训体系迅速熟悉并掌握业务。

除以上“传帮带”模式外，还可以使用案例分析培训、职务指导培训、交叉培训、旁听评议会培训、工作轮换法培训、角色扮演、讨论法、讲座法、户外拓展法等方法。限于篇幅，本部分不再赘述。

7.5.3.3 信息不对称条件下担保企业部门经理知识转移的激励约束模式

根据第四章部门经理在培训员工的激励约束机制，对担保管理实践有如下启示：

（1）部门经理在进行担保知识的传授中，其努力不一定全部有效地转化为成果，也就是说，有一部分努力是无效劳动。而努力成本系数的提高意味着部门经理支付的努力转化为有效劳动的成果的成分在降低，体现出努力成本的提高，部门经理的净效用值在减少，所以对部门经理的激励强度也应该相应地减少，以此促使其提高努力转化成果的效率，降低努力成本，减少不必要的无效劳动。

（2）担保企业的知识量系数增加意味着担保企业拥有担保知识和对担保业务运作能力的提高，而这是业务人员自身努力的结果，同时也与部门经理传授担保知识的努力分不开，因此要增加对部门经理的激励强度。部门经理无论是风险中性还是规避，随着部门经理责任感和道德敏感度以及传授能力的增强，应加强对其的激励强度。

（3）风险规避度的增加意味着部门经理担保知识的转移趋于保守，笔者认为这种保守源自对其自身利益的顾虑。若部门经理将其掌握的担保知识和经验毫无保留地传授给业务经理，待业务经理业务能力提高后，对其的生存空间或既得利益会产生程度不等的威胁。因此，笔者认为在经济许可的条件下，应该给予部门经理以利益的补偿，以打消其后顾之忧。

（4）担保风险方差的加大意味着担保业务风险本身变化剧烈程度加大，出现风险的几率增加，业务人员的业绩就会受到影响。为了进一步提高业务人员自身的素质和业务能力，以增强其识别担保风险的能力，有必要在一定经济许可范围内，加强对部门经理的激励强度，促使其更多地传授担保知识。

7.5.4 人员使用工作模式

7.5.4.1 担保业人才使用特点对人员“使用”的要求

担保行业是高风险行业，要在控制人员风险的前提下，正确评价人员的工作业绩，对表现突出的员工给予培养、晋升，对表现不良的员工给予必要的降级处理。下面重点讨论担保业的业务人员与风控人员的特点，提出人员培养使用和晋职晋级的要求。

(1) 充分发挥人力资源委员会的把关作用

充分认识业务操作中的风险和内部制衡制度实施效果都是依靠人员素质和人力资源管理制度及其实施能力所决定的。有必要设立人力资源管理特别委员会作为人力资源管理决策的最高权力机构，并以民主集中制的方式来决策人员的使用。

(2) 贯彻落实集团有关人力资源管理的各项制度

各子公司必须贯彻落实集团有关人力资源管理各项制度，并根据集团的授权来补充和完善本公司的人力资源管理制度，不允许任何“擦边球”“灵活处理”“个人权力凌驾于集体决策权”的现象发生。

(3) 集团对子公司关于人力资源管理的督导

为提高正确执行集团人力资源管理各项制度的能力，以及杜绝在人员使用各环节中违规做法的能力，必须接受集团对人力资源管理方面的督导，并定期或不定期地按照有关制度的规定，对人力资源管理制度的执行情况通过经营班子会议或人力资源管理特别委员会的会议自检自查，努力提高经营班子中每位成员执行制度的自觉性和执行制度的水平和能力。

7.5.4.2 人员使用模式

通常在一些企业，对人员的培养方式与使用方式，以及晋升降职、晋级降级条件的把握等方面，往往会出现一些不规范、不适宜的做法，甚至可能作为拉拢人、打击人的手段，成为内部人控制的手段与工具。因此，对子公司人员的培养与使用是必须重点规范的环节。人员的使用主要是指为岗位配置适合该岗位工作需要的人员的过程，即结合“为事择人”和“人尽其用”的原则，为岗位配置最合适的工作人员。人员的定岗和部门内调换岗位、跨部门调换岗位等也包括在人员使用中。具体流程应由有关人员提出报告，经有关部门经理同意，报经营管理团队采用民主集中制决策方式决策。公司要加强对人员的日常考察、管理、鉴定工作，建立必要的组织谈话制度和部门内人员的思想交流工作，从而及时了解人员的思想状态和异常行为情况。

通常采取“竞岗”的方法。第一种，在公司全体工作人员参与的大会上“竞岗”，这种方式适合于总经理和副总经理层次的人员使用；第二种，在部门内部，在3~5人中“竞岗”，这种方式适合于部门经理层次和基层岗位的人员使用。

7.6 本章小结

在前三、四章对担保集团及子公司内控机制的定性的规范性分析和定量的数理分析以及第五章案例研究和第六章实证分析的基础上，本章针对担保集团存在的突出内控问题，提出了五种管理模式。

（1）担保集团的内部治理模式包括集团内部治理模式和担保子公司内部治理模式。

（2）担保集团与子公司的集分权模式。首先，业务与支持平台形成“前台前移、中台上收、后台集中”的管理模式。其次，担保集团对子公司内部控制的管理方式主要有制度控制模式和监督控制模式。最后，基于第三章的团队道德风险模式的集团对下属子公司激励约束机制的分析，合理运用薪酬制度、公司代偿比例、规避业务风险剧烈变动减缓风险规避度，通过对其激励强度的调整来诱导其努力水平提高。

（3）担保子公司高管层决策模式。在分析了五项不同决策事项遵循原则的基础上，提出了五种不同决策模式。其中，经营管理团队采用民主集中制决策模式更为合适。

（4）担保子公司“业务链”上的人员风险防控模式。本部分针对担保业务流程上主要的五个环节，并分别针对每个环节提出了细致的防控人员风险的控制措施。在此基础上，基于第四章的两阶段道德风险的业务经理道德风险防控的激励约束机制的分析，合理运用道德风险敏感度、单笔业务奖金率、解保率等来调节激励强度诱导其努力水平的提高。

（5）担保子公司“聘训用”工作模式。为有效地杜绝在“聘训用”工作中的人员风险，本章首先提出了成立人力资源管理委员会的设想，论述了人力资源管理委员会的功能、职责、委员会人员的组成，议事决策规则，权力分配和责任。在此基础上，基于担保行业人才使用特点对招聘、培训和使用要求，针对“聘训用”工作，分别对不同类别的人员提出具体的工作模式。

8 研究结论与展望

8.1 研究结论

本书在充分参考和借鉴了国内外学术界在内部控制和担保企业相关研究领域的前沿研究成果，并充分听取了担保实务界业内人士关于担保集团运作实践经验，针对我国担保集团内部控制存在的突出问题，进行了长期深入研究，得到如下研究结论：

（1）本书基于担保行业高风险性，担保风险分布的非均衡性，担保企业运作的区域性和担保企业产品单件性的特点，提出了担保集团风险控制的两大原理：其一，基于业务规模的担保企业风险控制的原理，即担保企业只有通过增加担保的业务数量规模，才能有效地控制局部担保业务可能发生的风险；其二，基于业务规模和组织规模匹配的担保企业风险控制原理，即单体担保企业开展业务的规模与其组织发展的规模是相适应的，有多大的组织规模就决定了能够开展的业务规模大小。

（2）本书针对担保集团在内部控制方面存在的突出问题，从 ERM 内部环境视角，以担保风险防控为目的，对担保集团内部控制机制进行了研究。在此基础上，按照美国案例研究专家 Robert K. Yin 博士和 Eisenhardt 教授有关案例研究的规范程序，根据案例研究对研究对象典型性和代表性要求，选定中国中科智担保集团作为研究对象，进一步检验和证实了担保集团及其下属子公司内部控制机制的规范研究部分的大部分研究观点在担保集团实践中的合理性和有效性。本研究的主要观点如下：

第一，风险管理理念。

为防控担保集团的担保风险，集团母公司和子公司各个层面人员应该具备符合担保行业要求的风险控制理念：全局性风险控制理念、风险控制和业务效率提高相平衡理念、适度风险偏好与容忍度理念、紧密结合担保行业实际理念，以及激励与约束相匹配理念。在子公司层面还应具备责任中心及“责、权、利”相匹配理念。本书认为这些理念是担保集团内部控制机制的源泉所在。

第二，公司治理与权力制衡机制。

在担保集团层面，为防止担保集团母公司的董事被集团的大股东及高管层所控制，以及为限制和牵制内部董事的职业道德问题，独立董事应在担保集团母公司董事会成员中占有一定比例。而且独立董事在独立行使决策和监督管理职能时，应强调董事会的决策职能，并把握好其监督职能的度。同时，要运用制度和民主议事的方式加强对内部董事的监督。

在担保子公司层面，①如集团股东难以在子公司层面到位，可考虑子公司从当地招募股东加盟，分散子公司股东的办法防止子公司股东会被少数内部股东控制，并加强对子公司高管的监控。②就子公司的董事会而言，集团董事会可采取向子公司董事会委派执行董事，或设立非执行董事和独立董事，以此来制约子公司内部董事和经理人权力。而且派驻执行董事必须要建立在真正的“三会”治理基础之上，同时在工作中注意与监督和经营管理职责相区分，以避免与总经理之间的工作冲突和关系紧张。③担保子公司通过制度和民主议事方式对总经理经营决策权力加以制衡。

第三，组织结构与权责分配机制。

在担保集团层面，为有效防控担保风险，担保集团应采取矩阵式的组织结构，突出体现集团对风险控制“条线管理”和子公司自主开展业务的“块管理”的特殊要求。并根据担保集团在经营管理与风险控制方面的成熟度来决定是以担保集团“条线管理”为主，还是以子公司“块管理”为主。

在担保子公司层面，其组织结构应在担保集团矩阵式大框架下采取直线制或直线职能制组织结构。其中：①经营管理团队按照“民主集中制”的原则集体决策子公司层面重大经营管理事项。②应设立人力资源管理委员会，它是人力资源管理最高权力机构，按照民主集中制原则和一级分级管理原则对人员的“聘训用”进行集体议事决策与督导。③为防范担保风险，担保集团应对担保子公司风险实施“条线管理”。而案例研究并未完全支持“条线管理”风险控制模式。例如，担保集团对业务链上审核项目的权力过于集权则容易导致担保业务风险控制的工作重心上移，呈现对风险审核工作任务最终大量滞留在集团风险控制中心，这不仅会加大集团风控中心的工作量，而且还会大大降低担保业务效率，更为严重的是会弱化子公司评议会的审核功能，使其疏于对项目的审核和把关作用。再如，为解决风控部以及风控经理的工作积极性问题，可通过适当加大风控部的绩效与子公司业绩挂钩比例，适当加大风控经理与成功的审核项目业绩挂钩比例。④应以担保子公司自主经营的“块管理”模式开展业务。在业务部应采取“小部门制”，且部门负责人不允许操作业务，这种方式有利于提高整个业务部门的绩效。⑤为加强集团母公司对子公司的担保风险的监控，在子公司应设立区域评审官职位，其对担保业务有审核权和一票否决权，并直接受集团风险控制中心领导。

第四，人员管理机制。

担保集团对母公司及子公司各级人员应分别采取不同分级管理和督导管理模式。担保子公司在集团人员管理制度的指导下，拥有人员管理的“聘训用”自主权。通过设立人力资源管理委员会，通过集体把关来对“聘训用”工作中的人员风险进行防控。

第五，担保集团及其子公司各项内控机制间的集成协同作用机理。

担保集团及其子公司各项内部控制机制之间是存在内部关联的，通过风险管理理念的灌输，董事会（治理结构）横向权力制衡，组织结构纵向（母子公司和组织部门）之间的权责分配，人员的分级分层管理，主要人员的道德风险防控等几方面相互协同集成作用促使担保集团内控水平和能力的整体提升。

（3）本书运用经济学的激励理论对担保集团子公司及其人员道德风险进行了数理分析。在此基础上，通过大样本统计学的实证研究证实了上述担保子公司及其人员道德风险防控机制的大部分数理结论的可行性和有效性。本研究的结论如下：

第一，基于团队道德风险模型的担保集团对子公司内部控制机制的实证研究表明，担保集团对子公司薪酬制度会正向促进子公司业务能力对于集团对子公司激励强度的影响；同时，如担保子公司发生风险代偿案，随着子公司分摊代偿比例的提高，集团对其的激励强度反而应予以减小。而随着担保业务风险变动剧烈和子公司本身对风险规避度的增加，集团应加大对子公司的激励强度。

第二，基于两阶段道德风险模型的子公司业务经理的激励约束机制的实证研究表明，业务经理在尽职调查阶段，当业务经理的道德敏感度在一定范围之内，随着业务经理道德敏感度的增加，对其的激励强度应增加；随着审核通过率的增加和跨阶段的外部效应的增加，对业务经理的激励强度应减小；随着风险规避度和担保风险的增加，以及当业务经理道德敏感度过低或过高，对业务经理的激励强度的变化并不确定；在保后监管阶段，随着业务经理道德敏感度、保业务审核率、跨阶段的外部效应、风险规避度以及担保风险的增加，对其的激励强度也应予以增加。

第三，基于单一信息的道德风险模型的担保子公司总经理在招聘工作中道德风险防控的实证研究表明，随着总经理的风险规避度的提高，对其在职业道德、素质能力和责任心方面激励强度并不确定；随着总经理道德敏感度的增强和担保企业收益的单位价值的提高，对其在职业道德、素质能力和责任心方面的激励强度应予以增加；随着担保企业对总经理制定的职业道德，素质能力和责任心方面的努力标准的提高，对其在这三个方面的激励强度应减小。

第四，基于信息不对称条件下担保企业部门经理知识转移的激励约束机制的实证研究表明，无论部门经理处于风险规避还是风险中性，随着部门经理努力成本系数的增加，对其的激励强度应递减；随着担保企业的担保知识量系数的增大，部门经理的责任感系数和道德敏感度以及传授担保能力的增强，对其的激励强度应增大，表明该结论与部门经理对待风险的态度无关。在部门经理处于风险规避条件下，随着风险规避度的增加，担保风险变化剧烈程度加剧，对其的激励强度则难以确定。

（4）基于担保集团及子公司内控机制的规范性分析和数理分析，以及案例研究和实证分析，本书针对担保集团存在的突出的内控问题，提出了五种解决这些问题的对策模式：①担保集团内部治理模式；②担保集团与子公司的集分权模式；③担保子公司高管层决策模式；④担保子公司“业务联”上的人员风险防控模式；⑤担保子公司“聘训用”工作模式。

8.2 研究展望

首先，本书的研究是从 COSO 委员会的全面风险管理框架（ERM）中的内部环境要素的视角对担保集团内部控制机制进行研究的。未来的研究还可以从 ERM 框架中其他要素的视角对担保集团内部控制机制问题进行后续研究。其次，本书的研究对象主要是针对融资性担保集团的内部控制机制问题的研究，将来可以继续研究其他类型和性质的担保集团的内部控制问题，如工程担保和司法担保，以此进一步验证本书研究结论的正确性和合理性。最后，在今后的研究中，还可以在我国具体的经济和法律环境的情景下，并结合内控特点和风险特点进行研究。

参考文献

[1] 王丽珠. 我国中小企业信用担保体系的国际借鉴——以日本为例 [J]. 国际金融研究, 2009 (7): 87-96.

[2] 刘志荣. 我国中小企业融资担保问题研究综述 [J]. 金融教学与研究, 2009 (1): 28.

[3] 李晓妮, 马慧. 内部控制与公司治理的整合 [J]. 会计之友, 2009 (9): 48-49.

[4] 汪竹松, 刘鹰. 商业银行内部控制 [M]. 北京: 中国金融出版社, 2007.

[5] 曹凤岐. 建立和健全中小企业信用担保体系 [J]. 金融研究, 2001 (5): 46.

[6] Nezu, Risaburo. Industrial Policy in Japan [J]. Journal of Industrial Competition and Trade, 2007, 7 (4): 229-243.

[7] Zecchini, Salvatore, Ventura, Marco. The impact of public guarantees on credit to SMEs' [J]. Small Bus Econ, 2009, 32 (2): 191-206.

[8] 谢志华. 内部控制、公司治理、风险管理: 关系与整合 [J]. 会计研究, 2007 (10): 37-45.

[9] 黄溶冰, 王跃. 公司治理视角的内部控制——基于审计委员会的分析 [J]. 中南财经政法大学学报, 2010 (1): 100-105, 144.

[10] 张慧. 内部控制研究回望与前瞻: 2000—2008 年 [J]. 财会通讯, 2009 (5): 70-72.

[11] 潘爱玲, 吴有红. 企业集团内部控制框架的构建及其应用 [J]. 中国工业经济, 2005 (8): 105-113.

[12] 张砚, 杨雄胜. 内部控制理论研究的回顾与展望 [J]. 审计研究, 2007 (1): 37-42.

[13] 孔德兰. 企业内部控制标准体系的构建 [J]. 贵州财经学院学报, 2009 (2): 24-29.

[14] 杨雄胜. 内部控制理论研究新视野 [J]. 会计研究, 2005 (7): 49-54.

[15] 刘启亮, 罗乐, 何威风, 陈汉文. 产权性质、制度环境与内部控制 [J]. 会计研究, 2012 (3): 52-61.

[16] 刘明辉, 张宜. 内部控制的经济学思考 [J]. 会计研究, 2002 (8): 54-56.

[17] 谢志华. 内部控制: 本质与结构 [J]. 会计研究, 2009 (12): 70-75.

[18] Babk JamshidiNavid, and Hamed Philee. A Clear Look at Internal Controls: Theory and Concepts [J]. WORKING PAPER, 2010 (3): 12.

[19] Annukka Jokipii, Aapo Lansiluoto, Tomas Eklund. A clustering and visualisation approach to the analysis of internal control structures [J]. International Journal of Accounting, Auditing and Performance Evaluation, 2011, 7 (3): 151-175.

[20] areen E. Browna, JeeHae Limb. The effect of internal control deficiencies on the usefulness of earnings in executive compensation [J]. Advances in Accounting, 2012, 28 (1): 75-87.

[21] Wolfe, Christopher J. Mauldin, Elaine G., and Diaz, Michelle C. Concede or Deny: Do Management Persuasion Tactics Affect Auditor Evaluation of Internal Control Deviations? [J]. THE ACCOUNTING REVIEW, 2009, 84 (6): 2013-2037.

[22] Klamm, Bonnie K. and Watson, Marcia W. SOX 404 Reported Internal Control Weaknesses: A Test of COSO Framework Components and Information Technology [J]. JOURNAL OF INFORMATION SYSTEMS, 2009, 23 (2) : 1-23.

[23] 严明燕, 张同健. 国有商业银行信息化创新与内部控制的相关性检验 [J]. 统计与决策, 2009 (1): 136-138.

[24] 孙涛. 商业银行内部控制低效的成因及模式重构 [J]. 财经科学, 2007 (2): 7-14.

[25] 胡爱荣, 王宇慧, 宁哲. 企业担保业务的内部控制 [J]. 农场经济管理, 2004 (2): 58-59.

[26] 黄晖. 浅谈担保公司的内部控制 [J]. 会计之友, 2006 (5): 64.

[27] 陈昌义. 担保企业业务风险内部管理控制体系完善研究 [D]. 长沙: 长沙理工大学, 2009.

[28] 刘姝含. 中小企业信用担保机构风险管理研究 [D]. 无锡: 江南大

学，2008.

［29］刘琼晖. 基于COSO框架下的A担保公司风险管理研究［D］. 长沙：长沙理工大学，2011.

［30］但蕾，冯允成，姚李刚. 供应链销售渠道中的道德风险问题研究［J］. 科技进步与对策，2004（10）：128-130.

［31］韩义民，黄玉启. 监督、忠诚和代理人的选择——从道德风险角度理解家族企业［J］. 浙江社会科学，2004（5）：89-97.

［32］刘燕. 经营者道德风险行为的分析［J］. 当代财经，2004（10）：96-99.

［33］孙卫敏. 代理人道德风险与机会主义行为的防范［J］. 东岳论丛，2005，26（3）：168-170.

［34］Demougin，Dominique，and Helm，Carsten. Moral Hazard and Bargaining Power［J］. German Economic Review，2006，7（4）：463-470.

［35］Berkovitch，Elazar，Israel，Ronen and Spiegel，Yossi. A Double Moral Hazard Model of Organization Design［J］. Working Paper，2007（12）.

［36］Berndt，Antje and Gupta，Anurag. Moral Hazard and Adverse Selection in the OriginatetoDistribute Model of Bank Credit［J］. Journal of Monetary Economics，2009，56（5）：725-743.

［37］Deck ，Cary A. and Reyes，Javier. An Experimental Investigation of Moral Hazard in Costly Investments［J］. Southern Economic Journal，2008，74（3）：725-746.

［38］Sanghera，Balihar and Satybaldieva，Elmira. Moral sentiments and economic practices in Kyrgyzstan：the internal embeddedness of a moral economy［J］. Cambridge Journal of Economics，2009，33（5）：921-935.

［39］汤吉军. 道德风险、沉淀成本效应与软预算约束［J］. 经济经纬，2009（3）：14.

［40］赵小仕. 劳动关系中的双向道德风险［J］. 财经科学，2009（4）：65-72.

［41］Anderson，Ronald W. and Nyborg，Kjell G.. Financing and corporate growth under repeated moral hazard［J］. Journal of Financial Intermediation，2011，20（1）：124.

［42］Ihori，Toshihiro and McGuire，Martin C. National selfinsurance and selfprotection against adversity：bureaucratic management of security and moral hazard［J］. Economics of Governance，2010，11（2）：103-122，

[43] Demiralp, Berna. Occupational selfselection in a labor market with moral hazard [J]. European Economic Review, 2011, 55 (4): 497 - 519.

[44] Grossman, Sanford. J. and Hart, Oliver D. An analysis of the principalagent problem [J]. Econometrica, 1983, 51 (3): 74-75.

[45] Chade, Hector, and Vera de Serio, Virginia N. Risk aversion, moral hazard, and the principal's loss [J]. Economic Theory, 2002, 20 (3): 637-644.

[46] 张凤香，黄瑞华. 企业间专利技术交易中的道德风险博弈分析 [J]. 科学管理研究，2004，22 (2): 36-40.

[47] 胡艳，周娟. 企业孵化器道德风险的博弈模型分析及优化 [J]. 科学学与科学技术管理，2004 (1): 142-144.

[48] Braido, Luis H. B. General Equilibrium with Endogenous Securities and Moral Hazard [J]. Economic Theor, 2005, 26 (1): 85-101.

[49] Rodriguez, G. E. On the value of information in the presence of moral hazard [J]. Rev. Econ. Design, 2007, 10 (4): 341-361.

[50] Mylovanov, Tymofiy and Schmitz, Patrick W. Task scheduling and moral hazard [J]. Econ Theory, 2008, 37 (2): 307-320.

[51] Yousfi, Ouidad. Optimal Financial Contracts in Leveraged Buy Out: A DoubleSided Moral Hazard Model [J]. Working Paper, 2009 (4): 15.

[52] Lina, YuHsiu, and Hu, LenKuo. Optimal supervision with moral hazard. Journal of Economic Behavior & Organization [J]. Journal of Economic Behavior & Organization, 2009, 71 (2): 473-485.

[53] Attar, Andrea, Campioni, Eloisa, Piaser, Gwenaël, and Rajan, Uday. On multipleprincipal multipleagent models of moral hazard [J]. Games and Economic Behavior, 2010, 68 (1): 376-380.

[54] Jarque, Arantxa. Repeated moral hazard with effort persistence [J]. Journal of Economic Theory, 2010, 145 (6): 27.

[55] Armstrong, Chris , Larcker, David F. and Su, CheLin. Endogenous Selection and Moral Hazard in Executive Compensation Contracts [J]. Working Paper, 2010 (2): 21.

[56] 肖艳玲，徐福缘. 战略联盟的道德风险及其防范对策 [J]. 科学管理研究，2003，21 (1): 77-86.

[57] Rayo, Luis. Relational Incentives and Moral Hazard in Teams [J]. Review of Economic Studie, 2007, 74 (3): 937-963.

[58] Anesi, Vincent. Moral hazard and free riding in collective action [J]. Social Choice and Welfare, 2009, 32 (2): 197-219.

[59] 孙宪丽，黄敏，王兴伟，解毅. 虚拟企业风险管理的分布式道德风险模型 [J]. 控制工程，2009，16 (6): 791-795.

[60] 赵伟. 联盟伙伴道德风险行为：诱因、影响及其治理 [J]. 河南社会科学，2009 (11): 17-18.

[61] 黄国华，周云. 团队生产中的博弈模型与道德风险研究 [J]. 数学的实践与认识，2009，39 (6): 71-76.

[62] 夏茂森，朱宪辰，江波. 异质群体中道德风险与共享资源的合作治理研究 [J]. 系统工程学报，2011，26 (5): 103-109.

[63] Jewitt, Ian, Kadan Ohad, and Swinkels Jeroen M. Moral hazard with bounded payments [J]. Journal of Economic Theory, 2008, 143 (1): 59-82.

[64] Ohad Kadan, Jeroen M. Swinkels. Stocks or options? Moral hazard, firm viability, and the design of compensation contracts? [J]. Review of Financial Studies, 2008, 21 (1): 451-482.

[65] Sung, Jaeyoung. Optimal Contracts Under Adverse Selection and Moral Hazard: A ContinuousTime Approach [J]. The Review of Financial Studies, 2005, 18 (3): 1021-1073.

[66] Stevens, Douglas E., Thevaranjan, Alex. A moral solution to the moral hazard problem [J]. Accounting, Organizations and Society, 2010, 35 (1): 125-139.

[67] GUO XUGUANG and BURTON, JR JOHN F. WORKERS' COMPENSATION: RECENT DEVELOPMENTS IN MORAL HAZARD AND BENEFIT PAYMENTS [J]. Industrial and Labor Relations Review, 2010, 63 (2): 215-225.

[68] 朱顺泉. 投资者与创业投资家之间的报酬机制设计及应用研究 [J]. 软科学，2012 (4): 67-70.

[69] 李咏梅. 存在道德风险条件下私人信息租金和管理租金对公司治理有效性的影响 [J]. 管理现代化，2004 (5): 13-16.

[70] 秦学志，孙承廷，魏强. 信息非对称下动态投融资的约束信号博弈模型 [J]. 系统工程学报，2004，19 (6): 643-646.

[71] Jennifer, B Wang, L., Chung, ChingFan and Tzeng , Larry Y. An Empirical Analysis of the Effects of Increasing Deductibles on Moral Hazard [J]. Journal of Risk & Insurance, 2008, 75 (3): 551-566.

[72] Silvers, Randy. The value of information in a principal - agent model

with moral hazard: The expost contracting case [J]. Games and Economic Behavior, 2012, 74 (1): 352-365.

[73] 潘爱玲，吴有红. 企业集团内部控制的功能和关键控制点——一个经济学的分析视角 [J]. 东岳论丛，2006，27 (3): 123-126.

[74] 唐蓓，潘爱玲. 基于价值链分析的企业集团内部控制目标研究 [J]. 软科学，2007，21 (1): 140-144.

[75] 司云聪，段正梁. 企业集团内部控制机理研究 [J]. 现代管理科学，2008 (11): 61-64.

[76] 孟焰，朱小芳. 企业内部控制与预算管理"专题研讨会综述 [J]. 会计研究，2004 (8): 92-94.

[77] 梁素萍. 集团企业内部控制部门的工作定位和关注要点 [J]. 山西财经大学学报，2009 (S2): 107.

[78] 孙海法，刘运国，方琳. 案例研究的方法论 [J]. 科研管理，2004，25 (2): 107.

[79] 罗伯特·K. 殷. 案例研究：设计与方法 [M]. 周海涛，李度，李永贤，译. 重庆：重庆大学出版社，2009.

[80] 王传东. 中小企业信用担保问题研究 [D]. 泰安：山东农业大学，2006.

[81] JAVIER MENCIA and GABRIEL JIMENEZ. Modelling the distribution of credit losses with observable and latent factors [J]. Journal of Empirical Finance, 2009, 16 (2): 235-253

[82] M. HASHEM PESARAN , SAMUELl GREGORY HANSON and TIL SCHUERMAN. Firm heterogeneity and credit risk diversification [J]. Journal of Empirical Finance, 2008, 15 (4): 583-612.

[83] 潘琰. 内部控制 [M]. 北京：高等教育出版社，2008.

[84] 龚杰，方时雄. 企业内部控制——理论、方法与案例 [M]. 杭州：浙江大学出版社，2008: 34.

[85] 胡继荣. 基于 ERM 框架的商业银行内部审计机制研究 [J]. 南开管理评论，2009, (4).

[86] 程新生. 企业内部控制 [M]. 北京：高等教育出版社，2008.

[87] Holmstrom B, Milgrom P. Aggregation and linearity in the provision of inter temporal incentives [J]. Econometrica, 1987, 55 (2): 303-328.

[88] Alchian A A, Demsetz H Production. Production Information costs, and e-

conomics of organization [J]. American Economic Review, 1972, 62 (5): 77-77, 95.

[89] 魏红梅，鞠晓峰. 基于委托代理理论的企业型客户知识共享激励机制研究 [J]. 中国管理科学，2009，17 (10)：118.

[90] Hsu I C. Enhancing employee tendeneies to share knowledge Case studies of nine companies in Taiwan [J]. International Joumal of Information Management, 2006, 26 (4): 326-338.

[91] Mirrlees J A. The optimal structure of incentives and authority within an organization [J]. The Bell Journal of Economics, 1976, 7 (1): 105-131.

[92] Holmstrom B. Moral hazard and observability [J]. The Bell Journal of Economics, 1979, 10 (1): 74-91.

[93] 周三多，陈传明. 管理学 [M]. 北京：高等教育出版社，2010.

[94] 李维安. 公司治理学 [M]. 北京：高等教育出版社，2005.

[95] 王普松. 公司治理和内部控制中的委托代理关系 [J]. 山西财经大学学报，2004，26 (3)：77-80.

[96] Baiman, S. Agency research in managerial accounting: A second look [J]. Accounting, Organization, and Society, 1990, 15 (4): 341-371.

[97] Arrow, Kenneth J. Informational structure of the firm [J]. The American Economic Review, 1985, 75 (2): 303-307.

[98] Enno Siemsen, Sridhar Balasubramanian, Aleda V. Roth. Incentives That Induce TaskRelated Effort, Helping, and Knowledge Sharing in Workgroups [J]. MANAGEMENT SCIENCE, 2007, 53 (10): 1533-1550.

[99] Mingzheng Wang, Changyan Shao. Special knowledge sharing incentive mechanism for two clients with complementary knowledge: A principalagent perspective [J]. Expert Systems with Applications, 2012, 39 (3): 315-331.

[100] 林昭文，张同健，蒲勇健. 基于互惠动机的个体间隐性知识转移研究 [J]. 科研管理，2008，29 (4)：28-33，63.

[101] 穆荣，张同建. 隐性知识转移的不完全合约激励措施研究——基于经济人假设与互惠性假设条件下的对比性博弈均衡分析 [J]. 情报理论与实践，2011，34 (1)：68-71.

[102] 骆品亮，殷华祥. 知识共享的利益博弈模型分析及其激励框架 [J]. 研究与发展管理，2009 (4)：24-30.

[103] 周和荣，张鹏程，张金隆. 组织内非正式隐性知识转移机理研究

[J]. 科研管理, 2008, 29 (5): 70-77.

[104] 冯帆, 廖飞, 杨忠. 个体动机、激励选择与个体向组织的知识转移 [J]. 经济管理, 2007, 29 (3): 51-55.

[105] Osterloh, Margit, Frey, Bruno S.. Motivation, Knowledge Transfer, and Organizational Forms [J]. ORGANIZATION SCIENCE, 2000, 11 (5): 538-550.

[106] Anthony M. Marino. Simultaneous versus sequential knowledge transfer in an organization [J]. Information Economics and Policy, 2011, 23 (3): 252-269.

[107] Griliehe, Z. Issues in assessing the contribution R&D productivity growth [J]. The Econometric Evidence, 1998, 10 (2): 92-116.

[108] 陈钊. 信息与激励经济学 [M]. 上海: 上海三联出版社, 2010: 20-22, 87, 94, 105.

[109] 罗建华, 陈昌义. 担保企业内部道德风险控制的博弈分析研究 [J]. 企业家天地, 2009 (4): 23-24.

[110] 孙刘成. 担保公司内部控制制度建设 [J]. 中国商界 (上半月), 2010 (10): 72.

[111] 严叶华, 郑军. 关于担保公司内部控制建设的若干思考 [J]. 行政事业资产与财务, 2011 (2): 1851-86.

[112] 吴结兵, 郭斌. 企业适应性行为、网络化与产业集群的共同演化——绍兴县纺织业集群发展的纵向案例研究 [J]. 管理世界, 2010 (2): 141-157.

[113] Eisenhardt K M. Building theories from case study research [J]. Academy of Management Review, 1989, 14 (4): 532-550.

[114] 毛基业, 李晓燕. 理论在案例研究中的作用——中国企业管理案例论坛 (2010) 综述与范文分析 [J]. 管理世界, 2010 (2): 106-113.

[115] 孙海法, 朱莹楚. 案例研究法的理论与应用 [J]. 科学管理研究, 2004, 22 (1): 116-120.

[116] 李茁新, 陆强. 中国管理学案例研究: 综述与评估 [J]. 科研管理, 2010, 31 (5): 37.

[117] 冯均科. 关于COSO报告内部控制框架的一种理论修正 [J]. 中国软科学, 2002 (2): 114-117.

[118] Barra, Roberta Ann. The Impact of Internal Controls and Penalties on Fraud [J]. JOURNAL OF INFORMATION SYSTEMS, 2010, 24 (1): 121.

[119] 毛新述, 杨有红. 内部控制与风险管理——中国会计学会2009内部控制专题学术研讨会综述 [J]. 会计研究, 2009 (5):

［120］周晓蓉. 我国内部控制理论与实践探讨［J］. 财经理论与实践，2002，23（4）：75-78.

［121］张维迎. 公有经济中的委托人—代理人关系：理论分析和政策含义［J］. 经济研究，1995，(4)：32-41.

［122］马庆国. 管理科学研究方法与研究生学位本书的评判参考标准［J］. 管理世界，2004（12）：101.

［123］Cadsby，C. B.，Song，F.，Tapon，F. Sorting and incetive effects of pay for performance：An experimental investigation［J］. Academy of Management Journal，2007，50（2）：387-405.

［124］Baron R. M.，Kenny D. A. The ModeratorMediator Variable Distinction in Social Psychological Research：Conceptual，Strategic，and Statistical Considerations［J］. Journal of Personality and Social Psychology，1986，51（6）：1173-1182.

［125］陈正昌，程炳林，陈新丰，刘子键. 多变量分析方法：统计软件应用［M］. 北京：中国税务出版社，2005.

［126］罗建华，仲慧慧. 我国担保业核心担保机构的形成模式研究——以湖南省为例［J］. 管理现代化，2011（6）：32-34.

［127］李铁宁，罗建华. 基于团队道德风险模型的担保企业集团激励约束机制研究［J］. 管理工程学报，2015，29（1）：59-66.

［128］李铁宁，罗建华. 担保企业高管领导能力与内部控制绩效的关系：直接和中介效应研究［J］. 山西财经大学学报，2011，33（12）：71-78.

［129］李铁宁，罗建华. 基于两阶段道德风险模型的激励约束机制例［J］. 系统工程，2013，31（2）：84-93.

［130］李铁宁，罗建华，唐文彬. 基于规模匹配的担保企业风险控制原理及担保企业集团化的必要性研究［J］. 华东经济管理，2013，27（2）：68-70.

［131］LI Tiening，Li Yongfeng. Incentive-restricted Mechanism to Department Manager during the Process of knowledge Transfer in the Guarantee Enterprise under Condition of Asymmetric Information［J］. Management Science and Engineering，2013，7（4）：1-6.

［132］李铁宁，李永锋. 管理视角的内部控制文献与启示［J］. 广西财经学院学报，2014（1）：89-93.

［133］李铁宁. 担保企业防控总经理道德风险的激励机制研究［J］. 南京财经大学学报，2014（10）：44-52.

[134] 李铁宁. 湖南担保业产业组织现状及发展与完善的目标定位分析. 区域金融研究，2014（9）：40-43.

[135] 李铁宁，李永锋. 担保企业集团内部控制机制的案例研究［J］. 金融发展研究，2014（11）：54-62.

附录

附表 1　　个体风险厌恶水平的测量：HoltLaury 博彩决策法

选择 A	选择 B	我的选择（请写 A 或 B）
10%的概率赢 4. 40 美元，90%的概率赢 3. 52 美元	10%的概率赢 8. 47 美元，90%的概率赢 . 0. 22 美元	
20%的概率赢 4. 40 美元，80%的概率赢 3. 52 美元	20%的概率赢 8. 47 美元，80%的概率赢 0. 22 美元	
30%的概率赢 4. 40 美元，70%的概率赢 3. 52 美元	30%的概率赢 8. 47 美元，70%的概率赢 0. 22 美元	
40%的概率赢 4. 40 美元，60%的概率赢 3. 52 美元	40%的概率赢 8. 47 美元，60%的概率赢 0. 22 美元	
50%的概率赢 4. 40 美元，50%的概率赢 3. 52 美元	50%的概率赢 8. 47 美元，50%的概率赢 0. 22 美元	
60%的概率赢 4. 40 美元，40%的概率赢 3. 52 美元	60%的概率赢 8. 47 美元，40%的概率赢 0. 22 美元	
70%的概率赢 4. 40 美元，30%的概率赢 3. 52 美元	70%的概率赢 8. 47 美元，30%的概率赢 0. 22 美元	
80%的概率赢 4. 40 美元，20%的概率赢 3. 52 美元	80%的概率赢 8. 47 美元，20%的概率赢 0. 22 美元	
90%的概率赢 4. 40 美元，10%的概率赢 3. 52 美元	90%的概率赢 8. 47 美元，10%的概率赢 0. 22 美元	
100%的概率赢 4. 40 美元，0%的概率赢 3. 52 美元	100%的概率赢 8. 47 美元，0%的概率赢 0. 22 美元	

资料来源：Cadsby，C. B.，Song，F.，& Tapon，F.（2007）

附表 2　　变量的均值、标准差与各变量的 Pearson 相关系数

		Mean	Std. Deviation	JLQD	DBNX	DBZL	GM	JJSP	XCZD	FXWD	FTBL	FXTD	SCNL
Pearson Correlation	JLQD	0. 0481	0. 03826	1. 000									
	DBNX	7. 67	3. 088	0. 235**	1. 000								
	DBZL	1. 29	0. 915	0. 152	0. 003	1. 000							
	GM	32. 42	9. 777	0. 223**	0. 284**	0. 015	1. 000						
	JJSP	1. 92	0. 581	0. 237**	0. 241*	0. 311**	0. 259**	1. 000					
	XCZD	0. 36	0. 482	0. 253**	0. 285**	0. 243**	0. 135	0. 274**	1. 000				
	FXWD	1. 38	0. 624	0. 300**	0. 301**	0. 205*	0. 201**	0. 231**	0. 254**	1. 000			
	FTBL	0. 3005	0. 08909	0. 026	0. 081	0. 053	0. 024	0. 091	0. 249**	0. 142	1. 000		
	FXTD	4. 34	0. 767	0. 046	0. 104	0. 007	0. 098	0. 156	0. 255**	0. 211*	0. 291**	1. 000	
	SCNL	2. 8393	4. 10582	0. 267**	0. 231**	0. 125*	0. 287**	0. 204**	0. 211**	0. 286**	0. 097	0. 028	1. 000

注：** 表示 0. 01 的显著性水平、* 表示 0. 05 的显著性水平。

附表 3　　担保两阶段主要变量均值、标准差与各变量的 Pearson 相关系数

		Mean	Std. Deviation	BPR	CY	GIY	ED	REDG	MS	RA	VA	PPR	PEE
Pearson Correlation	BPR (UGR)	0. 6694 (0. 3470)	0. 06877 (0. 06636)	1. 000									
	CY	1. 50	0. 653	0. 235** (0. 277**)	1. 000								
	GIY	2. 50	1. 168	0. 225** (0. 214**)	0. 013	1. 000							
	ED	1. 7	0. 749	0. 056 (0. 044)	0. 001	0. 000	1. 000						
	REDG	0. 35	0. 480	0. 195** (0. 242**)	0. 246	0. 003	0. 002	1. 000					
	MS	0. 7836	0. 0751	0. 252** (0. 225**)	0. 171 (0. 097)	0. 161 (0. 085)	0. 212 (0. 215)	0. 016 (0. 011)	1. 000				
	RA	4. 336	0. 0216	0. 181** (0. 151**)	0. 104 (0. 075)	0. 154 (0. 163)	0. 284** (0. 304**)	0. 297** (0. 255**)	0. 244** (0. 202**)	1. 000			
	VA	1. 007	0. 0346	0. 158** (0. 165**)	0. 004 (0. 007)	0. 009 (0. 002)	0. 007 (0. 004)	0. 004 (0. 002)	0. 009 (0. 007)	0. 005 (0. 003)	1. 000		
	PPR	0. 6516	0. 0838	0. 202** (0. 209**)	0. 257** (0. 294**)	0. 253** (0. 251**)	0. 127 (0. 133)	0. 137 (0. 139)	0. 124 (0. 127)	0. 253** (0. 206**)	0. 113 (115)	1. 000	
	PEE	0. 2716	0. 0711	0. 292** (0. 297**)	0. 307** (0. 303**)	0. 290** (0. 281**)	0. 125 (0. 121)	0. 127 (0. 125)	0. 271** (0. 252**)	0. 245** (0. 124**)	0. 135 (0. 123)	0. 237** (0. 228**)	1. 000

注：** 表示 **0. 01** 的显著性水平、* 表示 0. 05 的显著性水平。表中括号外的数据为第一阶段（尽职调查）的相关系数值，括号内的数据为第二阶段（解保阶段）相关系数值。

附表 4 变量的均值、标准差与各变量的 Pearson 相关系数（i=1，2，3）

Pearson Correlation

	Mean	Std. Deviation	$JLQD_i$	$FXGB_i$	$DDMG_i$	$NLBZ_i$	$SYDJ_i$	XL	CYNX	JYYJ	XCZD
$JLQD_i$	40. 8941	5. 70301	1								
$FXGB_i$	3. 0824	1. 10423	0. 158 （0. 126） （0. 152）	1							
$DDMG_i$	7. 72	1. 998	0. 299** （0. 259**） （0. 899**）	0. 003 （0. 061） （0. 093）	1						
$NLB1Z_i$	0. 8368	0. 05770	0. 252** （0. 221**） （0. 845**）	0. 024 （0. 108） （0. 179）	0. 219** （0. 238**） （0. 259**）	1					
$SYDJ_i$	0. 69	0. 464	0. 202** （0. 304**） （0. 904**）	0. 001 （0. 103） （0. 071）	0. 210** （0. 209**） （0. 209**）	0. 232** （0. 212**） （0. 213**）	1				
XL	4. 5765 （4. 5529） （4. 6353）	0. 54284 （0. 54567） （0. 53111）	0. 021*	0. 018* （0. 017） （0. 021*）	0. 027 （0. 027） （0. 072）	0. 080 （0. 099） （0. 021）	0. 014* （0. 029*） （0. 029*）	1			
CYNX	0. 7988 （0. 8787） （0. 7189）	0. 05174 （0. 05692） （0. 04657）	0. 255**	0. 242 （0. 161） （0. 115）	0. 238**	0. 270** （0. 200**） （0. 290**）	0. 202** （0. 203**） （0. 203**）	0. 001 （0. 000） （0. 000）	1		
JYYJ	3. 1882 （2. 7647） （2. 5765）	1. 09647 （1. 42801） （0. 89145）	0. 278**	0. 074 （0. 117） （0. 121）	0. 218**	0. 206** （0. 327**） （0. 236**）	0. 155 （0. 133） （0. 133）	0. 147	0. 210**	1	
XCZD	6. 5706E2 （7. 259E2） （5. 936E2）	212. 34980 （236. 2545） （193. 2991）	0. 234**	0. 048 （0. 171） （0. 170）	0. 229**	0. 293** （0. 222**） （0. 280**）	0. 204** （0. 201**） （0. 201**）	0. 120	0. 208**	0. 257**	1

注：** 表示 0. 01 的显著性水平、* 表示 0. 05 的显著性水平。

附表 5　　变量的均值、标准差与各变量的 Pearson 相关系数

	Mean	Std. Deviation	ZXJJQD GBJJQD	XL	CYNX	JJFZ	XCZD	NLCB	ZSL	ZRG	DDMG	CSNL	FXGB	YWFX
ZXJJQD，GBJLQD	34. 111 (37. 111)	9. 12980 (9. 12980)	1											
XL	2. 8000	1. 14475	0. 102	1										
CYNX	2. 0963	0. 81839	0. 330**	0. 000	1									
JJFZ	2. 0444	0. 97634	0. 254**	0. 029	0. 009	1								
XCZD	1. 4593	0. 50019	0. 283**	0. 148**	0. 139**	0. 305**	1							
NLCB	3. 5361	1. 15912	0. 302**	0. 216**	0. 250**	0. 021	0. 235**	1						
ZSL	0. 7337	0. 07842	0. 286**	0. 311**	0. 250**	0. 079	0. 201**	0. 291**	1					
ZRG	0. 8159	0. 09488	0. 295**	0. 234**	0. 254**	0. 063	0. 280**	0. 262**	0. 229**	1				
DDMG	0. 8393	0. 06813	0. 305**	0. 223**	0. 228**	0. 024	0. 125**	0. 277**	0. 277**	0. 300**	1			
CSNL	8. 0178	0. 84631	0. 291**	0. 311**	0. 318**	0. 016	0. 013	0. 296**	0. 228**	0. 286**	0. 231**	1		
FXGB	(4. 5852)	(0. 52384)	(0. 218)	(0. 007)	(0. 008)	(0. 011)	(0. 032)	(0. 068)	(0. 151)	(0. 174)	(0. 105)	(0. 001)	1	
YWFX	(2. 1741)	(0. 87775)	(0. 226)	(0. 001)	(0. 003)	(0. 203**)	(0. 007)	(0. 002)	(0. 004)	(0. 005)	(0. 002)	(0. 000)	(0. 216)	1

Pearson Correlation

注：** 表示 0. 01 的显著性水平、* 表示 0. 05 的显著性水平。

后 记

本书的撰写依托于2008年中国中科智担保集团公司委托的横向课题《高风险担保行业集团化发展瓶颈突破与管理模式研究》。按照合同要求，课题组先期进行了为期8个月的担保业务知识培训和相应的调研问卷设计准备工作。2008年5月—2008年8月以罗建华教授为组长，笔者及4位博士生、7位硕士生为组员的课题组，对中科智担保集团公司下属的深圳运营公司、广州运营公司、北京运营公司、河北运营公司、上海运营公司、福州运营公司、厦门运营公司7家子公司进行了两轮深入的调研访谈，获取了大量有价值的资料。课题组于2009年1月正式提交了十六份30万字的研究报告。该担保集团有关领导对本课题成果进行了认真的讨论和鉴定，一致认为课题组保质保量地完成了合同书规定的全部任务，并出具了《〈高风险担保行业集团化发展瓶颈突破与管理模式研究〉课题鉴定报告》。

笔者以本书为依托，以第一作者身份公开发表9篇学术论文，其中包括在《管理工程学报》《系统工程》《山西财经大学学报》《华东经济管理》发表4篇CSSCI期刊论文，另外1篇论文被人大复印资料（金融与保险）2015年4月全文转载，还有1篇外文期刊论文。本书提炼出的小论文《担保企业集团内部控制模式研究》获2013年度湖南省管理科学学会优秀论文一等奖，小论文《信息不对称条件下担保企业部门经理知识转移激励约束机制研究》获2012年度湖南省技术经济与管理现代化研究会年优秀论文二等奖。

李铁宁